거의 모든
**관계** 를 위한
바르고 빠른
**대화 사전**

조유미 지음

# 거의 모든 관계를 위한 바르고 빠른 대화 사전

OK!

HELLO

NO

THANK YOU!

OMG!

직장
동료

가족

친구

연인

비대면

북로망스

프롤로그

{ 대화로부터 관계가 결정된다 }

!

'아까 이렇게 말할걸!' 집으로 돌아가는 길에 후회한 경험.

'어떤 말을 했어야 최선이었을까?' 괜히 말실수한 것 같아

마음이 불편했던 경험.

'어떻게 말해야 해결할 수 있을까?' 얽힌 관계를 풀고 싶었던 경험.


불편한 상황에서 언성을 높이고 싶지 않은데

그렇다고 만만하게 보이고 싶지는 않을 때

그 순간을 유연하게 넘길 수 있는 대화법을 제안합니다.

갑작스럽게 맞닥뜨린 상황에 당황해서 말문이 턱 막히지 않도록

닫혀 있던 입을 뚫어줄 예문을 상황별로 나눠

구체적으로 풀었습니다.

해결책은 '나를 지키는 것'을 최우선으로 두고 마련했습니다.

인간관계에서 상처받지 않으려고 연습하는 책이니까요.

예문의 대부분은 상황을 유쾌하게 넘길 수 있도록

돕는 문장들로 마련했지만

몇몇은 냉소적으로 대처하는 문장도 있습니다.

'이렇게 대응하면 상대방이 나를 안 좋게 보지 않을까?' 하는

걱정이 불쑥 밀려올 수도 있습니다.


명심하세요. 상대방이 나를 좋아한다고 해서

내가 좋은 사람이 되는 게 아니고,

상대방이 나를 싫어한다고 해서

내가 나쁜 사람이 되는 게 아닙니다.

누구는 나를 좋아할 수도 있고 누구는 나를 싫어할 수도 있고.

이런 가변적인 관계들 속에서 나는 그저 '나'이면 됩니다.

겁먹지 말고 불편한 상황 속에서

나를 지키기 위해 알을 깨고 나오세요.


당신은 충분히 그렇게 해도 되는 사람이고

그렇게 할 수 있는 사람입니다.

조유미

차
례

# 2부  가족 친척 _ 정 때문에 참지 마라

# 3부   친구 지인 _ 한 걸음 물러서라

# 4부   연인 부부 _ 웃으며 져주어라

5부  비대면 _ 마음을 덜어내라

1부

# 직장동료

## 평정심을 유지하라

# 내 앞에서 다른 사람의 뒷담화를 할 때

"회사가 왜 A 씨 같은 사람을 억대 연봉 주고 스카우트해 왔는지 모르겠

다니까? 대기업 출신인 건 알겠는데 솔직히 우리 회사 와서 제대로 성과

낸 게 있어? 맨날 영업팀이랑 술 마시러 다니기 바쁘고. 여자 직원들 외모

평가에, 남자 직원들 사이에 껴서 정치질에. 인맥발로 들어왔으면서 회사

물은 다 흐리고 다닌다니까? 그 사람한테 줄 돈을 차라리 제작비에 쓰

게 해줬으면 퀄리티라도 훨씬 올릴 수 있었을 텐데."

사람과 사람이 모이는 곳에서 뒷담화는 없을 수가 없다. 이때 참 난감하다. 뒷담화의 주인공에 대해 별로 욕하고 싶지 않아서 가만히 있으면 "B 씨 생각은 어때요? B 씨가 봐도 좀 그렇죠?"라며 뒷담화에 동참을 유도하기까지 한다. 하지만 이때 말려들면 지는 것이다. "맞아요. 제가 봐도 그런 것 같아요."라고 적당히 동의만 해도 어느 순간 보면 내가 A 씨 뒷담화를 주도한 사람이 되어 있다. 혹은 "음, 저는 아니라고 생각하는데요? 그분 저한테는 잘해줘요."라는 반대 의견을 내면 나는 회사 내에서 눈치 없는 사람으로 찍혀 있고 뒷담화를 좋아하는 사람에게 공격 대상이 되기 쉽다. 내 앞에서 다른 사람 뒷담화를 하는 저 사람. 내 편에 서서 모든 비밀 이야기를 쏟아내는 것 같지만 뒷담화는 저 사람의 습관이자 취미다. 다른 데 가서는 내 욕을 하고 있을 확률이 99.9%! 이때다 싶어서 남 욕하는 데 동참하거나 내 속마음을 그대로 내비친다면 지금 다니고 있는 회사 생활이 어려워질 수 있다.

## 1. 적당히 대충 반응하기

동태눈을 장착하고 고개를 끄덕이며 "아, 진짜요?", "아, 그래요?", "오… 네…"라고 대답한다. 내가 네 얘기를 듣고 있다는 느낌은 주되 그 말 속에서 긍정도 부정도 느껴지지 않는 중립의 억양으로 반응하는 것이다. 상대방이 "당신 생각은 어때요?"라고 굳이 꼬집어서 물으면 "아, 제가 오늘 처음 듣는 이야기라서요. 생각 좀 해볼게요."라며 나중을 기약한다.

## 2. 화제 돌리기

뒷담화를 하는 분위기가 계속 이어지면 1.의 적당히 대충 반응하는 것도 한계가 오기 마련이다. 그 전에 바로 화제를 돌리는 것이다. 보통 뒷담화를 주도적으로 하는 사람의 경우, 세상의 가십에도 관심이 많기 때문에 연예인의 소문이나 뉴스에 나온 사건 사고 이야기 등을 꺼내서 분위기를 바꿔보자.

## 3. 자리 피하기

그 자리를 떠날 수 있다면 전화 받는 척이나 업무가 생긴 척하며 자리를 나가도 좋다. 단, 내가 자리를 뜨는 순간부터 그 자리에는 나에 대한 뒷담화가 시작될 수 있음을 감안해야 한다. 그렇지만 그 자리에 함께 있는 사람들이 정상적인 사람이라면 '와, 저 사람이 나가자마자 저 사람 뒷담화를 하네? 이 사람이랑 있을 때는 진짜 조심해야겠다'라고 생각하며 당신을 안쓰럽게 여겨줄 것이다.

### 뒷담화 좋아하는 사람 특징

1. 별로 할 일이 없다
2. 자기 잘못은 없다고 생각한다
3. 생각이 편협하다
4. 마음속에 열등감이 강하다
5. 인정받고 싶은데 인정받을 능력이 없다
6. 자기 힘으로 성공해본 적이 없다
7. 책임감이 부족하다
8. 남의 불행이 곧 자신의 행복이다
9. 편 가르는 걸 좋아한다
10. 마음이 가난하다

(2)

# 술자리에서 술 마시는 걸 강요할 때

A: 부장님, 죄송합니다. 제가 술을 정말 못해서요.

B: 못 마시는 게 어딨어? 술은 마셔야 계속 늘어. 못 마신다고 그렇게 빼

면 술 따라주는 내 손이 민망하잖아. 누구는 술이 맛있어서 먹어? 이 좋은

분위기 끊지 말고 어서 한 잔 해. 한 잔은 마실 수 있잖아?

A: 저 이미 많이 마셨어요. 취한 것 같습니다.

B: 내가 아직 멀쩡한데 자네가 먼저 빼는 건가?

상대방이 술을 따라주려고 술병을 들었는데 "앗, 제가 술을 못 마셔서요!"라고 바로 거절해버리면 상대방이 무안할 수 있다. 그러면 멋쩍어져서 괜한 자존심에 술을 억지로 먹이려 할 수 있다. 일단 권유하는 첫 잔은 받고 술병을 건네받아 상대방에게 술을 따라주며 사정을 이야기한다. 단, 어설픈 핑계는 오히려 먹잇감을 주는 꼴이니 주의할 것. 운전 핑계 대면 대리 부르라고 하고 운동을 핑계 대면 얄미움을 산다.

## 1. 토

"아이고, 감사합니다. 저 그런데 팀장님! 제가 술만 마시면 바로 토해서 화장실에 있느라 계속 자리에 남아 있기가 어렵더라고요. 저는 팀장님 이야기도 들으면서 일 외적인 부분들도 배우고 싶은데 화장실에만 있으면 시간이 너무 아깝잖아요. 딱 이 한 잔만 마시겠습니다. 대신 분위기 잘 맞추겠습니다."

## 2. 고질적인 건강

"어떡하죠? 제가 간(또는 고혈압, 심장질환, 알레르기, 통풍 등)이 안 좋아서 술 마시면 응급실에 실려 갈 수도 있어요. 손이 떨리고 숨이 잘 안 쉬어지고 그러더라고요. 그래도 부장님께서 저 챙겨주신 거 너무 감사하니 딱 한 입만 대겠습니다. 대신 제가 부장님 술잔 안 비도록 열심히 따라드리겠습니다."

## 3. 일시적인 치료

"엇, 죄송한데 혹시 (음료수 잔을 보이며) 이걸로 건배해도 괜찮을까요? 제가 지금 잇몸(또는 목디스크, 수면장애, 두통, 근육 등) 치료를 받고 있어서 의사가 술 마시면 안 된다고 하더라고요. 괜찮아지면 제가 팀장님께 술 한잔 사겠습니다. 오늘만 봐주시면 안 될까요?"

## 4. 업무 전화

일단 따라주는 술을 한 잔 받은 다음 입에 대고 반 잔 정도만 마신 뒤 업무 전화를 받는 척하며 나간다. 그리고 한 5분 정도 밖에서 전화하는 척을 하다가 다시 가게로 들어간 뒤 아까 앉은 술 좋아하는 사람들 근처가 아닌 술을 안 좋아하거나 술을 강요 안 하거나 연차가 비슷한 사람들이 있는 자리로 옮긴다.

## 술 안 먹고 술자리 남아 있는 법

1. 분위기 잘 따라가기
2. 술 맛있게 마는 법 배워 가기
3. 대화 경청하기
4. 술잔 바로바로 채워드리기
5. 내 술잔에 음료 따라서 같이 건배하기
6. 핸드폰만 계속 보지 않기
7. 리액션 잘하기
8. 싹싹하게 뒷정리 잘하기

**3**

## 상사와 반대 의견을 내야 할 때

'아무리 생각해도 이 아이디어를 쓰는 것보다는 다른 아이디어를 생각해

서 진행시키는 게 더 나을 것 같은데. 이건 유행도 좀 지나서 알고리즘도

한차례 지나갔고 사람들이 슬슬 질릴 타이밍이라 반응도 뜨뜻미지근할

것 같은데. 예전 데이터만 보고 자꾸 이게 좋다고 하시니 어떡하지?'

선배가 고지식한 방법을 쓸 때, 선배가 낸 아이디어보다 더 좋은 아이디어가 생각났을 때, 선배가 낸 의견에 동의하기 어려울 때. 내가 묻어가도 되는 입장이라면 조용히 그림자처럼 있어도 되지만 나의 고과 평가나 팀의 방향에 영향을 미치는 거라면 커리어를 위해 제안을 해야 한다. 하지만 이건 내 입장에서는 '제안'이지만 선배 입장에서는 '반대'로 받아들일 수 있다. 나는 좋은 의도로 말한 것이지만 상대방은 자신의 능력을 부정당한 것처럼 느낄 수 있기 때문이다. 설령 선배도 내 말이 맞다고 느꼈더라도 자존심 때문에 괜한 감정 소모를 할 수 있고, 선배 눈에 건방진 후배로 찍혀 사회생활이 힘들어질 수도 있다. 선배에겐 자칫 자신에 대한 도전인 것처럼 느껴질 수 있으므로 조심해야 한다.

### 1단계. 표정 풀고 목소리 톤 높이기

반대 의견을 내야 되면 마음이 불편해서 괜히 표정도 굳고 목소리 톤도 낮아진다. 무겁게 이야기하면 상대방도 가볍게 받아줄 수 없으니 소통할 때 더 딱딱해지고 진지해진다. 상대방의 마음을 말랑말랑하게 만드는 것이 먼저이다. 이럴 때일수록 가볍고 밝은 분위기로 만들자.

### 2단계. 우선은 수용하기

선배가 의견을 내자마자 "어? 이거 말고 다른 방법이 더 좋지 않을까요?"라고 대뜸 이야기하면 '얘는 왜 생각도 안 해보고 내 말에 태클부터 걸어?'라고 생각할 수 있다. 그리고 선배가 낸 의견이 지금 듣기에는 별로라고 느껴질 수 있지만 머리를 한번 환기시키고 나면 다르게 보일 수도 있다. 선배도 그동안의 경험을 바탕으로 낸 아이디어일 테니까. 그러니 일단은 알겠다고 수용하자.

### 3단계. 연구한 티 내기

선배의 의견을 받아들이고 선배가 말한 대로 시도해본 티를 낸다. 입장을 바꿔서 생각해보면 내가 낸 아이디어에 관해 잘 알지도 못하면서 반대하면 기분이 나쁠 것이다. 반대 의견을 내려면 그것이 왜 별로인지 근거를 대기 위한 공부도 필요하다. 선배와 대화를 나눌 때 말문이 막히지 않도록 최대한 자료를 공부해가자.

### 4단계. 칭찬으로 마음 열기

선배의 아이디어를 연구한 결과를 바탕으로 선배가 왜 그런 의견을 냈는지, 그의견에서 좋았던 점은 무엇인지 구체적인 칭찬으로 닫혀 있던 선배의 마음을 연다. 칭찬을 싫어하는 사람이 있을까? 당신을 선배로서 존중하고 존경한다는 내마음을 적극적으로 보여주자.

### 5단계. 조언 구하기

"고민을 해봤는데 이런 식으로도 풀 수 있을 것 같더라고요. 이렇게 해보는 것도 좋을 것 같은데 선배는 어떻게 생각하세요?" 내가 비록 선배와 다른 의견을 내지만 나는 아직 부족한 사람이라 선배의 자문이 필요하다는 것처럼 이야기한다. 은연중에 나는 당신의 소속임을 어필하는 것도 좋다. 선배가 "들어보니 후배 님말도 맞는 것 같아요."라고 말해도 선배가 자존심 상하지 않는 상황으로 만드는 것이 포인트다.

### 6단계. 본론 이야기하기

이것저것 검색해보고 다른 곳도 참고해본 결과 이런 식으로 진행해보고 싶은데 한번 맡겨주시면 안 되는지 정중하게 부탁한다. 회사에 입사한 지 얼마 안 된 인턴이나 신입이라면 주체적으로 맡기기 불안해서 수용해주지 않을 수도 있지만, 점점 일머리를 배워야 하는 시기라면 못 미덥고 '저거 저렇게 하면 안 될 거 안 해봐도 뻔한데…'라는 생각이 들어도 경험 차원에서 맡겨줄 것이다.

### 7단계. 감사로 덧바르기

마지막은 감사하다는 인사를 빼먹으면 안 된다. '내 아이디어가 더 좋은 거라 내 것으로 하겠다는데 내가 왜 선배한테 고마워해야 되지?'라는 생각이 들더라도 감사해한다는 티는 내야 한다. 내 아이디어가 아무리 좋더라도 위에서 기회를 주지 않으면 선보일 기회가 없다. 기회를 준 것만으로도 고마워해야 될 이유는 충분하다. "선배는 진짜 깨어 있어요. 후배 말 이렇게 잘 경청해주는 선배는 처음 봤어요!"라고 열심히 아부하여 다음에도 나에게 기회가 올 수 있도록 하자.

## 4

# 수습하기 힘든 큰 사고를 쳤을 때

- 헉, 큰일 났다! 이렇게 발주 넣으면 안 되는 거였는데. 수량 체크를 왜 이렇게 했지?

- 어떡하지? 이미 인쇄 들어간 거라 수정 못 할 텐데. 이걸 왜 못 보고 지나갔지? 망했다.

- 내일 오픈인데 버그가 안 고쳐져. 계속 오류 뜨는데 이거 난리 나겠다.

아무리 꼼꼼하게 확인을 해도 마지막에 가서야 실수가 눈에 보이는 경우가 있다. 아니면 중간에 실수를 발견했지만 나 혼자 수습할 수 있을 줄 알고 끙끙대고 있었는데 도저히 해결될 기미가 안 보인다. 실수를 안 하는 게 가장 좋지만 사람이니 실수를 전혀 안 할 수는 없다. 이때 어떻게 하면 내 실수의 크기를 단 1cm라도 작아 보이게끔 할 수 있을까?

### 1단계. 최대한 빨리 말하기

'실수'가 아닌 '사고'라고 표현할 정도면 혼자서 해결 못 할 일이 분명하다. 한 소리 듣는 게 싫어서 혼자 수습하다간 골든 타임도 놓쳐버리고 만다. 차라리 돌이킬 수 있을 때 빨리 보고하고 빨리 혼나고 빨리 복구하는 게 낫다. 혼나는 건 잠깐이지만 사고 친 이력은 오래 남아 팀원들에게 신뢰를 잃는다.

### 2단계. 무조건 불쌍한 척하면서 살려달라고 하기

이거 해결 안 되면 회사 잘릴 수도 있다는 식으로 최대한 불쌍한 척하면서 살려달라고 한다. 자존심 부려가며 수습할 수 있는 일은 없다. 일하면서 누구나 한 번쯤은 다 사고를 쳐봤기 때문에 최대한 납작 엎드려서 도움을 요청하면 동료들이 안타까운 마음에 조금이나마 도와주려고 할 것이다. 자존심 빳빳하게 세우고 도와달라고 하면 '뭐야, 쟤 안 급한가 보네'라고 생각한다.

### 3단계. 해결 방안 모색하기

"어떡해, 어떡해!" 하고만 있으면 함께 일하는 사람은 속에서 열불이 난다. "어떡해!" 한다고 해서 해결되는 일은 없다. 인터넷에 검색을 하든 발품을 팔든 해결 방안을 찾는 척이라도 한다. 그리고 해결 방안을 찾는 즉시 팀원에게 공유해서 집단 지성을 발휘하도록 한다.

### 4단계. 해결 후에는 감사 인사 전하기

문제가 해결되면 긴장이 풀려서 정신이 멍해진다. 놀란 가슴 쓸어내리느라 고맙다는 인사를 빼먹으면 안 된다. 그리고 어느 정도 정리가 된 뒤 시간적으로 여유가 되었을 때 커피라도 한잔 사야 한다. 받아야 될 도움은 다 받고 입 싹 닫으면 안 된다. 인간은 실수를 반복하기 때문에 미래의 나는 또 사고를 칠 것이고, 또 도움을 요청할 것이기 때문이다.

# 5

# 내가 한 일을 자기가 한 것처럼 이야기할 때

A: 네, 이상 보고 마치겠습니다!

B: A 님, 이번 보고서 너무 좋은데요? 자료들도 알차고요. 준비 많이 하신

게 느껴져서 정말 좋게 봤습니다.

A: 감사합니다, 팀장님! 이번에 진행하게 될 프로젝트가 평소에 제가 흥

미롭게 생각했던 분야라 더 관심이 가서 그런지 보고서도 잘 나왔던 것

같아요.

C: (아니, 잠깐만! 이거 내가 한 건데 왜 A 님이 한 척해?)

팀 단위로 일하면 여러 사람이 함께 일하다 보니 이 파트는 누가 맡았는지 저 파트는 누가 맡았는지 명확하게 드러나지 않는 경우가 종종 있다. 하지만 이걸 누가 했는지는 잘 몰라도 본인이 했는지 안 했는지는 스스로가 잘 알 텐데 자기가 하지도 않았으면서 자기가 한 척하며 남의 공을 가로채려는 역겨운 인간들이 있다. 그나마 보고서 같은 문서는 주고받은 흔적이라도 남지 내가 회의 때 던진 아이디어를 주워다가 다른 곳에 가서 본인이 떠올린 아이디어처럼 얘기하면 명백한 증거가 없으니 나의 이 억울함을 풀 수가 없다.

## 1. 꼬리에 꼬리를 무는 질문을 던진다

자신이 낸 아이디어가 아니면 결국 깊이에서 들통이 난다. 깊게 생각하지 않고 대충 좋아 보이는 것들만 긁어서 베낀 것이기 때문에 어떻게 그런 결론이 도달했는지에 관한 질문을 계속 던지면 대답을 못 하는 구간이 온다. 대답을 못 하고 당황하는 모습을 여러 사람에게 보여주면 '아, 저 사람 베꼈나 보다' 하고 팀원들이 눈치챌 것이다.

## 2. 중간중간 팀장에게 어필을 한다

묵묵히 일하면 아무도 안 알아준다. 질문하는 척하면서 팀장님한테 문서 한 번 보여주고, 아이디어를 발전시키면서 팀장님한테 의견 여쭙고. 중간중간에 티를 내며 일해야 내가 억울한 상황에 놓였을 때 증인이 되어줄 사람이 생긴다. 내가 일을 잘하고 있다는 걸 어필하는 것도 직장 생활의 스킬 중 하나임을 명심해야 한다.

### 3. 핵심 자료들을 보낼 때는 참조에 넣는다

윗사람을 참조에 넣을 때 '참조에 넣어도 되나?' 싶어서 메일을 보내기 전에 눈치가 보일 때가 있다. 물론 너무 사소한 것까지 보내면 메일을 받는 사람이 귀찮아할 수도 있지만 내가 낸 아이디어가 반영되는 시점에는 윗사람을 참조에 넣어 내가 했다는 사실을 남겨둬야 한다.

### 4. 군데군데 작성자를 표기한다

ppt나 보고서 마지막에 작성자를 표기하면 일부러 마지막까지 페이지를 안 넘기는 얌체 같은 사람이 있다. 정해진 틀을 크게 벗어나지 않는 선에서 중간중간에 내 이름 석 자를 기입해둔다. 작게 넣어놔도 볼 사람들은 다 보기 때문에 적어도 자신이 한 척하며 빼앗아 가지는 못한다.

**6**

## 팀장이 완벽주의자일 때

- 아니, 뭘 이런 거까지 검토를 받으래? 내가 갓 들어온 신입도 아니고

사사건건 통제야. 나도 내 일 내 뜻대로 좀 해보고 싶은데 이래라저래라

지시하니까 경험도 못 쌓고. 내가 아무리 아랫사람이라도 그렇지 나를

도구로 쓰는 것도 아니고 말이야.

- 이런 건 좀 그냥 넘어가면 안 되나? 참 빡빡하게 구네. 자기만 이 회

사에서 잘난 것도 아니고. 같이 일하기 진짜 피곤하다. 왜 하필 우리 팀인

거야?

내가 맡고 있는 업무의 상태를 하나부터 열까지 다 알아야 되는 상사, 자기 말이 항상 옳고 자기 방식이 항상 맞아서 자기 뜻대로 하지 않으면 안 되는 상사, 나를 팀의 구성원으로서 믿어주지 않는 상사. 완벽주의자인 상사 밑에서 일하면 결과적인 면에서 실수를 줄일 수 있어 좋고, 상사의 꼼꼼한 면을 배워 나의 업무적인 능력이 향상되어 좋다. 하지만 완벽주의 상사와 같이 일하면 너무 피곤하고 상사가 나를 인격체로 대하는 게 아니라 부품으로 써먹는 느낌이 들어 자존심이 상한다.

### 1. 특수한 환경일 경우에는 이해한다

공장이나 건설 현장처럼 사람이 다칠 수 있는 위험한 환경이거나 병원이나 연구소처럼 실수가 특히 용납되지 않는 환경일 때는 어쩔 수 없이 극한의 완벽을 추구해야 한다. 상사가 나를 믿어주기까지 시간이 필요하다. 특수한 환경일 경우에는 책임의 크기가 다르기 때문에 나 또한 완벽해질 수 있도록 노력한다.

### 2. 상사의 상사가 지독한 사람일 수도 있다

내 위에 과장님이 있듯 과장님 위에 차장님이 있고, 차장님 위에 부장님이 있고, 부장님 위에 사장님이 있다. 내가 과장님에게 갈굼을 당하듯 내 윗사람도 그 윗사람에게, 그 윗사람의 윗사람에게 내리갈굼을 당하고 있을 수도 있다. 밉더라도 이해하자.

### 3. 나에게만 그러는지 모두에게 그러는지 확인한다

모두에게 그러는 것이면 이 사람의 원래 일하는 스타일이 완벽주의인 것이지만 나에게만 그러는 것이면 내가 팀 내에서 유독 실수를 하거나 결과물의 완성도가 낮다는 의미이다. '나에게 왜 저러지?'라고 불만을 갖기 전에 우선은 나와 내 주변을 돌아본다.

## 4. 미리 해서 신뢰를 쌓는다

이것저것 간섭받지 않으려면 신뢰를 쌓는 수밖에 없다. 상사가 "이거 했어요?"라고 나에게 물었을 때 "이미 준비했습니다."라고 대답할 수 있을 정도로 상사보다 한 발자국 앞서 나가자. 그러한 경험이 쌓이다 보면 '나만큼이나 완벽주의적인 성향이 있는 팀원이군' 하는 신뢰를 얻어 간섭으로부터 자유로워질 수 있다.

## 5. 물어보기 전에 말한다

하나부터 열까지 일의 진행 상황을 꼬치꼬치 캐묻는 게 싫으면 '이것까지 말해야 돼?' 싶은 것까지 미리 말한다. 아주 사소한 것까지 보고해서 상대방 입에서 "이런 것까지는 보고 안 해도 돼요."라는 말이 나오게 하는 것이다. 그렇게 상사가 어디부터 어디까지 보고를 원하는지 파악한 뒤 적정선을 찾는다. 그러면 '내가 체크하지 않아도 적절하게 보고하는 팀원'으로 각인될 수 있다.

## 6. 질문을 많이 한다

질문이야말로 상대방의 생각을 잘 알아낼 수 있는 열쇠이다. 일의 시작 전에 최대한 많은 질문을 함으로써 상사의 원하는 바를 파악한다. 일의 목적, 퀄리티, 마감 기한, 양식, 폰트 디자인 등 최대한 구체적으로 질문하여 중간 점검 때 뒤엎이는 일이 없도록 한다.

## 고과 평가가 좋지 못할 때

'내가 이번에 얼마나 열심히 일했는데 평가 점수가 C라고? 이건 좀 너무 하잖아. A는 아니더라도 B 정도는 받아야지. 내가 C라고? 동료 평가 내용도 그냥저냥이네. 칭찬이라기보다는 그냥 칸 채우기용으로 쓴 것 같고. 내가 올해 눈에 잘 안 띄었나? 회사 생활을 잘 못하고 있나?'

직장인은 일 년에 한 번씩 회사 내에서 고과 평가를 받는다. 업무 실적 및 기여도, 수행 능력, 태도, 인간관계, 근태 등을 바탕으로 말이다. 그런데 사람이 하는 평가는 아무리 객관적이려고 노력해도 지극히 주관적일 수밖에 없기에 평가를 받는 사람 입장에서는 억울한 마음이 들 수 있다. 고과 평가를 형식상 하는 곳도 있겠지만 승진이나 성과급과 직결되는 경우에는 아무래도 민감해진다. 모두 다 자기가 고생했다고 느끼기 때문에.

## 1. 결과에 대한 이유 묻기

지금 받은 평가에 대해 기분이 나쁜 게 아니라 다음에는 이러한 평가를 받지 않기 위해 개선해보고 싶다고, 어떠한 이유로 자신이 이러한 평가를 받았는지 묻는다. 회사 또는 팀의 관점에서 원하는 바와 내가 실행했던 바가 달랐는지 확인하고 고치기 위함이라고 말한다. 자칫 인사 평가에 대해 따지듯 물으면 인사권자에 대한 도전으로 받아들일 수 있기 때문에 '배움'을 핑계 삼는 것이 좋다. 어떤 점을 개선하여 회사와 팀에 더 도움될지 조언을 구하는 식으로 풀어가자.

## 2. 기여한 바를 구체적으로 작성하기

팀원이 같은 프로젝트를 진행해도 누구는 더 중요한 업무를 맡고 누구는 덜 중요한 업무를 맡는다. 또, 누구는 더 잘하고 누구는 덜 잘하기도 하고 누구는 더 많이 하고 누구는 덜 많이 하기도 한다. 내가 '덜'한 쪽이면 묻어가도 되지만 '더'한 쪽이면 구체적으로 어필해야 한다. 'H백화점 팝업 스토어 프로젝트 참여'라고만 쓰면 누구나 다 한 것이 되지만 'H백화점 팝업 스토어 프로젝트 참여: 콘셉트 기획, 굿즈 제작'이라고 구체적으로 쓰면 "그때 많이 팔린 굿즈를 A 님이 하셨군요!"라고 '더' 잘한 걸 알아준다.

### 3. 근거 자료를 제출하여 이의 신청하기

내가 생각한 것보다 한두 단계 아래 점수를 받았으면 수긍하고 넘어갈 텐데 도저히 납득하기 어려운 터무니없는 점수를 받았다고 생각한다면 이의 신청을 해야 한다. 하지만 회사 사람 전체가 받는 인사 평가에서 "나는 잘했는데요?"라고만 말한다면 아무도 들어주지 않을 것이다. 특히 상대평가인 데다가 줄 수 있는 점수가 한정되어 있을 땐 내가 올라가면 누군가는 내려갈 테니 좋게 보지는 않을 것이다. 조용히 인사권자 또는 인사팀에게 올해 나의 업무에 대한 성과 자료를 메일로 보내자.

### 4. 어느 정도 생색내면서 일하기

뒤에서 묵묵히 일하면 '묵묵히 일하는 사람'이 되는 게 아니라 '일 안 하는 사람'으로 보이기 쉽다. 남들도 똑같이 일하는데 생색내는 게 부끄러워서 묵묵히 지나간다면 그 일을 내가 한 건지 다른 사람들이 모를 수 있다. 적당히 고생한 척하면서 열심히 수행한 팀원으로 보이게끔 이미지를 만드는 것도 사회생활의 일부이다. 내가 한 건 내가 했다고 티 내고, 기여한 업무는 근거 자료로 정리해 두자.

### 5. 구조적인 문제인지 확인하기

회사에 따라 무조건 최상부터 최하 등급까지 몇 명씩 줘야 한다는 규정이 있을 수 있다. 내가 잘했어도 어쩔 수 없이 중간 등급을 받았을 수도 있다. 그리고 승진을 앞둔 사람에게 높은 인사 평가를 주는 관례가 있는 경우, 내가 팀에서 직급이 낮으면 어쩔 수 없이 낮은 등급을 떠안았을 수도 있다. 내가 잘하지 못해서 그 점수를 받은 게 아니라 누군가는 받아야 했기에 받았을 수도 있다는 점. 그럴 경우 낮은 평가를 받았다고 해서 자괴감 느낄 필요 없다.

## 6. 확실하게 노선 정하기

고과를 잘 받으려면 어쩔 수 없이 사람들과 잘 어울리고 어떤 때는 정치에 몸을 던지고 야근을 도맡아 해야 될 수도 있다. 그런데 그럴 경우 나의 워라밸이 깨진다. 이번 평가는 어쩔 수 없이 만족스러운 결과가 아니더라도 다음이 중요하다. 평가에 연연할지 내 삶을 더 중요하게 여길지. 내 삶을 훨씬 중요하게 여기면서 평가까지 잘 받으려고 하는 건 욕심이다. 워라밸을 선택하면 다른 동료에 비해 성과가 떨어질 수 있고, 성과를 선택하면 워라밸이 떨어진다. 어쩔 수 없다. 상대적으로 평가하는 거니까. 두 마리 토끼를 잡기 힘든 영역이다.

### 일 못하는 사람 특징

1. 일의 우선순위를 모른다
2. 메모를 하지 않는다
3. 쉬운 길을 놔두고 어려운 길로 간다
4. 똑같은 걸 여러 번 물어본다
5. 자료 조사를 성의 없이 한다
6. 일에 책임을 지려는 모습이 없다
7. 미루다가 급하게 하느라 실수가 잦다
8. 일을 벌여만 놓고 수습하지 않는다
9. 정작 자신이 일을 못하는지 모른다

# 일이 나에게만 몰려올 때

A: B 씨, 지금 메일 보냈는데 확인해주실 수 있어요? 중요한 거라서요.

B: *(하⋯ 퇴근 1시간 전에 업무 메일.. 실화냐?)*

A: 이 업무가 옆 부서에서 우리한테 넘어왔는데 B 씨가 맡아줬으면 좋겠어요.

B: *(엥? 이거 나랑 전혀 상관없는 업무잖아⋯)*

A: 퇴사한 재희 씨 업무, B 씨가 친하기도 하고 연차도 비슷하고 하니까 B 씨가 맡아줬으면 해요.

B: *(뭔 소리야. 난 재희 씨가 어떤 일을 했는지도 모르는데 나보고 맡으라고?)*

팀장이 업무를 분배해줄 때 '대체 나한테 왜 이러실까?' 싶을 때가 있다. '내가 어떤 일을 맡고 있는지, 얼마나 많은 일을 맡고 있는지 아시는 걸까? 내가 뭘 잘하는지는 아시는 걸까?' 이건 알아도 문제, 몰라도 문제다. 알면 알면서도 시키는 거니까 문제인 거고, 모르면 팀장이 팀원에 대해 모르는 거니까 문제고. 아무리 팀장이 주는 일이라지만 주는 대로 다 받으면 내 몸이나 정신이 버티지 못할 것이다. 현명하게 잘 거절할 줄도 알아야 한다.

## 1. 퇴근 시간 앞두고 업무 메일이 올 때

얼마나 급한 일인지 묻고 '이때'까지 줄 수 있겠다고 이야기한다. 그런데 내가 말한 기한보다 좀 더 빨리 달라고 하면 지금 내가 맡고 있는 업무들을 나열하면서 업무들의 우선순위를 말해준다. 그러면서 방금 준 게 더 급한 거면 다른 업무를 뒤로 미뤄야 하는데 괜찮은지 동의를 구하며 은근슬쩍 다른 업무들을 조정해달라고 한다.

## 2. 내 커리어에 도움이 안 되는 업무가 넘어올 때

평가나 승진에 도움이 안 되고 나중에 이직할 때 포트폴리오에 넣기도 애매한 업무들이 계속 넘어오면 김이 빠진다. 하지만 팀장이 주는 업무를 안 받을 수는 없다. 어쨌든 팀의 업무이고 나는 팀 소속이니까. 이럴 때 업무를 맡지 않겠다고 하면 팀장은 당황할 것이다. 그러니 업무를 맡되 공을 덜 들여 쉽게 쳐내려고 하며 최대한 이 업무에 나의 에너지가 빼앗기지 않도록 한다.

### 3. 퇴사한 사람의 일이 전부 나에게로만 올 때

초장에 잘 잡아야 한다. 분위기에 휩쓸려 "네."라고 대답해버리면 돌이킬 수가 없다. "제가 재희 씨 업무를 잘 몰라서 그러는데 혹시 어떤 건지 알 수 있을까요?"라고 물으며 업무들을 세분화한 뒤 내가 맡을 수 있는 업무와 맡기 어려운 업무를 전달한다. 이미 "네." 해버린 상황이라면 팀장님께 "저 이러다 죽어요. 과로사로 팀장님보다 관짝에 먼저 들어갈 수도 있다니까요!"라고 너스레를 떨며 업무를 나눠달라고 요청하는 것도 방법이다.

### 4. 내가 감당할 수 없는 범위의 업무가 올 때

영역 밖의 일이 넘어올 때도 있다. 예를 들어 마케팅 업무를 맡고 있는데 갑자기 상품 개발 PM의 업무까지 넘어온다든가 홈페이지 디자인 업무를 맡고 있는데 갑자기 홈페이지 개발까지 함께 해줬으면 한다든가. 회사에서 제안을 준 만큼 무턱대고 거절하기는 어려운 법. 새로운 업무에 대한 이해도와 숙련도가 높아질 때까지 기존 업무를 조정해달라고 하고, 새로운 업무를 배우기 위해 회사 차원에서 지원해줄 수 있는 부분은 무엇이 있는지 확인한다.

# 동료가 친구처럼 가깝게 지내려고 할 때

A: B 씨, 이번 주 주말에 뭐 해요? 약속 없으면 나랑 놀자!

B: 아, 저 선약이 있어서요. 어떡하죠?

A: 뭐야, 혹시 남자친구 있어요? 데이트?

B: 아뇨, 남자친구는 없어요.

A: 음, 그러면 썸남? 누군데? 누구랑 만나는데? 어쩐지 요즘 부쩍 예뻐진

것 같기도 하고~ 사랑받아서 그런 건가?

　　회사 사람과 우호적인 관계로 지내는 것은 좋으나 친구처럼 가깝게 지내면 회사 생활이 피곤해질 것 같아서 되도록이면 거리를 두려고 하는 편이다. 그런데 나와는 반대로 자신의 사생활도 거리낌 없이 털어놓고 주말에 만나서 같이 놀자고 하는 동료가 있다. 나를 좋게 봐주는 건 고맙지만 나는 굳이 회사 사람과 친구가 되고 싶지 않다. 하지만 동료는 자신이 사생활 이야기를 털어놓듯이 나도 털어놓기를 바라고, 여러 핑계를 대며 거절해도 자꾸 사적으로 만나서 놀자고 한다. 이 사람과 거리를 두고 지낼 수 있다면 모를까 거의 매일 얼굴 보는 사람이라 어느 정도 타협을 해야 한다. 듣기만 하고 내 속얘기를 안 하면 나를 깍쟁이로 보거나 재수 없다고 생각해서 자신의 바운더리 바깥으로 버릴 수 있기 때문이다.

### 1. 얕은 사생활 위주로 대화를 한다

회사, 연애, 가족, 친구 등 깊은 사생활 이야기는 하지 않는다. 대신 요즘 보는 드라마나 영화, 좋아하는 연예인, 즐겨 하는 취미 등 얕은 사생활 이야기 위주로 한다. 어떤 이야기를 해도 뒷얘기가 돌지 않을 만한 것들로 선정해서 말이다.

### 2. 내 얘기는 짧게, 상대방 이야기는 길게 하도록 유도한다

대화라는 건 나도 이야기하고 너도 이야기해야 성립한다. 그래서 별로 말하고 싶지 않더라도 상대방이 대화를 원하면 내 이야기를 할 수밖에 없다. 그러니 내가 말할 차례가 왔을 때는 짧고 간결하게 답변하고, 바로 대화 주제와 관련된 질문을 상대방에게 해서 마이크를 넘긴다. 상대방이 말하는 시간이 길면 내가 말하는 시간이 줄어드니 나의 개인적인 이야기를 덜할 수 있다.

### 3. 리액션을 잘한다

회사 동료임에도 친구처럼 친하게 지내려고 하는 사람은 회사 내에서의 인간관계를 중요하게 여기는 사람이다. 일도 중요하지만 함께 일하는 동료와의 친밀감도 놓치지 않는 사람이다. 자신이 말할 때 듣고 있는 상대방의 반응을 면밀하게 살필 가능성이 크다. 그러니 말하는 사람이 신이 나서 계속 떠들도록 리액션을 정성껏 한다. 우리의 대화가 즐거울 수 있도록 분위기를 만드는 것만으로도 충분하다.

### 4. 사적으로 만나자는 약속은 여러 핑계를 댄다

주말에 만나자는 말은 친구를 만난다거나 지인의 결혼식에 참석한다거나 부모님을 뵈러 본가에 내려간다거나 하는 등 여러 핑계를 댈 수 있다. 하지만 이렇게 핑계를 대다가 더 이상 핑계가 안 먹힐 때가 있다. 그럴 땐 주말에는 집에서 쉬는 게 편하다고 솔직하게 말하고 대신 그 말에 서운함을 느끼지 않도록 하루 정도 날을 잡아 평일 점심이나 저녁 시간을 그 사람과 알차게 보내자.

# 10

## 동료가 나에게 삐친 것 같을 때

'뭐지? 왜 나한테만 인사 안 하지? 분명히 회의실에 사람이 넷인데 나한

테만 말 안 거는 것 같은 느낌적인 느낌. 내가 뭘 잘못했나? 왜 삐쳤지?

지난주까지만 해도 나랑 잘 지냈잖아. 하루아침에 사람이 이렇게 바뀐

다고?'

나에게 직접적으로 이래서 기분 상했다고 표현을 하지는 않지만 간접적으로 나한테 기분 상한 티를 내는 동료. 나한테만 인사를 안 한다거나 의견을 묻지 않는다거나 표정이 냉랭하다거나 리액션이 짜다거나. 차라리 나의 말이나 행동에 서운했으면 서운했다고 말을 해주면 사과하고 화해를 할 텐데 은근히 표현하니까 "혹시 제가 서운하게 해드린 게 있나요?"라고 묻기도 애매하다. 그리고 막상 용기 내서 물어도 "아뇨? 제가 왜 A 님한테 서운해요?" 하고 넘어가지만 행동은 여전하다.

## 1. 나름 고급스러운 곳에서 식사 대접을 한다

업무 시간에 삐친 마음을 풀기란 어렵다. 회사 밖으로 나와 나름 분위기 있는 곳에서 식사를 하며 "제가 그동안 B 님께 일 배운 게 많은데 밥 한 번 안 사드린 것 같아서 아차 싶더라고요! 제가 너무 소홀했죠?"라고 상대를 높여 말한다. 술 한 잔 곁들이며 서로의 속마음을 터놓는 시간을 가지는 것도 좋다.

## 2. 자진 신고를 한다

바깥에서 식사하는 게 부담스러우면 회사 근처에 있는 카페에 가서 음료와 디저트를 사주며 "아유, 지난번 제가 B 님 아이디어에 반대 의견을 내서 서운하셨죠? 죄송해요. 제가 아직 부족한 게 많아요. B 님께 많이 배우겠습니다."라며 밑밥을 깐다. 강아지가 배를 보여주듯 '나는 너랑 대적할 마음이 없어'라고 패를 보여주는 것이다.

### 3. 자잘한 선물 공세와 짧은 편지를 전한다

티타임을 가지는 것조차 불편하게 여긴다면 작은 디저트와 짧은 쪽지로 마음을 전한다. 여기서 디저트가 너무 크거나 편지 내용이 너무 길면 받는 상대방이 부담스러울 수 있다. 회사에서 일하다가 당 떨어질 때 집어 먹을 수 있는 디저트 정도면 충분하다. '이 디저트 A 님께서 주셨지?'라고 떠오르게 하는 게 목적이니까.

### 4. 아무렇지 않게 행동한다

상대방의 모난 마음이 둥글어질 때까지 혼자만의 시간이 필요할 수도 있다. 감정이 상하긴 했는데 여기가 학교도 아니고 서로 친구도 아니니 서운한 걸 서운하다고 솔직하게 말하기 어려울 테니 말이다. 평소처럼 아무렇지 않게 대하는 게 나중에 상대방이 덜 민망할 수도 있다. 미운털이 빠질 때까지 최대한 상대방 눈에 안 띄면서 나에 대한 생각이 적게 들도록 환경을 만들어주자.

## 삐친 사람 풀어주는 법

1. 맛있는 거 사주기
2. 사소한 것에도 칭찬해주기
3. 진심으로 사과하기
4. 경청하고 공감해주기
5. 무조건 네 말이 맞다고 동의해주기
6. 속마음 털어놓을 수 있는 자리 마련하기
7. 눈 마주치면 환하게 웃어주기
8. 서운한 감정을 읽어주기

**11**

## 은근히 사람 무시하며 자기 아래로 볼 때

A: 이번 프로젝트에서 이 파트는 제가 맡아보겠습니다!

B: 이거 A 씨가 하실 수 있겠어요? 이런 거 해본 적 있으시려나? 자료 조

사 제대로 하신 건 맞죠? 제가 안 도와드려도 될까요? 혼자 가능하시겠

어요? 이건 좀 현실적으로 문제 있지 않을까요? 너무 이상적으로 짜 오셨

다. A 씨가 아직 현실을 잘 모르시나 보네. 아직 애기네, 애기.

분명 직급이 같은데 본인이 나이가 많다고 직급 높은 사람 행세를 한다거나 같이 일하는 사람인데 인격적으로 아랫사람 취급하듯이 말하는 경우가 있다. 이미 다 큰 성인인데 애기 취급하면서 자기 말에 토 달지 못하게 분위기를 형성하기도 한다. 그리고 별것 아닌 일에 괜히 트집 잡으며 '일 못하는 사람'으로 낙인찍고 사람을 주눅 들게 만들어 주도권을 자기 쪽으로 가져오기도 한다.

## 1. 악착같이 잘하기

그 사람이 무시를 하는 이유가 '진짜 내가 못해서'이면 안 된다. 내가 아무런 반박도 할 수 없기 때문이다. 피라냐 같은 그 사람에게 잘못 물리면 큰일이니 보란 듯이 잘 해내야 한다. 조금만 실수해도 득달같이 달려들 것이다. 꼼꼼하게 잘해서 능력을 입증해야 한다. 그 사람이 자주 지적하는 패턴을 익혀서 자료 조사라든지 샘플이라든지 악착같이 준비해놓자.

## 2. 오히려 고맙다고 하기

지적을 받으면 기분이 나쁘다는 건 누가 가르쳐주지 않아도 아는 사실이다. 내가 기분 나쁠 걸 알고 지적하는 거다. 그런데 기분 나빠 하라고 던진 말에 기분 나빠 하지 않는다면 그 사람은 더 이상 할 말이 없을 것이다. "그 부분 짚어주셔서 감사해요. 제가 놓칠 수 있는 부분이었는데 덕분에 더블 체크가 되었네요."라고 웃으며 이야기하는 것이다. '네가 그렇게 말하는 거, 나에게 전혀 상처가 되지 않는다'로 철판을 까는 것이다.

## 3. 애매하게 대답하지 않기

말끝을 흐리거나 "어… 잘 모르겠는데요…."라고 이야기하면 주관이 없는 것처럼 보여서 무시당하기 쉽다. 그리고 트집 잡는 사람들은 말꼬투리를 잘 잡는데, 예를 들어 "노력해보겠습니다."라고 말하면 "노력요? 노력하는 건 내 알 바 아니에요. 결과물로 가져오세요."라고 하고 "일단 해보겠습니다."라고 말하면 "일단 해보겠다는 건 무슨 뜻이에요? 대충 해보고 아니다 싶으면 나한테 넘기겠다는 거예요?"라고 시비를 건다. "네, 할 수 있습니다."와 같이 깔끔하고 군더더기 없이 대답하는 게 좋다.

## 4. 아예 윗사람 취급해주기

굳이 기 싸움 걸어오는 사람과 정면으로 맞설 필요는 없다. 뒤에서 음흉하게 깎아내리는 사람이 어렵지 앞에서 자기 패를 다 까 보이는 사람은 쉽다. 적당히 비위 맞추며 비행기 태워주면 끝이다. 윗사람 취급해주면서 어렵거나 까다로운 일을 은근히 부탁하고 책임도 더 지게끔 유도하면 나는 말 한마디로 회사 생활을 편하게 할 수 있게 된다. 으스대는 모습에 기분 상하지 말고 오히려 '월척이다!' 생각하고 미끼를 물게끔 잘 이용해보자.

### 남에게 만만해 보일 수 있는 습관

1. 기분 나쁜데도 웃는다
2. 남 눈치를 많이 본다
3. 말끝을 흐린다
4. 목소리가 작고 우물우물한다
5. 상대방의 눈을 보지 않는다
6. 안 괜찮으면서 괜찮다고 한다
7. 거절을 못한다
8. 과하게 배려해서 호구가 된다

# 12

# 했던 말을 까먹어서 나를 곤란하게 할 때

A: 제가 아까 그 부분은 이렇게 정리해서 제출해야 한다고 말씀드렸는

데요.

B: 네? A 씨가 그런 말씀을 하셨다고요? 저는 못 들었는데. 제가 들었으면

말씀해주신 대로 하지 않았을까요? 아마 못 들었던 것 같아요. 혹시 다

른 사람한테 말씀하신 걸 저한테 한 걸로 착각하신 거 아닐까요? 저는

정말 못 들었는데….

분명히 같은 시간에, 같은 회의실에서, 같은 내용을 이야기했는데 나중에 가면 꼭 언제 그런 말을 했냐는 듯 되묻는 사람이 있다. 나는 분명히 말했는데 상대방은 못 들었다는 식으로 말하며 내 탓으로 돌리면 너무 억울하고 기가 막힌다. 상대방이 잘못을 회피하려고 못 들은 척 거짓말을 하는 것이든 잘 덤벙대는 성격이라 실수로 까먹은 것이든 결과적으로 나를 곤란하게 만드는 사람이니 이 사람과 함께 일할 땐 주의가 필요하다.

## 1. 했던 말을 반복하지 말기

상대방이 잘 기억하기를 바라는 마음에 똑같은 말을 하고 또 하고 또 해주는 경우가 있는데 그러면 오히려 '왜 했던 얘기 또 해?'라고 속으로 짜증을 내며 귓등으로 들을 가능성이 높다. 또 자칫 내가 자신을 무시한다고 느낄 수 있기 때문에 주의해야 한다. 나는 잘 이해하라고 도와준 건데 상대방은 자신을 가르치려 든다고 느낄 수 있다.

## 2. 질문으로 확인하기

"5월 10일까지 해 오세요."가 아니라 "기한이 언제까지라고 했죠?", "이 제품은 발주 100개 넣으세요."가 아니라 "여기는 발주 몇 개 넣는 거였죠?", "이 부분을 저 부분이랑 교체해서 수정 작업 들어가주세요."가 아니라 "제가 아까 요청한 교체 작업은 어떻게 하기로 하셨나요?"로 질문을 하는 것이다. 내가 '이렇게 해라'라고 말을 던져주는 것보다 역으로 질문을 함으로써 상대방이 머리를 회전할 수 있도록 유도하는 것이다. 내 질문에 상대방이 잘 대답하면 잘 이해한 것이고 대답이 안 나오면 이해를 못 한 것이니 질문은 아주 좋은 도구이다.

## 3. 메모하라고 권유하기

잘 잊어버리는데 메모를 잘 안 하는 사람이라면 "이 부분은 메모해주세요."라고 콕 집어 말한다. 노트를 잘 안 가지고 다니는 사람이라면 회의 전에 "오늘 중요한 내용이 많아서 노트 꼭 챙겨주세요."라고 한 번 더 부탁한다. 같은 직장인끼리 이렇게까지 해야 하나 싶은 마음이 들긴 하겠지만 내가 짚어주지 않아서 나에게 피해가 올 수도 있다면 짚어줄 수밖에.

## 4. 마지막에 핵심을 정리해주기

잘 잊어버리는 사람은 집중력이 안 좋은 사람일 수도 있다. 회의 시간이 30분 이상 넘어간다면 회의 마무리에 오늘 내가 했던 말을 번호로 붙여 나열하며 한 번 더 말한다. "첫 번째, 기한은 5월 10일까지 부탁드리고요. 두 번째, 발주는 100개로 넣어달라고 말씀드렸고요. 세 번째, 고객한테 피드백 들어온 거 이 부분이랑 저 부분 교체해서 수정 작업 들어가주셔야 합니다." 이렇게 '내가 말한 부분은 총 3가지야'라고 인식을 시켜주면 상대방이 '어, 분명히 3가지라고 했던 것 같은데 왜 2개밖에 안 되지? 뭘 빠뜨렸지?' 하는 생각을 할 수 있다.

## 13

## 사람들 앞에서 발표해야 할 때

A: 아… 어… 네….

B: A 님, 발표 준비 안 하셨어요?

A: 아뇨, 하기는 했는데… 제가 발표를 잘 못해서요….

B: 솔직히 내용을 잘 모르겠어요. 다시 준비해서 보고해주시겠어요?

A: 아… 네….

일하다 보면 크고 작은 발표를 해야 할 때가 있다. 일을 잘 소화해내는 것도 중요하지만 일을 따내기 위한 발표라든지 일의 성과를 보고하는 발표처럼 일을 포장하는 것도 잘해야 인정을 받는다. 그런데 자료는 잘 준비해놓고 당일에 발표를 잘 못해서 속상할 때가 있다. 어떻게 하면 발표를 잘할 수 있을까?

### 1단계. 미리 발표 대본을 짜고 전체 암기하기

발표할 때 긴장하지 않는 방법 중 하나는 대본을 완벽하게 외우는 것이다. 자신감이 있어야 떨리지 않는다. 발표 대본을 짜고 그 대본을 바탕으로 집에서 혼자 발표 시뮬레이션을 한다. 앞에 핸드폰을 놓고 녹화를 해두면 부족한 점을 발견하기도 쉽다. 그런 다음 스스로 피드백을 하며 대본을 수정하고 잘 안 외워지는 부분은 반복해서 외운다.

### 2단계. 입 모양을 크게 하면서 말하기

발음이 부정확하거나 입안에서 우물우물하듯이 말하면 발표 내용이 상대방의 귀에 정확하게 꽂히지 않는다. 발표 연습을 할 때 과하게 입을 쫙쫙 벌리면서 평소에 안 쓰던 근육이 쓰일 수 있도록 한다.

### 3단계. 시작 전에 길고 깊게 심호흡하기

심호흡은 긴장되어 있는 마음을 이완시켜준다. 긴장하면 머리도 굳고, 입도 굳고, 성대도 굳고, 시선도 굳고, 몸도 굳는다. 크게 숨을 들이쉬었다가 길게 내뱉는 심호흡을 3회 하면서 속으로 '할 수 있다!'를 되뇌며 자신감을 불어넣어준다.

### 4단계. 배 중앙에 힘을 주고 말하기

목에 힘을 주고 말하면 목이 금방 상해서 갈라지는 목소리가 나고 발표 중간에 '큼큼' 하며 목을 가다듬는 횟수가 잦아진다. 그러면 청중의 집중력이 흐트러진다. 배에 힘을 주고 말하면 목이 덜 상하고, 목에 힘을 주고 말하는 것보다 훨씬 울림이 크다. 목소리가 딴딴하면 발표할 때 훨씬 자신감 있게 들려서 집중력을 높이는 데 도움이 된다.

### 5단계. 골고루 나눠서 시선 처리하기

긴장을 하면 말하는 것만으로도 벅차기 때문에 시선 처리에 신경을 못 쓴다. 하지만 한쪽만 보고 말하면 반대쪽에 있는 사람은 자신을 보고 말하는 느낌을 받지 못하니 자칫 발표를 지루하게 느낄 수도 있다. 소통이 된다는 느낌이 전혀 없으니 말이다. 발표하는 공간을 3등분으로 나눠서 골고루 시선을 처리하자. 직접적으로 눈 맞춤이 되지 않더라도 성의 있게 발표한다는 느낌을 줄 수 있다.

### 6단계. 천천히 말하고 중간중간에 쉬어주기

긴장하면 말하는 속도가 빨라져서 문장이 꼬이기 쉽다. 또 목이 타들어가 입안이 바짝바짝 마르니 무의식적으로 마른침을 삼켜 말의 흐름이 끊긴다. 대화 속에 쉼표와 마침표가 있다고 상상하며 쉴 곳에서는 쉬어주며 천천히 말하면 준비한 대본이 꼬이지 않는다. 내 말의 빠르기를 잘 모를 때는 메트로놈 앱을 다운받아서 원하는 박자에 맞춰 말하는 연습을 하면 도움이 된다.

# 14

# 업무와 관련 없는 잡일을 맡으라고 할 때

- A 님, 복사기에 무슨 알림 같은 게 떴더라고요. 고장인가? 복사기가 만날 말썽이야. A 님이 기계 잘 다루니까 복사기 담당해주시면 안 돼요?

- 어? 식물 키우는 거 좋아하세요? 잘됐다. B 님이 물 주는 일 담당해주시면 딱이네. 안 그래도 요새 잎이 말라가는데 B 님이 아침마다 물 주면 어때요? 어려운 거 아니잖아.

- 우리 공용 냉장고 점점 지저분해지는데 냉장고 쓰시는 분 누구누구 계세요? 어, 그러면 C 님이 막내니까 맡아서 정리해주시면 좋을 것 같아요.

복사기나 정수기 관리하기, 화분에 물 주기, 냉장고 정리하기, 탕비실 청소하기 등 업무와 관계없는 잡일은 너도나도 맡기 싫어한다. 그런데 나이가 어리다는 이유로, 위치적으로 자리가 가깝다는 이유로, 부지런하다는 이유로, 힘이 세다는 이유로…. 온갖 이유를 갖다 붙여서 나에게 잡일을 주려고 할 때 회사에 정이 뚝 떨어지려고 한다. 이거 맡는다고 해서 연봉을 올려주는 것도 아니면서 말이다. 한 번 맡게 되면 쭉 내 일이 되니 처음에 처신을 잘해야 한다.

## 1. 돌아가면서 하자고 한다

공용 물건은 말 그대로 모두가 사용하는 물건이다. 모두가 사용하는 물건이니 모두가 관리하는 것이 맞다. "A 님이 물 주면 좋을 것 같아요!"라고 제안한다면 "그럼 이번 달은 제가 물 줄게요. 그런데 돌아가면서 하면 좋을 것 같아요. 다음 달에는 제비뽑기해서 누가 할지 정해요."라고 제안한다. 속으로 '고작 물 주는 것 가지고 돌아가면서 하자고 하다니!'라고 쩨쩨하다고 여길 수도 있으나 일단 내가 먼저 한다고 했으니 불만이 있어도 불만을 표하기 어려울 것이다.

## 2. 뽑기로 하자고 한다

고전은 괜히 고전이 아니다. 선대부터 내려오는 사다리 타기, 종이에 이름 써서 제비뽑기, 가위바위보 등을 제안한다. 확률 싸움이기 때문에 불만을 가지는 사람이 이상한 것이다. 복사기 같은 기계를 다루는 일도 처음에는 잘 몰라서 서툴 수 있으나 하다 보면 다 배우게 마련이다. 공용 물건이니 공평하게 뽑기로 하자고 제안하자.

## 3. 살을 주고 뼈를 취한다

회사를 전반적으로 돌아보면 나만 이런 일을 맡고 있는 건 아닐 것이다. 그러니 내가 잘하는 일은 내가 맡고 대신 다른 일은 다른 사람이 맡을 수 있도록 제안한다. "오, 네! 그럼 제가 화분에 물 주는 거 맡을게요. 잘됐다. 안 그래도 저희 공용 공간을 역할 나눠서 맡으면 좋을 것 같다고 생각했는데, 말 나온 김에 정하면 어떨까요?"

## 4. 혜택을 달라고 한다

어떠한 잡일을 맡아서 하는 게 크게 신경 쓰이지 않고 내가 해도 상관없다면 소소한 혜택을 요청한다. 팀원들이 일주일에 한 번 내가 마실 커피 사주기, 내 자리를 창가 쪽으로 고정해주기, 회의 발표 내가 제일 늦게 하기 등과 같이 모두에게 부담 가지 않는 소소한 혜택을 받는 것이다. 그러면 부탁하는 쪽은 미안해하지 않아도 되고, 부탁받는 쪽은 '그래도 내가 전적으로 희생하는 건 아니니까…'라며 기분 상하지 않은 채 잡일을 처리할 수 있다.

# 15

## 팀원의 단점을 지적해야 할 때

'A 씨가 아이디어도 좋고 태도도 적극적이어서 좋은데 회의로 전달받은

만큼 결과물이 안 나오네. 자료 조사를 조금만 더 꼼꼼하게 하면 퀄리티

가 올라갈 텐데. 그리고 모두에게 공유하는 자료인데 너무 자기만 알아

볼 수 있게 만들잖아? 수정하라고 말을 하기는 해야 하는데 입이 잘 안

떨어져'

팀원들과 합을 맞추려면 어쩔 수 없이 불편한 소리를 할 수밖에 없다. 각자의 생각이 다르고 각자가 갖고 있는 장단점도 다르고 각자의 능력치도 다르니까. 그렇지만 오늘 하루 보고 말 사이가 아니니 상대방의 단점을 지적할 때는 단어 선택을 신중하게 해야 한다. 아무리 나보다 직급이 낮더라도, 후배더라도, 나이가 어리더라도 공적인 목표로 모인 성인들이기 때문에 자존심을 상하게 해서는 안 된다.

## 1. 상대방의 욕구를 파악한다

내가 보기에는 단점이지만 상대방 스스로가 여기기에는 단점이 아니기에 그러한 행동을 한 것이다. 그 시작점은 바로 서로의 '욕구'가 다르기 때문이다. 왜 그런 행동을 했는지, 왜 그런 말투를 했는지, 왜 그렇게 일을 했는지 상대방이 어떠한 욕구를 가지고 있는지 파악해서 타협점을 맞춰가는 것이다. 나는 성과와 승진이 달려 있어서 지금 이 프로젝트가 훨씬 중요하지만 A 씨는 일보다는 자신의 취미 활동과 휴식이 더 중요할 수 있다. 각자의 욕구가 달라서 생기는 것이다.

## 2. 지적은 하되 이해해준다

상대방이 내놓은 결과물이 썩 좋지 못했을 때 "그럼에도 A 씨가 노력한 거 제가 다 알아요. 이 부분은 저번보다 훨씬 더 좋아졌네요. 이거 저번이랑 똑같은 실수 안 하려고 일부러 신경 쓰신 거죠? 애써주신 게 보이네요."라고 상대방의 노력을 알아준다. 실수한 건 실수한 거고, 노력한 건 노력한 거다. 실수한 부분은 지적하고, 노력한 부분은 인정해주자. 상대방이 나의 노력을 알아주는 순간 열심히 안 하려고 해도 안 할 수가 없다.

### 3. 앞뒤 순서를 바꿔서 말한다

"내용은 좋은데, 정리가 잘 안됐네요."와 "정리가 잘 안되기는 했는데, 내용이 좋네요." 둘 다 똑같이 '내용이 좋은 것(잘한 점)'과 '정리가 잘 안된 것(못한 점)'을 전달하고 있는 문장이지만, 전자는 지적받은 것처럼 느껴지고 후자는 칭찬받은 것처럼 느껴진다. 사람들을 대화할 때 결론을 더 집중해서 듣는다. 그렇기에 문장의 마지막이 어떻게 끝났느냐에 따라 받아들이는 입장이 달라진다. "정리가 조금 아쉽기는 한데, 내용이 정말 좋네요. 조금만 정리하면 좋은 내용이 더 돋보일 것 같아요."라고 말한다면 기분이 덜 상한다.

### 4. 칭찬으로 책임감을 갖게 한다

칭찬을 받으면 그 일을 특히나 잘 해내고 싶은 마음이 생긴다. 그 사람을 칭찬해주며 왜 이번 일에 당신이 적합한지 설명해주면 이번 일을 잘 해냈을 때 자신이 인정받을 수 있을 거라는 희망으로 더욱 열심히 할 것이다. 타인을 칭찬해서 욕먹는 경우는 거의 없다. 팀원을 칭찬으로 북돋아주며 실수하지 않도록 노력하는 사람이 되게끔 하자.

### 5. 감정을 담아 비난하지 않는다

잘하고 있던 사람도 고꾸라지게 만드는 게 비난이다. 안 그래도 부족함이 보여 그냥 두기 불안한 사람에게 감정을 쏟아부어 면박을 준다면 실수가 더 잦아질 것이다. 그리고 잘 해내지 못하는 팀원을 보며 답답한 마음이 들 수 있겠지만 회사는 엄연히 공적인 업무를 해내는 곳이니 욱하고 올라오는 감정은 누르고 업무적인 실수 즉, 팩트로만 이야기하자.

## 지적하기 전에 기억해야 할 것

1. 감정을 담아 지적하지 않는다
2. 발전을 위한 지적이어야 한다
3. 애정을 담아 지적해야 한다
4. 대안이 없는 지적은 하지 않는다
5. 한꺼번에 지적하지 않는다
6. 많은 사람 앞에서 지적하지 않는다
7. 강압적인 말투로 지적하지 않는다

**16**

## 일을 맡겨야 하는데 영 못 미더울 때

'A 씨한테 업무 맡기기 불안한데 어떡하지? 저번에도 내가 빠뜨리지 말

라고 신신당부했던 거 빠뜨려서 곤란했었는데. 아니, 같이 월급 받고 일

하는 입장인데 1인분은 해줘야 하는 거 아니야? 그렇다고 일을 안 시킬

수도 없고. 뭐라고 하자니 삐칠 것 같고. 어떡하지?'

일을 맡기면 꼭 하나씩 빼먹고 가져온다거나 어디 하나씩 틀린 부분이 있다거나. 그렇게 해서 본인의 실수로만 그치면 모르지만 슬프게도 언제나 내가 회사와 그 사람 사이에 껴서 수습하는 역할을 맡곤 한다. 분명히 내 일거리를 줄이기 위해 팀원에게 일을 나눠주는 건데 번거롭게 두 번씩 일하게 만들어서 내 뚜껑을 열리게 하는 사람이 있다.

## 1. 본인의 의지 다지게 해주기

실수는 순간의 집중력 차이로 생기는 것들이 대부분이다. 그런 세세한 차이는 결국 본인이 노력을 해야 줄일 수 있다. 본인이 성장하고 싶고 본인이 나름의 제 몫을 하고 싶다는 의지가 있어야 가능하다. 매번 실수하는 팀원이 의욕을 불태울 수 있도록 적절한 리워드를 제안해본다.

## 2. 지시하기보다는 지켜보기

"이거 이렇게 하세요.", "저건 저렇게 하지 마세요."라고 지시하는 말에는 힘이 없다. 오히려 마음속에 반발을 일으켜 한 개 실수할 것을 두 개 실수하게 만든다. "회사에서 저번에 지웅 씨가 한 제안이 좋아서 이번에도 지켜본다고 하더라고요. 이번에 실수 없이 잘하면 도움이 될 것 같아요." 그동안 나는 회사에서 지나가는 '행인 26'쯤인 줄 알았는데 내 제안을 마음에 들어 했고 이번에 지켜본다는 사실을 안다면 더 열심히 안 할 사람이 있을까?

## 3. 업무 완료 후 소통 잘하기

사람마다 업무를 수행함에 있어서 느끼는 어려움이 다 다르다. 프로젝트를 끝내고 팀원이 어떤 게 힘들었는지, 어떤 게 좋았는지, 어떤 생각으로 했는지 등을 묻고 잘하는 업무가 무엇인지, 못하는 업무가 무엇인지, 좋아하는 업무가 무엇인지, 싫어하는 업무가 무엇인지 체크한다. 물론 회사의 일은 가려 맡기가 힘들고 경중을 따지기 어렵지만, 그럼에도 팀원의 특성을 기억하고 그것에 어울리는 일을 분배해주는 것이 선배의 역할이다.

## 4. '덕분에'라고 칭찬해주기

하루 종일 혹은 며칠을 고생해서 자료를 준비한 팀원. "잘했어요.", "수고했어요.", "고생했어요."라는 의례적인 말로 끝내기보다는 "지웅 씨 덕분에 이 부분이 잘 해결됐어요.", "지웅 씨 덕분에 이 부분이 도움됐어요."라고 말하며 업무를 함께 해냈고 당신의 공이 크다는 느낌을 주는 것이다. 잡일만 하다 보면 자칫 선배의 뒤치다꺼리만 하는 기분이 들어서 일하는 데 의욕이 안 날 때가 있는데 말한마디로 후배가 해낸 업무에 무게감을 실어주는 것이다.

## 5. 중간보고를 받기

실수를 줄일 수 없다면 실수를 만회할 수 있는 시간이라도 여유롭게 가지자. 조금 귀찮더라도 중간중간에 일이 어떻게 진행되고 있는지 보고를 받고 체크한다면 일이 너무 멀리 가버리기 전에 실수를 발견할 수 있다. '중간'이라는 기준도 사람마다 다르니 "이때 꼭 중간보고해주세요."라고 보고 지점이나 시기를 꼭 명시해준다.

## 6. 질문에 짜증 내는 선배가 아닌지 되돌아보기

잘 몰라서 질문을 했는데 선배가 귀찮은 티를 내면 후배 입장에서는 질문하는 게 어려워서 물어보기까지 시간이 걸린다. 그래서 잘못된 길임을 직감하면서도 혼자서 판단한 뒤 '일단 해보자' 불도저처럼 가다가 도저히 수습할 수 없을 때 도움을 요청한다. 작은 것까지 질문을 받으면 내 업무 집중력에도 지장이 가서 짜증 날 수 있겠지만 실수가 잦은 팀원이라면 차라리 사고 치는 것보다는 자주 물어보는 게 낫지 않을까?

17

# 팀원이 습관적으로 지각할 때

A: 팀장님, 정말 죄송해요ㅠㅠ 저 10분 정도 늦을 것 같아요. 최대한 빨리

도착할 수 있도록 뛰어가겠습니다.

B: (A 씨는 항상 지각이네. 10분만 일찍 나오면 지각할 일이 없을 텐데

10분 일찍 나오는 게 손해라고 생각하는 건가? 누구는 10분 더 안 자고

싶어서 일찍 나오는 줄 아나? 다 큰 성인이 시간 약속 하나 못 지켜서 어

쩌자는 거야?)

초등학교, 중학교, 고등학교, 대학교 그리고 회사. 몇십 년 동안의 단체 생활을 되돌아보면 지각이라는 건 계속 하는 사람만 한다. 그만큼 단번에 고치기 어려운 지독한 습관이라 조금은 차갑고 단호하게 선을 그어줘야 경각심을 가진다. 지각은 팀 분위기를 해친다. '저 사람이 늦어도 봐주는 분위기니까 나도 봐주겠지?' 하는 생각에 해이해지는 팀원이 점점 늘어난다. 그러니 되도록 지각하지 않게끔 잡아줘야 한다.

## 1. 팀 분위기에 맞춰 조치의 강도를 정한다

정각에 칼퇴가 가능한 팀이라면 정시 출근에 대해 강하게 요구할 수 있다. 엄연히 근로계약서에 작성한 부분이니까. 그런데 야근이 잦은 팀일 경우 정시 출근을 퍽퍽하게 요구한다면 팀원들은 '정시 퇴근도 안 시켜주면서 정시 출근은 하라고?' 하는 반발심이 생길 수 있다. 우리 팀의 분위기를 헤아려가며 지각하지 않는 분위기를 독려해야 한다.

## 2. 담백하고 단호하게 요구하기

지각에 대한 의견은 100명에게 물어봐도 100명이 전부 "지각이 잘한 건 아니죠."라고 대답할 만큼 명백히 잘못한 행동이다. 그러니 상대방과 토론을 하거나 언성을 높이며 서로 감정 소모를 할 필요가 없다. "출근 시간이 9시니까 9시까지는 책상에 앉았으면 좋겠어요."라고 더도 말고 덜도 말고 담백하지만 단호하게 요구한다.

## 3. 나보다 윗사람이 알게 하기

내가 맨 윗사람이 아닌 중간에 끼어 있는 직급이라면 윗사람이 알게 하는 것도
방법이다. 회사에서는 직급의 높이만큼 말에 힘이 실리기 마련인데 내가 그 정
도의 직급이 아니라면 아무리 주의를 줘도 지각하는 사람은 심각하게 여기지 않
을 수 있다. 그렇다고 그 사람을 콕 집어서 "A 씨가 지각을 너무 자주 해요."라고
고자질하지는 말고 "한 명도 지각 안 하는 팀으로 만들어보면 좋겠습니다."와 같
이 아우르듯 말하자.

## 4. 오전 반차 처리하기

지각은 어쨌든 출근해 있어야 할 시간에 출근을 하지 않은 거니까 몇 시까지 출
근하지 못하면 오전 반차를 소진한 것으로 대체하겠다고 규칙을 만드는 것이다.
직장인은 휴가에 매우 민감하니 연차를 소진하고 싶지 않으면 어떻게든 지각하
지 않으려고 애쓸 것이다.

## 5. 귀여운 지각 페널티 만들기

지각 벌금을 걷어 팀 회식비에 사용하기, 지각한 사람이 점심 커피 쏘기, 지각하
면 팀원들이 별로 내켜 하지 않는 잔업 맡아서 하기 등 어느 정도 수용 가능한 귀
여운 페널티를 만든다. 페널티 제도가 있다면 팀원도 나름의 벌(?)을 받고, 나는
팀원이 지각해서 받는 스트레스를 커피 한잔 얻어먹고 해소해버릴 수 있으니 서
로에게 좋다.

# 18

## 꼰대스럽지 않게 사수 역할을 하고 싶을 때

A: B 씨, 물류 관리를 이렇게 하면 헷갈리잖아요.

B: 저는 안 헷갈리는데요?

A: B 씨는 안 헷갈려도 다른 사람이 이 업무를 맡게 되면 헷갈릴 수 있잖

아요.

B: 그때 되면 제가 안 헷갈리게 수정할게요. 지금은 제 식대로 해도 문제

없잖아요.

A: 하···.

요즘은 남의 눈치 보지 않고 자기가 느끼는 대로 말하는 솔직하고 당찬 신입들이 많다. 좋고 싫음이 분명한 후배에게 잘못을 지적하는 것도 어렵고, 나도 나름 괜찮은 선배로 보이고 싶은 욕심도 있다. 혹시나 뒤에서 나를 꼰대라고 욕할까 봐 후배의 눈치가 보인다. 하지만 여기는 회사이고, 후배의 부족한 점을 가르쳐줘야 하는 것이 사수다. 후배가 기분 상할까 봐 부족한 점을 말하지 않을 수는 없다. 어떻게 하면 꼰대스럽지 않게 사수 역할을 할 수 있을까?

### 1단계. 구체적으로 말해주기

대충 "이거 정리해줘요."라고 말하면 내가 원하는 결과가 안 나올 가능성이 높다. 왜 이렇게 해야 하는지 설명을 해주며 "이거는 보고서에 넣을 거라 한눈에 보기 쉽게 도표로 정리해주세요."라고 내가 원하는 바를 구체적으로 말한다.

### 2단계. 일단 기다리기

이쯤 되면 중간보고가 와야 하는데 아직도 감감무소식이라 속이 터질 것 같다. 하지만 내 기준에 느린 것이지 후배는 최대한 빠르게 하고 있는 것이다. 후배가 스스로 해내는 경험을 줘야 한다. 마감일이 급박한 게 아니라면 재촉하지 않는다.

### 3단계. 물어보기

내가 예상한 것보다 일의 진척이 너무 느려서 마감일에 못 맞출 것 같으면 조심스럽게 말을 꺼낸다. "혹시 도움이 필요하면 말해요." 잘 모르는데 이걸 물어봐도 될지 고민이 되어서 못 물어보고 있을 수도 있다. 도움 요청은 언제나 환영한다는 듯한 제스처를 취해준다.

## 4단계. 참고 자료 보내주기

후배가 잘 못할 것 같다고 해서 그 일을 내가 대신 해주면 사람을 고용한 이유가 사라진다. 그리고 스스로 해보지 않으면 배움도 더뎌서 오랫동안 내가 사수로서 고생할 수 있다. 비슷한 사례의 참고 자료를 보내주며 살펴보고 적용하라고 한다. 부족한 부분에 대한 수정은 그 뒤에 함께 하면 된다.

## 5단계. 토닥여주기

혼자서 잘 해내지 못한 후배는 분명 자책을 하고 있을 것이다. 그런 후배에게 다가가 '나도 그 시절에는 어려웠다', '나도 그 연차 때는 잘 못했다', '지금은 못하는 게 당연하다'라고 공감하며 토닥여준다.

## 6단계. 채찍과 당근 주기

무엇이 부족했는지, 왜 실수했는지 부족한 점을 분석해주고, 다음부터는 어떻게 풀어나가는 게 좋은지 모범 답안을 알려준다. 그리고 기죽지 않도록 "하지만 잘했어요. 조금만 배우면 더 잘할 수 있을 거예요."라고 칭찬으로 마무리를 한다.

### 꼰대스러운 사수의 특징

1. 말이 끝나기도 전에 "아니, 근데…"라고 반박한다
2. 충분한 설명 없이 일방적으로 통보한다
3. "원래 이렇게 해왔어."라며 옛날 방식을 고수한다
4. 후배에게는 먼저 인사하지 않는다
5. 부족한 점을 지적만 하고 도와주지는 않는다
6. 해준 것도 없으면서 바라는 건 많다
7. 자기 잘못이면서 후배에게 떠넘긴다

# 19

## 기분 나쁜 농담으로 나를 돌려 깔 때

- A 씨는 요새 퇴근이 빠르네? 회사에서 A 씨 책상이 빠져도 아무도 모르겠어.

- B 씨는 얼굴에 여드름이 많은 편이시네. 아직도 사춘기인가 봐. 여드름이 나는 걸 보면. 여드름 있으면 얼굴이 지저분해 보이던데 피부과는 가 봤어요?

- C 씨는 결혼 안 하고 혼자 사는 게 더 어울리는 것 같아요. 혼자 살면 얼마나 좋아. 눈치 안 보고. 딱 C 씨 성격이랑 맞을 듯?

대놓고 지적하는 건 아닌데 은근 농담식으로 깐족거리며 나를 돌려 깔 때, 화내자니 속 좁아 보이고 또박또박 받아치자니 내 말발이 부족하다. 그리고 은근히 사람 기분 나쁘게 하는 사람들은 선을 아슬아슬하게 잘 타서 대놓고 화내기에는 애매한 경우가 많다. 또 기분 나쁜 농담하는 사람들은 그대로 돌려주면 본인은 장난으로 안 받아주고 정색하는 인간들이라 잘 대처해야 한다. 자칫 잘못 대처했다가는 내가 뒷담화의 주인공이 될 수도 있기 때문이다.

## 1. 웃지 않기

상대방의 무례한 언행에 당황하여 "하핫!" 하고 머쓱하게 웃어넘기면 상대방도, 그 자리에 있는 다른 사람들도 내가 그 말을 농담으로 받아들인 줄 착각한다. 상대방의 무례함이 정당화되는 것이다. 살짝 놀란 듯이 토끼 눈을 뜨고 상처받았다는 듯이 눈썹을 살짝 모아주면서 완전 기어드는 목소리로 "제가요?"라고 울먹이며 말한다. 그러면 상대방도, 주변 사람들도 내 눈치를 보며 "아유, 그 말은 좀 심했다."라든가 "미안해. 그럴 의도는 아니었는데."와 같은 말이 나오며 다른 주제로 분위기를 전환시키려 할 것이다.

## 2. 되묻기

상대방이 은근히 비꼴 때 "혹시 어떤 의미로 말씀하신 건지 여쭤봐도 될까요? 제가 고쳐야 될 부분이면 고치려고요."라고 되묻는다. '당신이 방금 한 말은 나를 지적한 것이다'라는 사실을 분명히 짚고 넘어가는 것이다. "왜요? 혹시 상처받았어요?", "기분 나빴어요?"라며 알면서 묻는 사람도 있는데 그럴 땐 "네, 조금 상처네요.", "기분이 좋지는 않네요."라고 담백한 미소를 머금으며 말한다.

### 3. 자리에서 일어나기

어떤 좋은 방법도 사용하기 어려운 자리가 있을 수 있다. 그럴 땐 잠깐 업무 연락이 온 척, 화장실 가는 척하며 자리를 일어나는 것도 방법이다. 그 자리에 있어 봤자 빌런이 쏟아내는 말을 계속 듣고 있어야 한다. 굳이 말 같지도 않은 말을 들으며 내 마음에 생채기 내지 말자. 피할 수 있으면 피하는 게 답이다. 안 듣고 안보고 안 느낄 수 있는 게 가장 좋다.

### 4. 엥?

가깝거나 편한 관계라면 고개를 살짝 갸우뚱하며 "엥?"이라고 딱 한 글자만 말한다. '너의 말이 이해가 되지 않고 참 띠용스럽다'라고 전달할 수 있는 아주 경제적인 단어이다. 그리고 그 뒤에 계속 침묵으로 상대방을 쳐다본다면 자신이 말실수했다는 걸 인지할 테고 멋쩍은 웃음을 보이며 이 싸늘해진 상황을 본인이 수습하려고 사과할 것이다.

---

## 상대방이 선을 넘을 때 대처하는 법

1. 눈을 동그랗게 뜨고 "네?" 하며 놀라는 척한다
2. 머쓱함에 웃지 않는다
3. 아무런 대꾸도 하지 않고 정적이 일게 만든다
4. 무례한 말에 되레 미안하다고 사과하지 않는다
5. 무슨 뜻이냐고 되묻는다
6. 내 중심을 지키며 흔들리지 않는다
7. 못 들은 척한다

## 20

# 피해자 코스프레 하는 여우를 만났을 때

"제가 그러려고 그런 건 아닌데… 과장님께서 이렇게 하는 게 좋다는 식

으로 말씀해주셔서… 괜찮다고 하시니까 제가 거기다가 뭐라 말씀을 드

리기가 좀 그랬어요. 기간도 너무 촉박하게 주셔서… 시간만 넉넉했으면

저도 더 잘했을 텐데… 과장님께서 무조건 그렇게밖에 못 주신다고 하셔

서… 저는 과장님이 저를 싫어하시는 줄 알고… 저는 정말 아무것도 모르고

했어요."

있다. 자신은 늘 잘해왔고, 자신은 늘 노력했고, 자신은 늘 열심이었다. 그런데 회사 구조가 이상해서, 상사가 능력이 부족해서, 팀원이 잘 따라와주지 않아서 등 다양한 이유 때문에 자신의 결과물이 이것밖에 안 나왔다고 말한다. 인정을 못 하는 것이다. 그렇게라도 외부에서 이유를 찾지 않으면 결국 자신의 부족함 때문에 이 사달이 난 거라는 걸 받아들여야 하니까. 자신의 능력이 부족했다는 걸 죽어도 인정 못 하겠으니까 발악하는 것이다. 피해자 코스프레 하는 사람에게 잘못 물리면 자칫 내가 가해자가 되어 회사 내에서 이미지를 망칠 수 있으니 조심해야 한다.

## 1. 중요한 소통은 반드시 글로 남긴다

내가 했던 말은 못 들었다고 하고 내가 하지 않았던 말을 했다고 했을 때 증거로 삼기 좋은 건 '글'이다. 말은 금방 휘발되어서 상대방이 딱 잡아떼면 나만 가해자가 된다. 피해자 코스프레에 익숙한 사람은 불쌍한 분위기를 잘 만드므로 자신을 가엾게 여기도록 다른 사람을 종용할 줄 안다. 그럴 때 소통한 글을 보여주며 피해자 코스프레 하는 사람을 할 말 없게 만들어야 한다.

## 2. 여러 사람 앞에서 이야기한다

피해자 코스프레 하는 사람과 단둘이 놓이는 상황을 되도록 피한다. 단둘이 이야기하고 나온 다음에 다른 사람들 앞에서 "과장님이 아까 나를 부르셔서는…" 하며 없는 말을 지어낼 수도 있다. 굳이 할 말이 있다면 회의 시간이나 티타임 혹은 사람이 많은 사무실에서 하자.

### 3. 앞에서 화내면 나만 나쁜 사람이 된다

피해자 코스프레 하는 사람 때문에 너무 억울해서 그 사람 앞에서 버럭 화를 내면 그 사람은 눈물을 흘릴 게 뻔하다. 그러면 회사에서는 '울린 사람' 즉, 나를 가해자로 볼 가능성이 높다. 물론 피해자 코스프레 하는 사람의 행보를 보면 피가 거꾸로 솟을 지경이지만 그럼에도 불구하고 여기는 회사. 내 감정을 드러내는 순간 나는 지게 된다.

### 4. 관심받고 싶어서 일부러 저런다는 걸 알아야 한다

'왜 저럴까?'라는 생각을 하면 나만 고통스럽다. 피해자 코스프레 하는 사람들이 약한 척, 못하는 척, 불쌍한 척, 순수한 척, 세상 물정 모르는 척하는 이유는 그저 관심받고 싶어서이다. 피해자인 척하면 정 많은 사람이 다가와서 위로해주고 달래주고 자신의 편이 되어주니까.

### 5. 결국에는 민낯이 들통난다

회사 사람들이 물론 나를 가해자로 오해하고 있을 수도 있지만, 눈치 빠르고 능력 있고 사회생활 만렙인 사람들은 '저 사람 또 피해자 코스프레 하네. 어휴, 과장님만 불쌍하지. 저런 팀원을 둬가지고'라고 생각하고 있을 것이다. 겉으로 티내지 않는 이유는 회사에서 이런저런 문제로 얽히고 싶지 않아서 그냥 피하는 것뿐이다. 다들 알면서 모르는 척하고 있는 거니 너무 외롭다고 생각하지 말자. 그리고 설령 회사 사람들이 지금 당장은 모르더라도 나중에 가면 피해자 코스프레 하는 사람은 민낯이 들통나기 마련이다. 연극은 언젠간 끝나니까.

## 피해자 코스프레 하는 사람 특징

1. 항상 변명이나 핑계가 준비되어 있다
2. 자신이 가장 주목받아야 한다
3. 불리한 것 같으면 일단 눈물부터 흘린다
4. 자기중심적이고 이기적이다
5. 질투심과 소유욕이 강하다
6. 편 나누기와 급 나누기를 좋아한다
7. 자신이 드라마 속 주인공인 줄 안다

**21**

## 옷 스타일을 지적받았을 때

- 나 때는 정장 입고 출근했는데 요즘 세상 많이 편해졌네.

- 오우, 엄청 화려하게 입으셨네요. 여기 회사 아닌 줄 알았어요.

- 근데 그 옷 색깔, A 님이랑은 안 어울리는 것 같지 않아요? 그 옷 입으니까 얼굴이 누래 보여요.

옷이 중요한 직업이거나 중요한 자리에 상황과 맞지 않는 차림으로 왔을 때는 충분히 지적할 수 있다. 그러나 단순히 비꼬는 용도이거나 선 넘는 간섭일 때는 명쾌하게 선을 그어주는 게 좋다. 쓸데없는 지적을 하는 사람은 자기만의 이상한 고집이 있을 가능성이 높기 때문에 가령 "이게 이상해요? 왜요?"와 같은 질문을 해서 상대방에게 말할 기회를 줘서는 안 된다.

### 1. "요즘 이렇게 입는 게 유행이래요."
유행을 방패 삼아 나도 따라 입었다고 말하면 수긍이 빠르다. 예쁘든 안 예쁘든 유행이라고 하니 무슨 상관이겠는가. 요새 젊은 사람들 이렇게 많이 입는다고까지 말하면 여기서 더 지적했을 시 본인이 늙은 사람이라는 걸 스스로 인정하는 꼴이 되기에 옷 지적을 멈출 것이다.

### 2. "괜찮아요. 제가 어디 공식 석상에 나가는 것도 아닌데요."
옷 스타일이 좀 덜 예쁘더라도 상식 밖의 옷차림이 아니라는 걸 인지시켜주자. 자리와 어울리지 않는 옷을 입었으면 모를까 그것도 아니면서 옷 가지고 지적하는 건 선을 넘은 거라고 은연중에 말하는 것이다.

### 3. "제 취향이에요. 제 눈에는 이게 예쁘더라고요."
100명의 사람이 있으면 100가지의 취향이 있는 법. 내 취향이 이런 걸 어떡하라고? 내 취향과 네 취향이 다를 뿐이라는 걸 알려주자. 옷은 자기만족으로 입는 것이니까. 내 옷 지적하기 전에 본인 옷 입은 상태부터 돌아봤으면 좋겠다.

## 성희롱적인 표현을 들었을 때

- 오늘 옷을 왜 이렇게 짧게 입고 왔어요? 회사에 잘 보이고 싶은 사람

이라도 생겼나?

- A 님 프로필 사진 보니까 주말에 호캉스 다녀온 것 같던데 애인이랑

갔어요?

- B 님 피부 진짜 하얗다. 그런 소리 많이 들어보지 않았어요? 나는 하

얀 여자가 그렇게 끌리더라?

19금 농담은 민낯을 다 보여준 친구들끼리 모인 사석에서나 해야 재밌는 거지 별로 친하지도 않은 사람들과 나누고 싶지는 않다. 그런데 이 미꾸라지 같은 사람들이 대놓고 하면 정색을 할 텐데 농담인 듯 웃으면서 성희롱적인 발언을 하니까 웃어넘기면 안 되는 상황임에도 애매하게 반응을 해버린다. 거기에 정색을 하면 웃자고 한 농담에 죽자고 달려드는 분위기 못 맞추는 사람으로 만들어버리기 때문이다. 하지만 한번 넘어가주면 '이 사람은 이런 농담을 해도 받아주는구나'라고 생각하고 계속 성희롱적인 농담을 하기 때문에 절대로 유야무야 넘어가면 안 된다.

## 1. '설마'를 강조하며 묻는다

"설마 저한테 말씀하신 건 아니죠?"라고 억양을 살려 되묻는다. '설마'에 강조를 넣어야 한다. 문장 앞에 '설마'를 붙이면 해서는 안 될 말을 한 것처럼 느껴진다. 19금 농담을 즐겨 하는 사람도 법을 모르는 건 아니기에 대놓고 성희롱적인 발언을 하면 문제가 된다는 걸 잘 알고 있다. 그러니 '설마'를 붙여 되물으면 "아, 아니에요." 하면서 한발 뒤로 물러설 것이다.

## 2. 농담이 선을 넘었다고 알려준다

"무슨 그런 말씀을 하세요."라며 그런 말은 하면 안 된다고 가르쳐주면 꼭 "에이, 농담이지." 하며 빠져나간다. 이때 "아, 농담이셨어요? 알겠습니다." 하고 넘어가면 상대방은 다음에 또 비슷한 패턴으로 성희롱적인 말을 할 것이다. "농담도 농담 나름이죠."라고 선을 그으며 농담이라도 그런 말은 하지 말라고 분명하게 밝힌다.

## 3. "네?"라고 놀란 후 정적을 만든다

여러 사람과 대화를 나눌 때 가장 멋쩍은 순간은 내 말이 끝나자마자 정적이 일 때다. 화들짝 놀라며 "네?"라고 한 톤 올려 물은 뒤 충격받은 표정을 지어주면 옆에 있던 사람들이 "아유, 무슨 그런 말씀을 하세요."라고 받아주며 상황을 수습해줄 확률이 높다. 그렇게 여러 사람 앞에서 무안을 주면 '이 사람한테는 이런 농담했다가는 내 평판만 나빠지겠다'라고 학습할 것이다.

## 4. "풉!" 하고 비웃는다

상대방의 말이 어이없다는 듯이 "풉!" 하고 비웃으며 황당하다는 표정을 짓는 다. 그러고는 "요즘 시대에 그런 말 하면 큰일 나요. 저니까 알려드리는 거예요. 다른 데서는 절대 그러시면 안 돼요. 앞으로는 저한테도 그렇게 말씀하지 마시 고요."라고 말한다. '시대'를 이유로 상대방을 지적하는 것이다. 대신 이렇게 말 할 때 상대방을 가르친다는 어투로 말하기보다는 '진심으로 안타깝고 걱정되어 서 알려준다'라는 어투로 말해줘야 한다.

# 직장 내 왕따/은따를 당할 때

- A 씨가 겉보기에는 저래도 완전 불여우래요. 그러니 괜히 친하게 지내지 마요.

- 우리 팀 회식에서 B 씨는 빼고 합시다. 솔직히 이번 프로젝트에서 B 씨가 한 거 아무것도 없잖아요? 회삿돈으로 회식하는 건데 업무에 기여도가 없는 사람이 참여하는 건 좀 그렇죠.

- C 씨는 자리를 저쪽으로 옮기도록 하세요. 화장실 근처 자리 다들 앉기 싫어하는데 요즘 C 씨는 우리 팀에서 제일 아무것도 안 하시잖아요. 그러니 자리라도 희생하세요.

어른들만 모인 회사에서는 언제나 신사적이고 도덕적인 일만 일어날 것 같지만 어떻게 보면 회사는 내 밥그릇을 지켜야 하는 곳이기 때문에 청소년기에 겪은 학교에서의 시기와 질투, 은따와 왕따보다 더 유치한 상황이 펼쳐지는 경우도 많다. 어른이면 모두가 성숙할 것 같지만 생각보다 미성숙한 어른도 많다. 설령 부족하더라도 사람을 따돌리는 건 잘못된 일이다. 절대 정당화될 수 없다.

**여기서 잠깐**

학교든 동아리든 회사든 어떤 소속에서 누군가 한 명이 왕따당할 때 '쟤도 어떤 원인 제공을 했으니까 왕따를 당하는 거겠지'라는 시선이 가장 힘들다. 물론 그랬을 수도 있다. 다른 사람의 기분을 나쁘게 해서, 일을 잘 못해서, 눈치가 없어서 등 이유가 있을 수도 있다. 그렇지만 이유가 있다고 해서 사람을 따돌리고 괴롭혀도 되는 건 아니다. 마음에 안 들면 그냥 비즈니스적인 관계로만 지내면 되는데 왕따를 시킬 건 뭐람? 그러니 따돌리고 괴롭히는 사람이 잘못된 것이다. 내 잘못이 아니다.

## 1. 적극적으로 칭찬해본다

나를 싫어하는 사람을 오히려 남들 들으라는 듯이 칭찬해준다. 오늘 바른 립스틱이 예쁘다든지, 오늘 맨 넥타이 색깔이 너무 잘 어울린다든지, A 님이 한 프로젝트에 배울 점이 정말 많다든지. 나를 싫어하는 사람을 칭찬하는 것이 여간 내키지 않는 일이라는 건 알지만 칭찬을 해서 상대방을 높여줌으로써 '나는 너와 싸우고 싶은 마음이 없다'는 걸 보여준다. 나를 견제하지 않아도 된다고 아예 대놓고 드러내는 것이다. 단, 칭찬이 아부로 보이면 안 되니 사실에 근거하여 칭찬해야 한다.

## 2. 회복하려고 노력해본다

직장 내에서 괴롭힘을 주도하는 사람과 대화할 수 있는 일대일 자리를 마련해본다. 술을 마실 수 있다면 술을 한잔하는 것도 좋다. "그동안 제가 회사에서 좀 부족했죠? 많이 가르쳐주세요. 제가 사회생활이 서투른데 A 님처럼 회사에서 잘할 수 있는 비결 전수받고 싶어서 용기 내서 식사 자리 마련했어요." 이런 말로 상대방이 나에게 어떤 불만을 가지고 있는지 속마음을 털어놓을 수 있도록 유도해보자.

## 3. 소신 있게 할 말은 해본다

나 빼고 회식 자리를 한다거나 고의적으로 나에게 업무를 분배해주지 않는다거나 할 때 "저도 회식에 껴주세요.", "저는 어떤 일을 하면 될까요?"라고 먼저 다가가서 말한다. 부당한 상황에 놓였을 때 쭈뼛거리며 "어… 어…" 하고만 있으면 상대는 더 만만하게 본다. 의기소침하거나 주눅 들지 말고 필요한 건 필요하다고 말해보자.

## 4. 혼자만의 시간을 즐긴다

회사 내에서 인간관계가 좋으면 최고겠지만 어쩌다 보니 인간관계가 썩 좋지 않아졌을 때는 무관심, 무덤덤, 무시 이렇게 '3무'로 대응하자. 회사는 친구를 사귀러 가는 곳이 아니고 일을 하러 가는 곳이다. 회식 자리에서 나를 제외하면 '아싸! 퇴근 일찍 해서 좋네', 티타임에서 나를 제외하면 '커피값 굳어서 좋네'라고 생각하는 것이다. 회사 사람들의 감정까지 굳이 관심 가지지 말자.

## 5. 최대한 빠르게 도망친다

직장에서의 왕따는 주동자가 악질이면 사실 답이 없다. 또, 회사 내에서 내가 왕따당하는 분위기가 되면 동료들도 대놓고는 아니더라도 은근히 피한다. 괜히 엮였다가 불똥이 자기한테 튈까 봐 그런 것이다. 생계 때문에 다니는 회사이기에 섣부르게 그만두거나 이직을 선택하기 어렵다는 건 잘 알지만 '나'를 잃어가며 버텨야 되는 건 이 세상에 없다. 그 집단 안에 있으면 모든 게 다 내 탓 같고, 나는 아무것도 할 수 없고, 내가 문제의 원흉인 것처럼 느껴진다. 도망쳐 나오지 않으면 그 기분은 계속 느낀다. 심지어 그걸 참고 버티면 나중에는 괴롭힘에 익숙해져서 아무런 감정조차 들지 않는 무기력 상태에 이른다. 나의 정신 건강이 조금이나마 건강할 때 도망쳐야 한다.

## 6. 회사 내 매뉴얼을 확인해본다

각 회사마다 직장 내 왕따에 대한 매뉴얼이 있을 것이다. 내가 부서 이동을 하든 그 사람을 부서 이동시키든 왕따 주도범과 최대한 멀어지는 방법을 택해보자. 회사 규모가 너무 작거나 매뉴얼이 제대로 지켜지지 않는 경우라면 5.에서 언급한 것처럼 회사를 빠르게 도망치자.

### 혼자인 시간에 하면 좋은 멘털 회복법

1. 자기계발을 하면서 더 멋진 나를 상상하기
2. 잘 차려진 점심 사 먹기
3. 음악 들으면서 회사 주변 산책하기
4. 좋아하는 책 필사하기
5. 오늘의 나를 위한 작은 선물 사기
6. 모바일 게임 하기
7. 코인 노래방 가서 노래 실컷 부르기

# 이직/퇴사를 해야 할 때

A: 팀장님, 드릴 말씀이 있는데요. 저 회사 이번 달까지만 다녀야 할 것

같아요.

B: 왜요? 무슨 일 있어요?

A: 다른 회사로 이직을 하게 되어서요.

B: 회사에 불만이 있으면 진작 말하지. 왜 말도 없이 다른 회사 알아봤어

요? 대체 뭐가 불만인 건데요. 말을 해봐요. 시정해줄게요.

회사를 다니다가 이직을 하거나 퇴사를 해야 할 때 '이제 이 회사
는 두 번 다시 안 와!'라는 분노가 앞서 뒤를 생각하지 않고 저지르면
나중에 후회할 일이 생긴다. 세상은 생각보다 좁기 때문에 어디서
어떻게 만나게 될지 모른다. 그리고 연차가 높아질수록 아는 사람을
소개해서 스카우트 채용을 하는 경우도 있으니 마지막까지 나에 대
한 이미지는 좋아야 한다. 일도 프로답게, 퇴사도 프로답게 해보자.

## 1. 아무리 늦어도 2주 전에 알린다

회사에서는 빈자리를 채워줄 새로운 사람도 모집해야 하고, 업무 분배도 새로
해야 하고, 계획도 새로 세워야 한다. 급작스러운 사정으로 퇴사하는 것이면 모
를까 일반적으로 퇴사하거나 이직하는 상황인데 며칠 전에 알려준다? 이건 그
누구도 이해하거나 편들어주기 어렵다.

## 2. 직접 얼굴을 보고 말씀드린다

감정이 상해 퇴사를 하더라도 어쨌든 사람 대 사람으로 안녕을 고하는 순간이
다. 문자나 메일만 달랑 보낸 뒤에 잠수를 타면 그동안 내가 열심히 쌓아놓은 탑
이 한순간에 무너진다. 직접 얼굴을 보고 정중하게 말씀을 드리는 것이 예의다.

## 3. 불평불만을 늘어놓지 않는다

퇴사하려는 사람을 붙잡으려고 어떤 힘든 점이 있었는지, 뭐가 불만이었는지 질
문을 할 것이다. 이때 이 회사는 뭐가 문제다, 팀장은 뭐가 문제다 신나게 욕하면
나중에 다 그 사람 귀에 들어가서 나만 이상한 사람이 된다. 그리고 내가 불만을
얘기한다고 해서 회사가 바뀔 확률은 희박하다. 최대한 말을 아끼는 게 현명하
다. "좋은 기회가 와서 가는 것뿐이다.", "다른 업무에 관심이 생겨서 이직하기로

했다." 정도로 깔끔하게 말한다.

## 4. 계속해서 붙잡으면 건강을 핑계로 댄다

이미 마음 떠났다는 티를 냈는데도 관련 팀으로 보내주겠다, 승진을 시켜주겠다, 월급 올려주겠다, 업무 줄여주겠다, 조금 쉬다 와라 등 온갖 감언이설로 붙잡는 경우도 있다. 이렇게까지 붙잡는데 냉정하게 끊어내기 어려울 것이다. 이럴 땐 몸에 이상 신호가 와서 어렵다는 식으로 건강을 이유로 삼으면 붙잡기 어려울 것이다.

## 5. 인수인계를 확실하게 한다

언제 퇴사하는지 팀원들에게 공지하고 그 전까지 내가 처리할 수 있는 일을 공유한다. 이제 이 회사 떠난다고 해서 일을 대충 하면 지금까지 나를 좋게 봤던 동료들도 나를 욕할 것이다. 남아 있는 사람이 힘들지 않게, 새로 들어올 다음 사람이 불편하지 않게 업무를 잘 정돈해야 한다.

## 이 회사는
## 나의 종착역이 아니다

어렵게 회사에 들어가 드디어 자리를 잡았는데 일도 아니고 사람 때문에 곤란을 겪으면 참으로 난감합니다. 일은 힘들어도 언젠가 끝이 오지만 사람은 내가 그만두든 저 사람이 그만두든 누구 하나가 회사를 그만두지 않는 한 계속 마주해야 하기 때문입니다. 그런데 당장 힘들다고 회사를 그만둘 수는 없습니다. 매달 나가는 생활비에, 꼬박꼬박 나가는 대출금에⋯ 이직이 그리 쉬운 것도 아니고, 내 경력에 있어서도 근무 기간이 짧으면 안 좋은 영향을 미칠 수도 있으니까요. 또 우리 아들/딸, 드디어 회사에 취직했다며 뛸 듯이 기뻐하시던 부모님의 얼굴도 생생합니다. 회사 생활이 힘들어서 그만뒀다고 하면 실망하실 게 뻔하죠.

**이 회사는 나의 종착역이 아닙니다.** 다른 역으로 충분히 환승할 수 있는데 "여기서 버텨야 해.", "나는 여기밖에 없어.", "이것도 못 견디면 다른 곳에 가서도 똑같을 거야."라고 여기며 종착역으로 받아들이니 극단적인 생각까지 드는 것입니다. 남들이 알아주는 대기업에 다닌다고 가정합시다. 그러면 나는 충분히 능력이 있는 사람입니다. 능력이 없는데 대기업에서 받아줬겠습니까? 나의 능력을 살려 다른 곳으로 환승할 수 있습니다. 반대로 남들이 몰라주는 작은 회사에 다닌다고 가정합시다. 그러면 나는 어디든 대체 가능한 사람입니다. 대체가 가능하다는 건 내가 일할 수 있는 자리가 많다는 뜻입니다. 다른 곳에서 나와 알맞은 채용 공고만 올라온다면 내가 원할 때 언제든 환승할 수 있습니다.

종착역이라고 생각하니 모든 부정적인 상황이 크게 다가오는 것입니다. 팀장님이 나를 싫어하는 것 같으면 세상 모든 사람이 나를 싫어하는 것 같고, 팀원이 내 뒷담화를 하면 세상 모든 사람이 내 뒷담화를 하는 것 같습니다. 부장님이 성희롱을 하는 부당한 상황에서도 억지로 웃으며 넘어가게 되고, 팀원들이 왕따를 시키는 유치한 상황에서도 꾹 참으며 버티게 되고 말입니다. 여기가 절벽 끝이라고 생각하니 뒷걸음을 치지 못하는 것입니다. 한 발자국만 내디디면 떨어져 죽으니까요. 그런데 여기가 종착역이 아닌 환승역이라고 생각하면 웬만한 일들은 가볍게 받아들여집니다. '나를 싫어해? 싫어하라지. 그렇게 못마땅하면 당신이 떠나면 되잖아'

사람을 무조건 싫어하고 이유 없이 괴롭히는 악마의 탈을 쓴 인간 때문에 나의 소중한 인생을 포기하지 마세요. 그 사람이 대체 뭐라고 내가 기죽어야 합니까? 나라의 대통령도 아니고, 회사의 회장님도 아니고, 그저 똑같이 월급 받는 신세일 뿐입니다.

2부

# 가족친척

## 정 때문에
## 참지 마라

# 가족여행 갈 때마다 싸울 때

- 아빠, 좀 같이 가! 왜 이렇게 걸음이 빨라? 같이 구경해야지!

- 엄마, 여행 온 김에 이런 데 돈 쓰는 거야. 아깝긴 뭐가 아까워. 이때 아니면 돈 언제 써?

- 원래 바깥 음식이 달고 짜고 그런 거지. 그래도 여행 왔으니까 먹어보자.

- 커피값 원래 비싸. 그리고 이런 데는 풍경값이라 생각하고 이 돈 주고 마시는 거야.

어렸을 때 가족여행은 자식인 '나'를 위주로 다녔지만, 내가 성인이 된 후에는 나이 든 부모님을 위주로 다니기 시작한다. 어른들 입맛에 맞는 식당, 어른들 컨디션에 맞는 계획, 어른들이 좋아하실 만한 볼거리. 공들여 여행을 준비했는데 돌아오는 건 부모님의 짜증 섞인 불만이니 이럴 거면 가족여행은 왜 하나 싶다. 부모님께서 더 나이 드시기 전에 좋은 추억을 많이 남기고 싶은 내 마음을 왜 몰라주시는 걸까. 시작과 끝이 즐거운 가족여행을 만들 수는 없을까?

## 1. 여행 패키지를 끊어드린다

어르신들과 젊은이들의 여행 스타일이 같을 수 없다. 체력도 다르고, 보고 느끼는 바도 다르고, 선호하는 것도 다르기 때문이다. 부모님께 효도하고 싶은 마음 때문에 여행을 선택하는 거라면 차라리 부모님끼리 오붓하게 데이트하고 오시라고 여행 패키지를 끊어드리는 게 좋다. 나머지는 여행 가신 부모님께서 알아서 하실 거다. 부모님께 "우리 애가 여행 보내줬어!"라고 주변 사람에게 자랑할 에피소드 하나 드리는 것도 효도이다.

## 2. 효도로 모신다고 생각한다

내가 어린아이였을 때 나를 데리고 여행 다녔을 부모님의 모습을 상상해보자. 지금 부모님께서 국이 달다, 짜다 하시는 건 양반이지 나는 울고불고 떼쓰고 난리도 아니었을 것이다. 이왕 효도하기로 마음먹었으니 효도하는 마음으로 왈칵 올라오는 짜증을 눌러보자. 내 여행이 아니다. 부모님을 위한 여행이니 기분을 맞춰드리자.

## 3. 여행 일정을 미리 공유하고 확인을 받는다

여행 전에 직접 만나서 보여드리거나 단톡방에 올려서 '여기 가서 이거 먹을 거고 이거는 1인당 2만 원씩 해. 그다음에 여기 가서 이걸 볼 거고…'와 같이 여행 계획을 미리 공유한다. 반대 의견이 있으면 얘기해달라고 하고 괜찮다고 하시거나 별말씀 없으시면 일정에 넣는다. "됐어, 나는 이런 거 봐도 몰라. 네가 알아서 해."라고 말씀하시면 "그래도 한번 봐. 혹시 별로 마음에 안 드는 게 있을 수도 있잖아."라고 다시 한번 권한다. 그러고 나서 여행 다닐 때 일정에 불만을 이야기 하면 "전에 보여줬을 때 괜찮다고 한 거잖아. 그때 별로라고 말을 하지. 지금부 터 불만 금지~!"라고 농담을 던지며 불만을 차단한다.

## 4. (형제자매가 있다면) 협조를 구한다

부모님 케어하는 것도 벅찬데 형제자매까지 투덜거리면 정말 참을 수가 없다. 여행 가기 전에 어떤 불편함이 있든 큰일이 아니면 웬만하면 넘어가자고 하고, 부모님께서 뭐라고 하시는 부분이 있으면 괜찮다고, 편들어주기로 미리 협조를 구한다. 부모님께서 비싸다, 아깝다 하셔도 자식들이 입을 모아 "요즘 다 이래. 이 정도면 괜찮은 거야." 하면 "그래?" 하고 바로 수긍해주시기도 한다.

### 가족여행 7계명

1. 차가 왜 이렇게 막히냐, 언제 도착하냐 금지
2. 음식이 짜다, 싱겁다, 달다 금지
3. 별로다, 집에서 해 먹는 게 낫겠다 금지
4. 사람 많다, 그냥 가자 금지
5. 재미없다, 이만 가자 금지
6. 돈 아깝다, 사지 말자 금지
7. 훌쩍 앞서가기 금지

**2**

# 가족 모임 통장을 만들어야 할 때

A: 이번 추석 때 소고기 먹으러 갈 건데 가족 모임 통장에서 쓴다?

B: 그럼 너무 많이 나오지 않아? 꼭 소고기를 먹어야 해?

A: 가족끼리 오랜만에 모였는데 그 정도는 먹을 수 있는 거 아니야?

B: 근데 밥 한 끼에 그렇게 큰돈을 써버리면 여행 갈 돈 안 남잖아.

가족끼리 여행을 가거나 모였을 때 쓰는 목적으로 통장을 만드는 경우가 있다. 개인 돈이 아닌 공용 돈인 셈이다. 그런데 아무리 가족이라도 사람마다 경제관념이 다르고, 씀씀이가 다르고, '공용'이라고 생각하는 범위도 다르기 때문에 의견 차이가 생길 수 있다. 통장을 만들고 돈을 쓰면서 차차 고쳐도 되지만 아무래도 중간에 돈 얘기를 꺼내려면 난감할 수도 있으니 미리 규칙을 잘 정해놓으면 좋다.

## 1. 시작부터 자동이체 걸어두기

자신은 자동이체 안 걸어놓아도 꼬박꼬박 모임 통장에 돈을 넣을 거라는 말은 믿지 말자. 나중에 총무만 고생한다. 자동이체 설정하는 거 버튼 몇 번만 누르면 된다. 매번 이체하는 것보다 딱 한 번 자동이체 설정해놓는 게 훨씬 편하다. "꼼꼼한 성격인 건 아는데 그래도 자동이체 걸어두면 좋겠어."라고 그 자리에서 자동이체 설정하는 것까지 확인하는 게 좋다.

## 2. 계속 넣어도 부담되지 않을 금액 정하기

모임 통장은 무슨 일이 생겼을 때 갑자기 몇십만 원씩 각출하려고 하니 부담스럽게 느껴져서 그 부담감을 줄이고자 평소에 얼마씩 돈을 넣어두는 것이다. 부담을 줄이려는 건데 매달 넣는 돈의 금액이 부담스러우면 말짱 소용없는 일이다. 가족 구성원 간의 경제적인 사정이 다를 수 있으니 모두에게 부담되지 않는 선의 금액으로 잘 정한다.

### 3. 공용의 범위 구체적으로 정하기

가족 사이에 '공용'이라는 단어가 참 애매모호하다. 누구는 가족여행 갈 때만 쓰기를 원할 수도 있고, 누구는 가족 모임 때마다 쓰길 원할 수도 있다. 또 누구는 부모님 생신을 챙기는 건 공용이 아니라 자식들 돈으로 해야 한다고 생각할 수도 있다. 공용의 범위를 구체적으로 정하지 않고 카드를 긁으면 돈 문제다 보니 예민해질 수 있다.

### 4. 가격대 정하기

가족끼리 식사를 해도 어떤 식당에서 먹느냐에 따라 나오는 금액이 다르다. 공용 돈으로 쓰는 만큼 각자가 생각하는 적정선이 다 다를 것이다. 돈을 한 달에 3만 원씩 모으는데 가족 식사 자리에서 한 번에 30만 원을 써버리면 마이너스가 된다. 평소에는 15만 원 이하, 명절에는 20만 원 선 이런 식으로 가격대를 정해놔야 나중에 통장 잔고를 보고 당황스러워하는 일이 없다.

# 3

# 부모님의 갈등 사이에 껴 있을 때

A: 너네 아빠 밥 먹을 건지 물어봐.

B: 아빠, 엄마가 밥 먹을지 물어보래.

C: 밥 안 먹는다고 해.

A: 지금 안 먹으면 밥 없다고 전해.

B: 지금 안 먹으면 밥 없다는데?

C: 안 먹는다고 해.

내가 잘못한 것도 아니고 내가 다툰 것도 아닌데 이리저리 눈치를 살피며 집안 분위기를 풀기 위해 메신저 역할을 하는 신세. 나보다 한참 어른인 아버지와 어머니는 나를 통해 분위기를 풀기를 원한다. 그런데 내가 희생양이 되어서라도 분위기가 풀리면 다행인데, 아무리 해도 두 분의 다툼이 해결될 기미가 보이지 않으면 마치 내가 죄인이 된 것 같은 기분까지 든다. 왜 어른들 기 싸움에 내 마음이 터져야 하는 걸까?

## 1. 피신할 수 있으면 피신하기

친구 집이든 근처 카페든 자리를 피할 수 있으면 피한다. 괜히 같은 집에 있다가 나에게 불똥이 튈 수 있다. 그리고 내가 잘못한 것도 아니고 나랑 다툰 것도 아닌데 침체된 분위기 속에 있는 것 자체가 스트레스다. 스트레스를 주는 환경에서 벗어나자. 또 내가 못 참고 나가면 부모님께서 겉으로 티는 안 내도 '우리 때문에 나가나 보네' 하고 속으로 미안해하신다.

## 2. 솔직하게 말한다

부모님의 다툼이 자식에게 얼마나 상처가 되는지 부모가 잘 모르는 경우가 있다. '부모도 사람인데 살다 보면 싸우기도 하는 거지'라고 별것 아닌 일로 치부한다. 그 생각이 틀린 건 아니다. 사람이 부대껴 살면서 당연히 싸울 수 있다. 그런데 꼭 그 사이에 나를 끼워 넣고 싸우니까 싫다는 것이다. "다투실 수 있는데 두 분 문제는 두 분이 해결하셨으면 좋겠어요. 저도 사이에 껴서 눈치 보이고 상처예요."라고 정확하게 알려드린다.

## 3. 냉소적으로 반응한다

부모님이 싸우든 말든 크게 관심 없는 듯한 태도를 장착한다. "너네 아빠 밥 먹을 건지 물어봐."라고 하시면 "알아서 챙겨 드시겠죠. 싸웠는데 뭘 밥까지 챙겨요. 설마 밥 한 끼 못 챙겨 드시겠어요? 그리고 한 끼 굶는다고 안 죽어요." 하고 대답하는 것이다. 엄마 아빠가 요구하는 바를 다 들어주니까 부모님도 마음 약한 자식을 매개체로 쓰는 것이다. 관심 없다는 듯이 한 발자국 뒤로 물러난다.

## 4. 관련 영상을 보여드린다

부모 자식 관계에 대해 어려움을 토로하고 해결하는 토크쇼나 TV 프로그램이 많다. 말을 조리 있게 하지 못하거나 부모와 진솔한 대화를 나누기 어려운 경우, 이와 관련된 영상을 보여드리며 내 마음이 이렇다고 말씀드린다. 그러한 영상에는 '나'와 같은 상황에 놓인 자녀들이 단 댓글도 많기 때문에 이 글들이 나의 말에 힘을 실어줄 것이다.

**4**

# 모르는 걸 가르쳐드려야 할 때

가족·친척

A: 이거 핸드폰이 자꾸 버벅거리는데 고장 난 거야?

B: (핸드폰 확인 후) 아빠, 이거 용량이 너무 가득 차서 느려진 거야.

A: 용량? 그럼 어떡해야 하는데?

B: 이런 파일도 지우고, 캐시도 틈틈이 지워줘야 한다고 저번에 말했잖아.

A: 저번에 말해줬나? 어떻게 지우는데?

B: 하… 지우는 법도 저번에 알려줬잖아.

1 0 3

핸드폰, 컴퓨터, 키오스크 등 어른들이 새로 배워야만 사용할 수 있는 기계들이 있다. 모르는 걸 나에게 물어보시는 것까지는 괜찮다. 그런데 예전에 분명히 가르쳐드린 건데 물어본 거 또 물어보고 또 물어보고 하시니까 답답하기도 하고 짜증 나기도 한다. 물어보는 횟수가 늘어날수록 점점 건성으로 대답하게 되고, 내가 귀찮아한다는 걸 눈치챈 부모님은 더 이상 물어보지 않고 그냥 불편한 채로 사신다. 그러다가 내가 그걸 발견하면 "나한테 물어보지 그랬어!"라고 다시 짜증을 내는 악순환이 반복된다.

## 1. 부모님은 나의 질문에 다 대답해주셨다

내가 숫자를 배우고 한글을 배울 때 부모님은 같은 말을 천만번 하셨을 거다. 또 호기심이 생기는 시점에는 "왜? 왜? 왜?" 수천 번을 질문했을 것이다. 내 기억 속에는 없지만 분명 웃으면서 가르쳐주셨을 것이다. 내가 받은 것을 이제는 돌려드릴 차례다. 그렇게 생각하면 목구멍까지 차오르던 짜증도 내려간다.

## 2. 캡처 후 메모해드리기

젊은 사람도 처음 하는 걸 말로 가르쳐주면 잘 까먹는다. 하물며 어르신들은 어떠하겠는가. 자주 필요한 내용은 캡처 뒤에 이미지 파일을 드리거나 pdf 파일로 만들어서 책자처럼 넘겨 볼 수 있게 해드리거나 참고할 수 있는 게시글 링크를 드린다. 그러면 다시 물어보셔도 내가 맨 처음부터 설명하지 않아도 된다. 자료를 보고 따라 해보시라고 하면 되니까.

### 3. 미안한 마음 갖지 않게 대답하기

"하, 내가 이거 저번에 가르쳐줬잖아. 기억 안 나?"라고 짜증스러운 말투로 대답하면 부모님은 자식 눈치를 볼 것이다. "귀찮지?"라고 하면 "아냐, 나도 다시 한 번 기억할 수 있어서 좋지."라고 부드럽게 대답하고 "엄마가 이런 것도 모르고 참 바보 같지?"라고 하면 "아냐, 모를 수도 있지. 나도 몰랐어. 최근에 알았어."라고 따뜻하게 대답해드리자. 눈치 보여서 안 물어보고 부모님 혼자 끙끙대다 사고 치시는 것보다는 백배 낫다.

### 4. 부모님 손으로 직접 해보게 하기

부모님의 핸드폰이 느려져서 용량 정리를 해드려야 하는 상황이라고 가정하자. 내가 부모님의 핸드폰을 가져와 버튼 툭툭 누르면 쉽고 빠르게 해결된다. 하지만 그러면 내가 평생 해드려야 한다. 또는 내가 부모님 핸드폰을 만지며 "이렇게 이거 누르고 여기 들어가서 이거 누르면 돼."라고 하면 까먹기 쉽다. 말로만 가르쳐드리지 말고 부모님 손으로 직접 해보실 수 있도록 하자.

### 5. 돌아서면 잊어버리는 나이라는 걸 이해하기

나도 10대, 20대 때는 왜 이렇게 부모님께서 깜빡깜빡하시는지 이해하지 못했다. 그런데 30대가 되고 나니 이해를 안 하고 싶어도 조금씩 이해가 되었다. 나도 이제 잘 깜빡하는 사람이 되니 부모님께서 잘 잊어버려도 짜증이 덜 나게 되었다. 노화는 누구도 거스를 수 없는 법. 그러려고 그러시는 게 아니라 나이가 들어서 그러시는 것이다. 부모님의 질문에 아직도 짜증이 난다면 아직 당신은 늙지 않았다는 것이니 세월에 감사해야 한다.

# 5

## 나의 미래를 강요할 때

- 취업 잘되는 학과로 들어가는 게 나아. 좋아하는 건 취미로 해. 꼭 그

학과를 가야 할 수 있는 건 아니잖니?

- 너희 아빠 돈 없어서 엄마 고생한 거 알지? 너는 꼭 돈 많은 남자 만

나서 편하게 살아.

- 회사는 꼭 대기업으로 가라. 애매한 회사 가서 시간 버리느니 시작부

터 좋은 곳 가는 게 나아.

부모님께서 당신의 인생을 살아오실 때 이루지 못해서 깊게 남아버린 평생의 아쉬움을 자식이 대신 풀어주기를 바라시는 경우가 있다. 당연히 나 잘되라고 하시는 소리겠지만 나는 그런 것들에 목매고 싶지 않은데 "이렇게 안 하면 절대 안 된다!"라고 단언하실 때마다 부담스러워서 숨이 막힌다. 먼저 인생을 산 어른으로서의 건강한 조언은 감사하다. 하지만 대리 만족을 위한 조언은 싫다. 부모님께는 가지 못해 아쉬운 길일 수도 있지만 나는 아쉽지 않을 수도 있다. 내 인생은 아직 아무도 가보지 않은 길인데 왜 이미 다 봤다는 식으로 말씀하실까? 설령 나중에 부모님 말씀을 안 들은 걸 후회해도 그 후회 또한 내 인생인데 말이다.

## 1. 현실을 말씀드린다

남들이 좋다고 하는 거, 나라고 해서 왜 안 하고 싶을까. "의사 되려면 공부 엄청 잘해야 해." "돈 많은 남자 만나려면 우리 집도 부자여야 해." "대기업 가려면 스펙이 좋아야 해." 나도 하고 싶은데 못 하는 거라고 현실을 말씀드린다. 이렇게 말씀드리면 "못 하는 게 어딨어, 안 하는 거지!"라고 타박하실 수도 있다. 그럴 땐 "못하니까 안 하는 거야. 잘했으면 나도 했지." 하며 시무룩한 표정을 지어 보인다.

## 2. 나랑 부모님은 다르다고 말한다

남들이 좋다는 거, 나는 안 하고 싶을 수도 있다. 100명이 좋다고 해도 내가 싫으면 싫은 거니까. 그럴 땐 부모님께서 싫어하시는 걸 예를 들면서 설득한다.

"엄마, 엄마는 매운 음식 잘 못 드시잖아요. 그런데 그걸 아침 점심 저녁으로 매일 드시라고 하면 어떨 것 같아요? 지금 엄마가 느끼는 기분, 딱 제 기분이에요. 저랑 엄마는 달라요. 제가 좋아하는 거랑 엄마가 좋아하는 건 달라요."

### 3. 후회하게 되면 부모님 말씀 듣겠다고 한다

의사, 변호사, 검사, 판사 등과 같은 전문직을 권하신다면 "지금은 제가 좋아하는 거 해볼게요. 만약에 하다가 후회하는 마음이 들면 부모님 말씀 들을게요. 요즘은 30살 되어서도 수능 다시 보고 그런대요. 후회하고 간절할 때 해야 더 성과가 나타나지 않겠어요?"라고 답한다. 사랑보다는 조건을 보고 결혼하라고 권하신다면 "첫 번째 결혼은 제가 사랑하는 사람이랑 할게요. 만약에 살아보다가 조건이 중요한 게 느껴져서 후회하게 되면 부모님 말씀 들을게요."라고 답한다.

### 4. 행복하지 않으면 어떡하냐고 되묻는다

"만약 의사 되었다가 저랑 너무 안 맞아서 불행해지면 어떡해요?" "만약 그 결혼을 했다가 행복하지 않으면 어떡해요?" 부모님의 생각을 묻고 그에 관한 적절한 대비책을 갖고 계신지 여쭙는다. 아무런 대책도 없이 남들이 하니까 좋아 보이는 거 하라고 권하시는 거면 단호하게 거절한다. "행복할 자신 없는 건 하고 싶지 않습니다."라고.

**6**

## 자식들을 비교할 때

• 동생 보기 안 부끄럽니? 네가 모범이 되어야 동생도 잘 따라오지. 네가 이 모양이니까 동생도 저러는 거 아니야?

• 형 하는 거 봐라. 얼마나 열심이니? 형의 반만 해도 내가 너 걱정을 안 하겠다. 형만큼은 못하더라도 형처럼 하려는 노력이라도 해.

• 너희 언니 요즘 예민한데 왜 자꾸 건드니? 너는 동생이 너한테 그러면 좋겠니? 네 동생이 너한테 그럴 땐 펄펄 뛰면서 너는 꼭 언니한테 대들더라? 아, 그리고 동생 오면 밥 차려주고.

맏이니까 잘해야 한다, 참아야 한다, 돈 더 벌어야 한다, 집안에 보탬이 되어야 한다, 모범이 되어야 한다. 막내니까 맏이를 본받아야 한다, 양보해야 한다, 쓰던 거 써야 한다, 아무것도 몰라도 된다, 따라가야 한다. 첫째와 막내의 나이 차이가 대부분은 고작 두세 살일 텐데 왜 서로에게 이토록 무거운 짐을 얹는 걸까? 똑같은 자식인데 말이다. 설령 10살 이상 차이 난다고 해도 똑같이 부모에게 사랑받고 기대고 싶은 게 자식이라는 걸 알아주면 좋겠다.


## 1. 부모의 사랑을 갈구하지 않는다

나이가 어릴 때는 부모의 사랑이 전부이기에 부모에게 사랑받기 위해 애쓴다. 애교를 부리든 공부를 잘하든 집안일을 도우면서 말이다. 물론 나이가 들어서도 부모에게 여전히 사랑받고 싶은 마음은 있겠지만 부모가 자식을 차별하고 내가 그것에 상처받는다면 부모의 사랑을 갈구하지 않는 게 먼저다. 부모의 사랑을 우선시하면 끊임없이 부모의 마음을 확인하려 하고, 다른 형제자매보다 더 사랑받기 위해 힘을 쏟기 때문이다. 부모의 사랑을 갈구하지 않는다면 차별이 있다 하더라도 상처를 덜 받을 것이며 부모의 기준에서 벗어나 내 기준을 세울 수 있는 용기를 얻게 된다.

## 2. 말하지 않으면 부모도 모른다

"네가 좀 양보해."라는 말을 몇십 년 동안 들어온 맏이라면 양보의 '양' 자만 들어도 치가 떨릴 수 있다. 하지만 부모 입장에서는 형제자매가 다투니까 그 다툼을 말리려고 대수롭지 않게 해온 말일 수도 있다. 그러니 "엄마, 양보라는 말 안 하면 안 될까? 듣기 너무 힘들어. 내가 하고 싶을 때 하는 게 양보인데 이렇게 억지로 양보하는 게 무슨 소용이야? 갈등만 생기지."라고 솔직하게 말하면 부모는 그동안 한 번도 깊게 생각하지 못한 '양보'라는 주제에 대해 달리 생각해볼 것이다.

## 3. 할 수 있는 만큼만 한다

사랑은 맏이 또는 막내에게 다 줬으면서 보살핌은 나한테 받기를 바라는 부모. 사랑을 준 존재에게 보살핌을 요구하면 모를까 나는 사랑도 부족하게 받았는데 더 해달라니 섭섭할 수도 있다. 하지만 부모가 바라는 만큼 꼭 해주지 않아도 된다. 못하는 척, 부족한 척, 가진 게 없는 척 부모보다 더 앓는 소리를 내자. 부모가 '이거 해라'라고 말했을 때 다 해내니까 더 내놓으라고 하는 것이다. 내가 할 수 있는 만큼만 부모에게 잘하자. 그 이상 잘하면 괜히 부모의 눈만 높아져서 더 큰 기대만 갖게 만든다.

## 4. 형제자매에게 직접적으로 요청한다

물건 구매하기, 병원비 내기, 여행비 보태기 등 비용이 드는 일을 부모가 나에게만 요청할 경우 형제자매에게 얘기하여 나눠 낼 수 있도록 한다. 물건 알아보기, 여행 장소 알아보기, 가족 식사 자리 알아보기 등 시간이 드는 일을 부모가 나에게만 시킬 경우 형제자매에게 "저번에는 내가 알아봤으니까 이번에는 네가 알아봐줘."라고 얘기하여 역할을 분담한다. 고지식한 부모님을 바꾸기 어렵다면 그나마 소통이 되는 형제자매에게 협조를 구하자.

## 7

# 부모님이 고집을 부릴 때

A: 아빠, 건강 검진받았어?

B: 안 받아도 돼. 아빠 건강해.

A: 아니, 건강한지 안 건강한지 체크하려고 건강 검진하는 거야.

B: 안 건강하면 딱 느껴져. 지금 건강해.

A: 아니, 느껴질 때 병원 가면 이미 돌이킬 수가 없다니까?

병원을 가보는 게 좋겠다, 이제는 면허를 반납하는 게 좋겠다, 난방 틀어도 돈 많이 안 나온다, 요즘에는 다 세탁기로 돌려도 괜찮다, 제품 수명이 다했으니 교체해줘야 한다. 나는 부모님을 위해 해드린 말인데 부모님은 귓등으로만 들으신다. 이때까지 아무런 문제없이 잘 살아왔는데 왜 군이 그렇게 해야만 하냐고 거절하신다. 지금까지 그래왔다고 해서 앞으로도 그렇게 해야 하는 건 아닌데 말이다. 부모님이 걱정되지만 완강히 버티시니 억지로 시킬 수도 없는 노릇이라 답답하기만 하다.

## 1. 나이를 언급하지 않는다

50대가 넘으면 나이 언급에 민감해지신다. "나이가 많아서 이제 건강 검진받으셔야 돼요."라고 하면 "내가 나이가 뭐가 많아? 나 아직 팔팔해!"라고 반발하신다. 안 그래도 안 가고 싶던 병원, 더 가기 싫어진다. 나이 상관없이 동등한 인간으로서 말해야 한다. "요즘에는 20살짜리 학생들도 다 받는대요. 다들 자기 건강은 자기가 스스로 챙긴다니까. 엄마도 요즘 추세에 맞춰보세요." 어르신들은 젊게 살고 싶어서 젊은 친구들을 따라 하고 싶은 마음이 조금씩 있으니 그 부분도 잘 공략해보자.

## 2. 전문가의 의견을 빌려서 말한다

나이가 들수록 전문가의 말을 점점 더 신뢰한다. 부모를 가장 사랑하는 건 자식인데 자식인 내 말보다 전문가의 말을 더 믿고 따르시니 섭섭하기는 하지만 어쨌든 전문가의 말이라도 들어주시는 게 어디인가. 의사가 하는 말, 박사님이 하는 말, 교수님이 하는 말이라고 전문가의 말을 인용하여 전하자. 만약 그럼에도 꿈쩍도 안 하신다면 병원에 갔을 때 의사에게 "이 정도면 다른 분들도 검사받으시죠?"라고 물으며 의사의 입에서 "어머니, 검사하셔야 해요."라는 대답이 나오도록 유도한다.

### 3. 좋아하는 분야를 찾아서 언급한다

어른들에게 의외로 귀여운 면모가 있다. "엄마가 좋아하는 임영웅 님이 건강 검진받으라고 했대.", "저 드라마에서도 이런 기계 쓰잖아. 사치 아니야."라고 덕질의 힘을 빌려본다. '내가 좋아한다는 건 나랑 통한다는 것이고, 나랑 통하는 사람이 저걸 했으니까 나도 해야겠다'라는 마음이 들도록 유도하는 것이다. "임영웅 님이 항상 '건행(건강하고 행복하세요)'을 외치잖아. 임영웅 님이 받으라고 하는데 엄마가 안 받으면 어떡해. 팬심을 보여줘야지!"라고 자극해보자.

### 4. 좋은 점을 더 언급한다

"그거 안 하면 위험해."라고 부정적인 측면을 언급하기보다는 "한번 하고 나면 얼마나 속 시원해."라고 긍정적인 측면을 언급한다. 안 그래도 하기 싫고, 무섭고, 걱정되는데 부정적인 단어로 어두운 분위기를 풍기면 더 꺼려진다. "면허 반납하고 편하게 내 차 타고 다니자. 겸사겸사 내 얼굴도 보고 얼마나 좋아?"와 같은 식으로 나와의 관계를 핑계로 대어도 좋다. 자식 보는 걸 싫어하는 부모는 없으니까.

## 8

# 금전적으로 부담을 줄 때

- 엄마 이제 용돈 받을 때 되지 않았니? 지금까지 너한테 들어간 돈이 얼만데. 다달이 50만 원씩은 보내렴. 엄마도 이제 노후 대비도 해야 하고 돈도 모아야 해.

- A야, 집에 TV가 안 나온다. TV 하나만 새로 사주렴. 아빠 TV 없으면 안 되는 거 알지? 이왕이면 살 때 화면 크고 최신 제품으로 주문해주겠니? 눈이 침침해져서 이제 화면이 작으면 잘 안 보여서 말이야.

자녀가 성년이 되면 집안에 보탬이 되기를 바라는 부모가 있다. 취업을 하게 되면 키워준 값으로 더 큰 생활비를 요구하고, 때때로 집에 필요한 물건들을 사달라고 하거나 여행을 보내달라는 연락도 한다. 자녀가 결혼하여 독립된 가정을 이루어도 여전히 금전적으로 부담을 주어서 배우자와의 관계를 곤란하게 만들기도 하고 또 어떤 부모는 결혼하면 사위/며느리의 반대로 생활비를 못 받을까 봐 결혼 자체를 하지 말라고 하는 경우도 있다.

### 1. (합가 중인 경우) 완전히 독립한다

부모님과 같이 살면서 생활비를 적게 드리겠다고 하는 건 욕심이다. 지금은 용돈 50만 원 드리는 게 크고 아깝게 느껴질 수도 있지만 분가해서 집을 구해도 한 달에 월세가 50만 원이다. 전세로 들어가도 대출하면 이자만 30만 원씩 나간다. 거기에 관리비, 전기세, 수도세를 내고 자잘한 생활용품 등을 사면 쓰는 돈이 훌쩍 늘어난다. 숨만 쉬어도 나가는 돈이 어마어마하다. 그러나 부모님께서 원하시는 생활비의 금액보다 분가해서 알뜰살뜰 쓰는 돈을 줄일 수 있다면 완전히 분가하면 된다.

### 2. (분가 중인 경우) 감당 가능한 선을 제안한다

키워준 값이 틀린 말은 아니다. 아무리 돈 없이 아껴서 키운다 하더라도 밥 먹이고, 옷 입히고, 학교 보내는 데 큰돈이 든다. 심지어 지금의 나보다 어린 나이에 나를 낳아 키우셨으니 얼마나 힘드셨을까. 그래서 매달 용돈을 달라고 하시는 마음은 이해가 가나 내 능력에 부담스러운 금액을 제안하시면 거절해야 한다. "네, 엄마. 그런데 제가 지금은 월급이 적어요. 월급이 오르면 용돈도 같이 올려드릴게요. 그때까지는 30만 원씩 드려도 될까요?"

### 3. (분가 중인 경우) 적당한 핑계를 댄다

부모 자식 간이라도 내가 버는 돈을 꼭 정확하게 공개할 필요는 없다. "월세, 식비, 교통비, 학자금 대출, 적금 등 다 지출하고 나면 내 수중에 70만 원밖에 안 남아. 그런데 엄마 아빠한테 50만 원 주면 나는 20만 원으로 어떻게 살아. 나도 얼른 돈 모아서 집도 옮기고 해야지. 용돈은 일단 30만 원씩 보내줄게." 만약 월급을 숨길 수 없거나 지출이 많지 않다면 곧 나가야 될 목돈이 있어서 돈을 모으고 있다고 둘러댄다.

### 4. (분가 중인 경우) 평소에 앓는 소리를 많이 한다

부모님과 만나거나 연락을 주고받을 때 돈이 없다는 앓는 소리를 한다. "이번에 전세금이 올라서 대출받았는데 금리가 너무 높은 거야. 이자 갚느라 커피도 끊었어." 돈 없다고 우는 자식에게 부담스러운 금액의 물건을 요구하기는 어려울 것이다. 그럼에도 고가의 물건을 사달라고 한다면 "엄마 아빠, 나는 TV 살 돈이 없어서 핸드폰으로 봐. 그렇게 큰 화면에 대기업 브랜드 제품은 못 사줘."라고 나의 처지가 더 어려움을 어필한다.

## 9

# 부모님의 감정 쓰레기통이 되었을 때

- 너희 아빠는 허구한 날 술 먹고 저렇게 주정을 부린다니까? 너는 아빠 같은 남자 절대 만나지 마라.

- 너희 엄마는 사소한 일에도 왜 저렇게 짜증이냐?

- 어휴, 진짜 조씨 집안 사람들은 나랑 안 맞아. 너 아니었으면 진작 이혼했다.

엄마 아빠 사이에 태어나 아빠 반, 엄마 반의 정체성을 가진 내가 그들의 욕을 들으면 정체성에 혼란이 온다. 아빠도 사랑하고 엄마도 사랑하는데 내가 사랑하는 사람이 내가 사랑하는 다른 한 사람을 욕한다. 사소한 투정 정도면 괜찮은데 그럴 거면 왜 같이 사는지 의문일 정도로 험담을 한다. "이런 얘기 너한테 안 하면 누구한테 하니?"라는 방패를 들고. 그리고 가끔씩 나도 공격 대상이 된다. "어휴, 어쩌면 하는 짓이 너네 아빠랑 똑같니."

## 1. 험담이 나에게 상처가 된다는 걸 알려주기

엄마가 아빠를, 아빠가 엄마를 헐뜯는 게 자식에게 상처가 된다는 걸 모르는 부모가 있다. 자식인 내가 지금까지 그냥 그러려니 호응해주며 들어서이다. 험담이 상처가 된다는 걸 알려줄 필요가 있다. "엄마에게는 아빠가 나쁜 사람일지 몰라도 나에게는 소중해. 소중한 사람을 욕하는 게 듣기 힘들어. 차라리 친구들에게 얘기해. 오히려 친구들이 더 공감을 잘해줄 거야. 나는 아빠를 미워하고 싶지 않아."

## 2. 나부터 보호하기

아빠 또는 엄마가 아무리 하소연해도 딱히 내가 해줄 수 있는 것이 없으며, 험담을 들어준다고 해서 나에게 어떠한 보상이 있는 것도 아니다. 나도 감정이 있는 사람이다. 엄마 아빠만 감정이 있는 게 아니다. 자식이니까 무엇이든 받아줄 거라는 믿음을 깨야 한다. "아빠(엄마) 욕 그만해."라고 단호히 선을 긋자. 내 정신에 스크래치가 날 만큼 하소연을 들어주면 안 된다.

## 3. 단어 재정립하기

아빠 또는 엄마가 상대방을 욕할 때 꼭 '너희 엄마', '너희 아빠' 하고 '너희'라는 단어를 붙인다. 마치 남처럼 느껴지게 말이다. 우리는 한 가족인데 엄마/아빠 앞에 '너희'를 붙이면서 소속을 구분하고 '나의' 엄마/아빠니까 마치 '내'가 이 불만을 모두 들어줘야만 할 것 같은 짐을 지운다. 욕하는 대상에 '나'를 묶어서 죄책감을 들게 만드는 것이다. 단어가 주는 힘을 무시하면 안 된다. '너희 엄마', '너희 아빠'라고 표현할 때마다 고개를 가로저으며 "엄마 남편이야.", "아빠 아내야." 내 문제가 아니라 부부의 문제라고 구분해줘야 한다.

## 4. 공감하지 않기

내가 괴로워하는 걸 알면서도 엄마 아빠가 나를 붙잡고 계속 하소연하는 이유는 원하는 반응을 해줘서이다. "아, 그래? 아빠가 나빴네.", "엄마가 힘들었겠다." 이런 식의 공감은 오히려 하소연의 꼬리에 꼬리를 물게 만든다. 냉소적으로 나가자. "어쩌겠어. 엄마가 아빠랑 결혼해버렸는데.", "엄마 얘기 들으니까 나도 결혼하기 싫어진다.", "나 때문에 살지 마. 난 아빠 엄마 이혼해도 상관없어." 이렇게 대화를 이어나가지 못하도록 싹둑 잘라버리고 자리를 떠나면 된다.

# 10

# 말을 빙빙 돌려서 할 때

- 그거 비싸지 않아? 아빠는 그런 거 필요 없어. 너 필요한 데 써. 아냐, 진짜 괜찮다니까. 나중에 필요할 때 이야기할게. 신경 쓰지 마.

- 가족끼리 모이는 건데 그런 것까지 필요하려나? 너 번거로운데 굳이 챙기지 마. 없어도 지장 없어. 너 요새 바쁘잖아. 편하게 몸만 와. 엄마가 알아서 할게.

- 필요 없다니까 아깝게 왜 돈을 써. 옛날엔 이런 거 없어도 잘만 살았는데. 사 와도 어차피 귀찮아서 잘 안 하는데.

필요하다는 건지 필요 없다는 건지, 하라는 건지 말라는 건지, 좋다는 건지 싫다는 건지. 필요 없다고 해서 안 해주면 서운하다 그러고, 하지 말래서 안 했더니 자식 키워봤자 소용없다 그러고, 좋다고 해서 준비했더니 귀찮아서 안 한다 그러고. 대체 어느 장단에 맞춰야 하는 걸까? 부모님과 썸 타는 것도 아니고, 우리는 가족인데 본심을 그대로 말해주면 좋을 것 같은데 말이다.

## 1. 거절해도 3번까지는 권하자

요즘 젊은 사람들은 내 의견 솔직하게 말하고, 아닌 척 뒤로 빼지 않고, 자기 몫은 자기가 챙기는 사회적 분위기 속에서 자랐지만 우리 부모님 세대는 양보하고, 거절하고, 그냥 넘어가는 것이 미덕이었다. 됐다고 거절하시더라도 3번까지는 권하자. 정말로 필요하거나 갖고 싶은 거라면 그쯤에는 못 이기는 척 본심을 말씀하신다.

## 2. 그냥 사줄 건 사주고, 해줄 건 해주자

효도는 부모님을 위해서 하는 것도 있지만 내 마음 편하자고 하는 것도 있다. 부모님께서 그럴 필요 없다고 한사코 손사래를 치셔도 (내가 여건이 된다는 전제하에) 필요해 보인다 싶으면 사드리고, 편하겠다 싶으면 해드리자. 이런 거 필요 없는데 왜 사 왔냐고 핀잔을 들어도 안 해드리는 것보다는 마음이 편할 수 있다. 내 마음 편하기 위해서 해드리자.

## 3. 괜히 미안해서 보이는 반응이라고 생각하자

필요하다고, 고맙다고, 잘 쓰겠다고 단순하게 말하면 좋은데. 나도 돈 없고 시간 없지만 그래도 부모님께 감사한 마음으로 해드리려는 건데. 부모님께서 내가 기대했던 방향으로 반응하시지 않으면 서운하기도 하고 이러려고 효도했나 허무하기도 하다. 부모님께서 괜히 멋쩍게 반응하시는 건 부모님 마음속에 도움받기 미안한 감정이 기본으로 깔려 있기 때문이다. 부모님께서 뭐라고 말씀하시든 '나한테 고맙고 미안해서 저렇게 말씀하시나 보다'라고 필터링해서 듣자.

## 4. 거절하면 거절로 받아들인다

아무리 돌려 말하는 부모라도 정말로 필요한 건 필요하다고 한다. 돌려 말한다는 건 그만큼 덜 필요하다는 의미. '진짜 필요하면 말씀하시겠지'라고 넘겨도 괜찮다. 그리고 부모가 돌려 말하는 것에 스트레스를 많이 받는다면 조금 눈치 없는 자식이 되어도 괜찮다. 권유했는데 괜찮다고 하면 "진짜 필요 없는 거죠? 알겠어요."라고 대화를 마무리하자.

# 11

# 내 의견이 존중받지 못할 때

- 아직은 엄마 아빠 없이는 안 돼. 다 큰 것 같아도 넌 아직 어려. 결혼

하기 전까지 같이 살아. 집 나가면 고생이야. 자취 시작하면 돈 못 모아.

- 안 돼. 위험해. 뭘 굳이 해외까지 나가서 공부하려고 하니? 그거 다 허

영심이야. 외국 가서 아프고 다치고 해봐. 누가 돌봐주니?

- 지금이 연애할 때니? 연애는 나중에도 할 수 있어. 지금은 너 해야 될

일에만 집중해라.

자녀가 혼자서 잘 해내기를 바라면서도 막상 혼자서 무언가를 도전해보려고 하면 걱정부터 하는 부모님. 엄마 아빠 눈에 나는 아직 아이라는 건 알지만, 나는 개똥밭에 굴러도 내가 하고 싶은 걸 해보고 싶다. 비록 틀리더라도 해보고 틀리고 싶고, 후회하더라도 해보고 후회하고 싶다. 무엇을 하려고만 하면 "그러면 고생해서 안 된다."라고 하시는데 직접 부딪쳐본 적이 없으니 나는 아직도 미성년 고등학생에 머무는 느낌이 든다. 부모님이 선택해주는 세상 속에 살면 내 인생은 그저 부모님이 살아왔던 인생 그대로 살게 될 것만 같다. 나는 내 인생을 살고 싶은데 말이다. 이 상황에서 아무 말도 못 하면 내 속이 곪고, 내가 싫다고 대들면 갈등이 시작된다.

## 1. 말보다는 글로 정리하기

권위적인 부모님이라면 "저 이거 하고 싶어요."라고 말씀을 드렸을 경우 "쓸데없는 소리 말고 하던 거나 해."라는 소리를 들을 가능성이 높다. 위아래가 분명하니 대화가 오고 가지 못하는 것이다. 대화가 일방적이니 어쩔 수 없이 내가 사용할 수 있는 유일한 일방적인 소통 방식을 선택하자. 편지를 쓰는 것이다.

## 2. 경제적으로 독립하기

부모님께 받을 거 다 받으면서 부모님이 원하는 걸 안 하겠다고 하면 모순이다. 단돈 10만 원이라도 바깥세상에서 벌어먹으려면 온종일 고생해야 한다. 그런 고생을 덜 하려고 부모님 밑에 있는 거니 부모님께서 듣기 싫은 소리를 하시더라도 조금 들어드려야 한다. 사회에서는 남한테 더 듣기 싫은 말을 참아가며 들어야 한다. 내가 하고 싶은 대로 하고 살고 싶으면 경제적으로 독립을 하는 것이 첫 번째이다.

## 3. 부모님과 심리적으로 떨어져서 지내기

경제적으로 독립을 한 뒤 자취 중인데도 부모님께서 끝없이 간섭을 하신다면 부모님과 조금은 거리를 두는 것도 방법이다. 전화도 줄이고 찾아뵙는 빈도도 줄이는 것이다. 원래 가족이란 조금 멀리 살아야 더 애틋해지는 법이다. 그래야 부모님도 자식한테 열 마디 할 거 한 마디만 하고, 나도 부모님께서 하시는 잔소리가 애정으로 들린다.

## 4. 의논하지 않기

의논을 하면 상대방에게 선택권을 주는 셈이다. "어떻게 생각하세요?"라고 물었을 때 "그래, 해." 또는 "안 돼, 하지 마."라는 답변이 돌아오니까. 의견을 물어봐놓고 내 뜻대로 하겠다고 하면 부모님 입장에서는 황당할 것이다. 마음대로 할 거면 왜 물어봤냐는 생각이 드는 거다. 내가 고민하고 내가 결정한 뒤 "저 이거 하기로 했어요."라고 통보를 한다.

# 12

# 부모님이 재혼을 했을 때

A: 새아빠한테 아빠라고 안 부를 거니? 새아빠도 이제 네 아빠야.

B: 아빠 소리가 입에서 안 나오는 걸 어떡해.

A: 아빠가 아빠지, 입에서 나와야 할 수 있는 거야? 그냥 호칭이잖아.

B: 몰라, 내가 어떻게 알아.

A: 언니랑도 친하게 지내고. 너 어렸을 때 언니나 오빠 있는 친구들 부러

워했잖아. 다 커서 언니 생기고 얼마나 좋아?

엄마/아빠가 원해서 재혼해놓고 나더러 하루아침에 가족이 되라니. 엄마/아빠는 새아빠/새엄마를 좋아해서 결혼한 거지만, 나에게는 새로 생긴 아저씨/아줌마일 뿐이다. 새롭게 형성된 가족끼리 잘 지내기를 바라는 엄마/아빠의 마음은 알겠지만 이건 시간이 필요한 일이다. 가족은 희로애락을 함께하며 서서히 가족이 되어가는 거지 "오늘부터 가족이야!" 한다고 해서 되는 게 아니기 때문이다.

## 1. 시간이 필요하다고 한다

가족이 어디 하루아침에 되는 것인가? 법적으로 가족이 되었다고 해서 가족이 되나? 연애도 남녀가 만나 시간과 함께 무르익고, 부부도 서로 부대끼며 시간과 함께 무르익고, 가정도 온갖 역경을 이겨내며 시간과 함께 무르익는다. 도장 찍었다고 해서 당장 가족이 되는 건 아니다. 시간이 필요한 문제라고 말씀드리자.

## 2. 억지로 하면 부작용이 생긴다고 한다

엄마/아빠도 부모님이 억지로 맞선 자리 주선하면 싫어할 거면서. 지금 이 상황은 그것과 다름없다. 사랑하는 마음은 자연스럽게 생기는 것이지 '좋아해라', '친해져라', '의지해라' 한다고 되는 게 아니다. 오히려 친해지게 만들려고 억지로 자리를 만들면 더 거부감이 생긴다. 새아빠/새엄마 때문에 내 시간이 빼앗기는 기분이 들기 때문이다. 그냥 두면 가까워질 수도 있을 텐데 억지로 하다간 괜히 부작용이 난다고 설명드리자.

## 3. 적당한 관계도 좋은 관계라고 한다

가족이 꼭 가까워야 할까? 미워하지 않으면 다행이라고 생각한다. 초혼 가정이라고 해서 다 사이좋고 친부모라고 해서 다 친한 건 아니다. 초혼 가정도 불화가 있는 곳이 많고, 친부모인데도 남보다 못하게 지내는 곳도 많다. '친함'에 초점을 두는 것이야말로 지금 엄마/아빠가 우리를 가족이라고 받아들이지 못하고 있는 것일 수도 있다. 가족 사이에 "친하게 지내."라는 표현은 잘 안 쓰기 때문이다.

## 4. '나 사용법'을 적어드린다

새로운 엄마/아빠가 생긴 나도 당황스럽지만 새로운 자식이 생긴 새엄마/새아빠도 낯설고 어려울 것이다. 보통은 새엄마/새아빠가 의붓자식과 친해지려고 먼저 노력할 텐데, 새엄마/새아빠는 의붓자식과 빨리 친해지기 위해 맛있는 것도 사주고 갖고 싶은 것도 사주며 마음을 얻기 위해 다가갈 것이다. 하지만 그럴수록 의붓자식은 부담만 커진다. 내가 나의 취향, 나의 식성, 나의 성격 등 나에 대해 파악할 수 있는 내용이 담긴 문서를 만들어서 드리자. 새엄마/새아빠는 돈 낭비, 시간 낭비 안 해서 좋고 나는 부담을 덜어서 좋고. '○○ 사용법'을 주고받아도 좋다. 서로가 좋아하는 것과 싫어하는 것을 알면 미리 조심할 수 있으니 어쩌면 더 빨리 가까워질 수 있다.

# 13

## 이혼한 부모님의 사이가 좋지 않을 때

A: 나 이번 주 주말에 아빠 만나려고.

B: 왜? 아빠한테 연락 왔니? 아빠랑 연락 자주 해?

A: 자주 하는 건 아니고. 그냥 주말에 보재.

B: 그냥 왜?

A: 몰라, 그냥 보재. 아빠가 자식 보는 데 이유 필요한 거 아니잖아.

B: 아빠 만나면 용돈 많이 달라고 해. 엄마 혼자서 너 키우는 거 힘든데

돈이라도 여유 있으면 좀 좋아?

부모님이 사이가 좋지 않아 이혼한 경우, 아빠와 엄마가 그나마 좋게 헤어졌으면 눈치가 안 보이는데 안 좋게 헤어졌으면 두 분 사이에서 눈치가 보인다. 예를 들어 엄마와 같이 살고 있다면 아빠와 연락하거나 만나는 것이 신경 쓰이고, 나랑 같이 안 사는 아빠는 혼자서 어떻게 지내는지 신경 쓰인다. 그리고 오고 가는 말들에 굉장히 예민해진다. 엄마는 아빠를 욕하고 아빠는 엄마를 욕하고, 할머니는 엄마를 욕하고 외할머니는 아빠를 욕하고. 그러다 보니 자식이 상대방의 집에 가서 쓸데없는 소리를 듣고 올까 봐 거리를 두고 지내기를 바라시기도 한다.

## 1. 각자의 편을 들어준다

엄마 앞에서는 엄마 편, 아빠 앞에서는 아빠 편을 들어준다. '그래도 얘가 내 자식이구나' 하는 느낌이 들게끔 하는 게 핵심이다. 이혼한 마당에 배우자의 욕을 어디 가서 하겠는가. 밖에 가서 욕하면 내 얼굴에 침 뱉기밖에 되지 않는다. 그나마 같은 아픔을 공유하고 있는 자식에게 털어놓는 것이다. 부모님에게 이혼 후 남은 건 자식인 나뿐일 테니 내가 힘이 되어드리자.

## 2. 부모는 부모, 자식은 자식이다

부모님은 이혼하면 남남이 될 수 있지만 부모와 자식은 혈연이기 때문에 끊어지지 않는다. 그러니 내가 아빠/엄마가 보고 싶으면 보는 거다. 만약 엄마와 아빠가 헤어질 때 너무 안 좋게 헤어져서 내가 아빠/엄마를 따로 만나는 걸 엄마/아빠가 싫어한다면 굳이 알리며 만날 필요는 없다. 요즘 다 핸드폰 하나씩은 갖고 있는 세상인데 연락하고 약속 잡는 게 어려운 일은 아니니까.

## 3. 이해하기 어렵지만 이해해보려고 한다

많이 사랑해서 결혼했고 아이까지 낳았는데, 그런 상대와 법적으로 이혼 소송까지 했다면 세상이 나를 배신한 기분일 것이다. 너무 사랑했기에 너무 미워할 수도 있는 것이다. 자식을 가지고 줄다리기하는 부모의 마음을 이해하기 어렵지만 당신의 목숨과도 바꿀 수 있는 것이 자식이기에 자식마저 빼앗기면 제정신으로 살 수가 없어 그러시는 것이다. 이해가 안 되어도 이해해보려고 하자.

## 4. 미워하기를 강요한다면 선을 긋는다

"너희 엄마는 나쁜 사람이야.", "너는 너네 아빠가 좋니?"와 같이 내 앞에서 이혼한 엄마/아빠를 헐뜯는 발언을 하기도 한다. 그럴 땐 "저는 아무 감정 없어요. 아빠랑 엄마랑 마음이 안 맞아서 헤어진 거지 저랑 엄마(아빠)가 안 맞아서 두 분이 헤어지신 게 아니잖아요? 엄마(아빠)를 미워하는 건 이해하는데 저까지 미워하기를 바라지는 마세요."라고 선을 긋는다.

# 14

# 본가에 자주 오기를 바랄 때

A: B야, 이번 주 주말에 올 거니? 얼굴 본 지 꽤 되지 않았어?

B: 무슨 소리야, 엄마. 2주 전에 갔잖아.

A: 그렇게밖에 안 됐나? 엄마는 아들이 보고 싶어서 그러지.

B: 나 요새 바빠. 피곤하고. 주말에는 집에서 쉴게.

A: 그럼 이번 주에도 안 올 거야?

쭉 부모님 밑에서 함께 살다가 자취를 하거나 분가를 하면 부모님과 떨어져 살게 된다. 자식과 부모는 마음의 크기가 같을 수 없으니 부모가 자식을 더 보고 싶어 한다. 내리사랑이라는 말이 있지 않은가. 부모는 자식이 본가에 자주자주 왔으면 좋겠고, 자식은 주말에 집에서 쉬거나 친구들을 만나 놀고 싶다. 또 거리가 멀면 차비도 비싸고, 오고 가는 데 시간도 많이 걸리고, 짐도 많아서 힘드니 본가에 내려가는 것에 부담이 없다고 하면 거짓말일 것이다.

## 1. 영상 통화로 얼굴을 자주 보여드린다

직접 가면 좋겠지만 가기 어려운 상황이라면 얼굴이라도 자주 보여드린다. 안부 연락은 성의의 문제이다. '얼굴 못 보는 게 서운하지만 그래도 영상 통화라도 하니 좀 낫네. 어지간히 바쁜가 보다. 영상 통화라도 하려는 거 보면…' 하고 서운함을 넘기실 수 있도록 노력이라도 하자. 영상 통화 그거 해봤자 길어야 10분이다. 부모님 댁에 왔다 갔다 하는 시간의 반의반도 안 되는 시간이다. 마음먹기 나름이다.

## 2. 아쉽지 않아도 아쉬운 티를 낸다

"엄마, 나도 주말에 쉬고 싶어. 나도 본가 갔다 오면 피곤해. 주말에 못 쉬고 출근하면 평일에 얼마나 피곤한지 알아?"라고 귀찮은 티를 내면 부모님께서 속상해하신다. 같은 말이라도 아 다르고 어 다르다. "나도 엄마 보고 싶은데 주말에 결혼식 가야 돼. 못 봐서 어떡해? 다음에 꼭 갈게."라고 아쉬운 티를 내면 부모님도 '얘도 나랑 같은 마음이구나' 하며 서운함을 삼킬 수 있다. 상황 때문에 어쩔 수 없다는데 부모님께서 어떡하시겠는가.

## 3. 내가 할 수 있는 만큼 정한다

오라고 할 때마다 매번 가면 '얘는 이 정도 올 수 있는 애구나'라고 부모님 머릿속에 입력된다. 그렇게 입력된 상태인데 갑자기 이번에는 빼먹겠다고 하면 부모님은 '올 수 있는데 일부러 안 오는 걸'로 받아들인다. 애초에 부모님께서 언제 오는지 묻기 전에 '분기마다 가겠다', '생신, 어버이날, 명절 이렇게 가겠다'와 같은 식으로 기준을 정해드린다. 기준을 안 정해드리니까 집 떠난 자식 언제 들어오나 오매불망 기다리시는 거다. 딱 말씀을 드려야 기대도 안 하시고 실망도 안 하신다.

## 4. 용돈을 보내드린다

단언컨대 현금을 싫어하는 부모는 없다. "아빠, 나 이번 달에는 너무 바빠서 본가 못 내려갈 것 같아. 통장으로 돈 보냈으니까 이걸로 엄마랑 데이트해." 부담되지 않는 선에서 용돈을 보내드리며 '내가 부모를 신경 쓰고 있다'고 티 내는 것이다. 바쁘다는 핑계로 본가에 오지 않는 자식에게 서운할 수 있지만 용돈을 챙겨드리면 서운함이 절반 이상은 줄어들 것이다.

## 15

# 부모님이 편찮으실 때

A: 도은아, 엄마 물 좀 갖다 줄래?

B: 어, 알았어.

A: 도은아, 엄마 화장실~.

B: 그래, 알았어.

A: 도은아, 엄마 답답한데 창문 좀 열어줄래?

B: 하….

부모님의 건강이 안 좋아져서 간병을 해야 하는 경우가 생긴다. 부모는 기본적으로 자식을 키워냈으니 아픈 사람을 돌본 경험이 많지만, 자식은 아픈 사람을 돌본 경험이 적다. 그러기에 간병하는 행위 자체가 낯설고 서툴고 힘들게 느껴진다. 밥도 일일이 떠먹여드려야 해, 냄새 나는 화장실도 해결해드려야 해, 앓는 소리도 들어드려야 해. 게다가 나는 잠을 편하게 못 자니 체력도 떨어지고 예민해지기까지 한다. 하지만 아픈 부모님께 짜증을 낼 수는 없는 노릇. 어떻게 하면 좋을까?

## 1. 입원하는 경우

'긴병에 효자 없다'는 말이 있다. 간병도 전략이 필요하다. 간병 기간, 간병 가능한 인원에 따라 힘을 안배해야 한다. 아픈 사람도 힘들지만 간병인은 제대로 잠을 못 자니 쉽게 짜증이 난다. 또 병원 밥이 맛없는 경우가 많다. 아프지도 않은데 밥까지 부실하게 먹으려니 힘이 안 난다. 그러니 틈틈이 자고 틈틈이 맛있는 걸 먹어야 한다. 예쁜 말투는 체력에서 나온다.

## 2. 통원하는 경우

부모님을 내가 모시고 다녀야 하는 경우에는 전략을 잘 짜야 한다. 일정 조율은 어떻게 할지, 교통편은 어떻게 할지, 식사는 어떻게 할지. 부모님께서 어떤 걸 선호하시는지 여쭙고 최대한 맞춰드린다. 그리고 통원을 하면 병원에서 대기하는 시간이 매우 길기 때문에 그 무료한 시간을 잘 보내는 게 중요하다. 같이 책을 읽거나 핸드폰으로 옛날 드라마를 보면서 부모님이 자식에게 신세 지고 있다는 기분을 최대한 덜 느끼게 해드리자.

## 3. 만성으로 아픈 경우

완치가 어려워 지속적으로 약을 먹어야 하는 경우가 있다. 부모님께서는 약 먹는 걸 잘 깜빡하시니 부모님 전용 약통을 만들어드리고 복용 시간도 네임 펜으로 큼지막하게 써둔다. 또 습관이 될 때까지는 약 복용 시간마다 내가 전화를 해서 약 드시라고 챙겨드린다. 그러면서 겸사겸사 건강 어떠신지 안부를 묻는 것이다.

## 4. 거동이 어려운 경우

대소변도 받아드려야 하고 목욕도 시켜드려야 하는 경우에는 참 난감하다. 일을 그만둘 수도 없고 그렇다고 자식이 번듯이 살아 있는데 요양원에 맡길 수도 없고. 일단은 내가 선택할 수 있는 방안이 무엇이 있는지부터 고려를 해본다. 지자체(지방 자치 단체)로부터 도움을 받을 수 있는지, 방문 요양 보호사는 어떤지, 내가 아닌 다른 가족이나 친척 중에 돌봐주실 수 있는 분이 계신지. 그러고 나서 내 마음이 편할 수 있는 방향으로 선택한다. 아무리 좋은 방법이라도 내 마음이 불편하면 부모님을 오래 모시기가 어렵다. 가족이 부담이 되는 순간 안 좋은 생각만 하게 된다. 내 마음이 편한 쪽으로 선택하자.

# 16

# 부모님이 갱년기가 왔을 때

A: 엄마 갱년기 온 것 같다. 어떡하니? 요새 가만있어도 막 눈물이 나고 더

워서 잠도 못 자. 얼굴은 화끈화끈하고. 그리고 네 아빠가 하는 말마다 왜

이렇게 밉게 들리는지 모르겠다. 일주일에 서너 번은 싸우는 것 같아.

B: (나는 갱년기 안 겪어봐서 어떤지 잘 모르는데, 그렇게까지 힘든 건가?)

A: 너는 엄마가 갱년기 왔다는데 아무런 반응도 없니? 걱정은 안 돼?

B: 걱정이 안 되는 게 아니라 내가 잘 몰라서….

A: 어휴, 자식 키워봤자 소용없다는 말이 내 얘기였네!

나이 들어가는 것도 서러운데 온몸이 아프고, 더워서 잠도 잘 못 자고, 호르몬 때문에 감정 조절도 안 되고. 사춘기 온 자식보다 갱년기 온 배우자가 더 무섭다고 표현할 정도이다. 부모님이 갱년기일 때는 부딪히지 않기 위해 거리를 두는 방법도 있지만, 혼자서 우울해하시거나 갱년기 극복을 위해 도와달라고 요청하시는 경우에는 자식으로서 손을 잡아드려야 한다. 그런데 자식은 아직 젊어서 갱년기를 경험해보지 못했으니 오락가락하는 부모님의 마음을 이해하기도 어렵고 해결해드릴 방법도 잘 모르겠다.

## 1. 함께 운동을 한다

맨날 집에만 계시면 우울하기만 할 뿐이다. 바깥 공기도 쐬면서 계절감을 느끼는 것이 좋다. 운동은 갱년기 증상을 완화시킨다고 하니 함께 등산, 조깅, 산책 등을 하며 몸을 움직일 수 있게끔 한다. 혼자 하라고 하면 무슨 재미로 하냐며 안 하려고 하실 테니 같이 해드리는 게 좋다. 주말에 가족끼리 같이 운동하고 근처에서 맛있는 것도 먹으면 부모님은 그걸로 평일을 버틸 힘이 생긴다.

## 2. 일단 말을 잘 듣는다

갱년기 기간만이라도 부모님 말씀을 잘 듣자. 요구하시는 거 토 달지 말고, 하라는 거 빠르게 하면서 최대한 엉덩이를 가볍게 지내는 것만이 살길이다. 갱년기는 호르몬에 지배받고 있는 기간이다. 지금까지 내가 알고 있던 우리 부모님이 아니라고 생각하는 게 좋다. 호르몬은 어찌할 수 없는 영역이기에.

## 3. 새로운 취미를 찾아드린다

나이도 들고 갱년기까지 오니 모든 걸 다 잃은 기분에 우울감이 올 수 있다. 이때 성취감을 느낄 수 있는 활동을 하는 게 좋다. 부모님과 함께 원데이 클래스 같은 곳에 가서 만들기를 한다든지 집에서 혼자 하실 수 있는 작은 취미를 알려드린다든지. 요즘은 인터넷으로 필요한 물건 사기도 용이하고, 하는 방법도 유튜브에서 쉽게 배울 수 있으니 부모님께서 흥미를 느끼실 만한 취미를 찾아드리자.

## 4. 병원에 같이 가드린다

병원에 혼자 가는 것이 쓸쓸하다고 느껴질 수도 있다. 다 옆에 배우자나 자식을 동행하고 긴 대기 시간 동안 수다 떨고 있는데 나는 혼자서 멍하니 있으면 없던 우울도 생길 수 있다. 그래서 병원에 가서 전문가의 도움을 받는 걸 망설이는 경우도 있다. 그러니 내가 부모님께 먼저 다가가서 "같이 병원에 가서 심한 건지 아닌 건지, 약 먹으면 괜찮아지는지 이런 거 물어보자."라고 손을 내밀자. 병원 안 가도 된다 하면서도 속으로 내심 좋아하신다.

**17**

## 부모님이 손해 보고 물건을 구매했을 때

A: 엄마 핸드폰 바꿨다!

B: 뭐 샀는데? 얼마 주고 샀어?

A: 이거? 100만 원. 대리점 가서 샀는데 거기 직원이 할인해서 엄청 싸게

해준 거라고 하더라고.

B: 뭐? 이걸 100만 원이나 주고 샀다고? 완전 바가지 쓴 거야. 요금제도

제일 비싼 거 했는데 이 가격에 팔았다고? 하… 엄마, 내가 기계 같은 거

살 때 나한테 먼저 물어보랬잖아.

A: 아니, 엄마는 싸다고 하니까….

잘 모르는 어른들 상대로 물건을 비싸게 파는 경우가 있다. 나랑 같이만 갔어도 혹은 나한테 물어만 보고 샀어도 안 당했을 일인데. 물건을 몇십만 원 더 주고 산 게 아깝기도 하고 비싸게 판 그 직원이 괘씸해서 짜증이 난다. 사실 우리 부모님을 호구로 잡은 그 직원이 잘못한 건데 왜 안 알아보고 샀냐며, 왜 나한테 안 물어보고 샀냐며 그 직원에게 내야 될 짜증을 부모님께 내버린다. 그러면 부모님은 돈은 돈대로 쓰고, 자식에게 짜증까지 들어야 하니 울화병이 생길지도 모른다.

## 1. 착한 거짓말을 한다

이미 비싸게 사버린 걸 어떡하나. 너무 비싸게 산 걸 아시면 부모님께서 매우 속상해하신다. 비싸게 샀다고 알려는 드리되 시세는 약간만 숨기자. 예를 들어 인터넷에서 50만 원 주고 살 수 있는 걸 부모님께서는 100만 원을 주고 샀다고 치자. 그러면 "이거 50만 원짜리인데 두 배나 비싸게 주고 산 거야!"라고 사실 그대로를 말씀드리기보다는 "이거 80만 원짜리인데 20만 원 더 주고 샀네."라고 착한 거짓말을 하는 것이다. 그 가격 그대로 잘 샀다고 완전히 거짓말을 하면 다음에 또 비슷한 일을 당하실 수 있기에 바가지 썼다는 사실은 꼭 알려드린다.

## 2. 자주 안부 연락을 드린다

자주 연락드리고 바쁜 티를 많이 안 냈으면 부모님이 평일 중이라도 편하게 연락했을 것이다. 나에게 한번 물어봄직도 한데 나보다는 직원의 말을 믿고 산 것이니 그만큼 부모님이 나에게 연락할 때 여러 번 고민하고 전화한다는 것이다. 괜히 일하고 있는 자식 방해할까 봐서. 그러니 통화 버튼 누르는 것에 망설임이 없도록 평소에 자주 안부를 여쭙는다.

### 3. 구매 전에 연락하라고 다시 한번 말씀드린다

"엄마 아빠, 다른 건 몰라도 전자 기기 같은 거 살 때는 나한테 꼭 물어보고 사. 전자 제품은 인터넷 가격이랑 매장 가격이랑 다르거든. 할인받을 수 있는 방법도 다양하고." 모든 물건을 물어보고 사라는 게 아니다. 호구 잡힐 수 있는 물건만큼은 나에게 물어보고 사라고 신신당부를 한다.

### 4. 법적으로 따질 수 있는 부분이 있는지 확인한다

이미 구매를 했고 환불이 불가능하다는 고지를 받았다 하더라도 이 계약이 불공정하다고 판단되는 경우에는 법적으로 도움을 받아 계약 취소를 진행할 수 있다. 관련 전문 기관에 자문을 구하여 부모님께서 당한 사례를 밝히고 판단을 부탁드린다.

# 18

# 부모님이 집에만 있으려고 할 때

A: 우리 이번에 다 같이 여름휴가 갈까? 나 휴가 낼 수 있을 것 같은데.

B: 여름에 더워. 집에서 에어컨 바람 쐬고 있는 게 제일 편해.

A: 그래도 여름인데 가족끼리 여행 가자. 내가 계획 짤게.

B: 됐어. 집 나가면 고생이야. 돈만 들고.

한평생 자식 키우느라 일하느라 바쁘게 살아온 부모님. 이제 은퇴하고 자식들도 어엿한 사회인이 되었으니 가족끼리 시간을 맞춰서 여행도 가고 하면 좋은데 부모님께서는 한사코 귀찮다고만 하신다. 어렸을 적 나를 데리고 돌아다녔던 부모님처럼 나도 이제 부모님을 모시고 해외여행도 가며 효도하고 싶은데 집이 제일 편하다고만 하신다. 여행을 가보지도 않았으면서 거절부터 하시는 부모님, 어떻게 하면 기분 좋게 설득해서 여행을 갈 수 있을까?

## 1. 돈이 많이 드는 곳은 제외하기

어른들은 '일단 나가면 다 돈'이라는 생각이 깊게 박혀 있다. 한평생 돈을 아끼며 살아온 부모님이라면 여행은 사치라고 생각하실 수도 있다. 그런 부모님을 모시고 물가가 비싼 여행지에 간다면 그 여행이 아마 마지막 여행이 될 것이다. 가까워서 교통비도 덜 들고 물가도 높지 않은 곳으로 가서 "거봐, 우리 집 근처에서 배달시켜 먹는 거랑 별로 가격 차이 안 나지?"라고 말씀드리며 벽을 허문다.

## 2. 집과 가까운 국내부터 시작하기

어른들은 비행기 타고 해외에 나가는 걸 불안해하신다. 자주 아프고, 말도 안 통하니까 해외에 나가서 불편한 일이 생기면 어떡하나 하는 걱정 때문이다. 그리고 비행기 자체를 무서워하시는 분도 계신다. 또, 집이랑 멀어지는 걸 불안해하시는 분도 계신다. 문제가 생기면 일단 집으로 가야 하는데 거리가 멀면 바로 해결이 불가능하기 때문이다. 그러니 집과 가까운 지역부터 시작해서 차차 넓혀가는 것이 좋다. "거봐, 여행 와도 아무 일도 안 일어나지?"라고 말씀드리며 겁을 줄여드린다.

## 3. 사진이나 영상으로 보여드리기

여행이 좋다는 건 다 아는 사실이다. 그런데 말로만 좋다 좋다, 가자 가자 하면 잘 와닿지 않는다. 여행지의 사진이나 영상을 보여드리면서 "이런 거 볼 수 있어! 직접 보면 더 예쁠 것 같지 않아?"라고 꼬드기는 것이다. "가서 내가 아빠 프로필 사진 바꿔줄게. 친구들한테 자랑도 하고 얼마나 좋아? 자식이랑 여행 갔다고 하면 얼마나 부러워하겠어."라고 말씀드리며 호기심을 자극한다.

## 4. 평소에 이곳저곳 다니기

맨날 집에만 있다가 갑자기 여행이라는 명목으로 나가자고 하면 '집 나가면 고생만 할 텐데' 하는 거부감부터 든다. 친구와 핫 플레이스에 가듯 애인과 데이트를 하듯, 부모와 근교로 나가 오붓한 시간을 보내면 자식과 함께 돌아다니는 것에 대한 생각이 점점 긍정적으로 변화할 것이다. 그리고 "거봐, 나오니까 좋잖아!"와 같은 대사를 수시로 날려서 부모의 머릿속에 '나오니까 좋구나'를 각인시키도록 한다.

# 19

# 내 살림에 대해 잔소리할 때

- 엄마가 설거지는 쌓아두지 말고 바로바로 하라고 했잖아. 컵 하나, 그릇 하나 닦는 건 금방이지만 쌓여 있으면 하기 싫어서 계속 미루게 된다고.

- 아이고, 방바닥에 머리카락 좀 봐. 청소기 돌리기 귀찮으면 돌돌이라도 밀라고 했지. 바닥에 벌레 기어다니는 것 같잖아. 먼지 쌓이면 다 네 입이랑 코에 들어가는 건데.

- 사용한 물건은 제자리에 갖다놓으면 굳이 시간 들여 청소할 일이 없을 텐데. 매번 쓰고 나면 아무 데나 두니까 집 안이 이렇게 돼지우리가 되어 있지.

부모가 하는 말이 틀린 말은 아니다. 그런데 부모의 품을 벗어나 독립을 한 지 꽤 되었고, 혼자 나와 살면서 나만의 규칙이 생긴 상태라 내 살림에 이래라저래라 하는 게 잔소리로만 느껴진다. 고작 몇 평 안 되는 자취방이어도 나만의 공간인데 나만의 방식대로 살 수도 있는 거지, 자취방에 올 때마다 잔소리를 한가득 투하하고 가면 '이 럴 거면 오시지 말지…' 하는 불효자스러운 생각이 든다. 그렇다고 오랜만에 본 부모님에게 짜증 내면 후회할 것 같은데, 이럴 때 어떻게 하면 좋을까?

가족·친척

## 1. 부모가 한 말 그대로 복사+붙여넣기 한다

"설거지 쌓아두지 말라고 했잖아!"라고 하시면 "아, 내가 설거지를 쌓아두었네." 라고 대답을 한다. '아, 내가 그랬네'의 뉘앙스로 말하는 것이다. 핵심은 맞받아치지 않는 것. "설거지 쌓아두지 말라고 했잖아!"라고 하셨을 때 "내가 알아서 할게!"라고 맞받아치면 그 뒤로 수십 개의 잔소리 폭탄이 쏟아진다. "아이코, 내가 그래버렸네!" 하고 귀엽게 넘어가달라고 애교를 부린다.

## 2. 부모를 치켜세워준다

나보다 살아온 세월이 훨씬 긴데 내가 아무리 노력해도 부모님을 따라잡을 수는 없다. 그러니 부모가 집에 온다고 해서 깨끗하게 방을 정리해놔도 부모가 보기에는 탐탁지 않은 것이다. "내가 어떻게 엄마보다 살림을 잘해. 엄마 눈에는 항상 부족해 보이지."라는 말로 부모를 높여준다. 그러면 부모님도 쑥스러워서 "치, 됐어. 이리 줘봐. 엄마가 해줄게." 하며 그냥 넘어가준다.

## 3. 부모에게 가르쳐달라고 한다

부모의 나이가 되면 가르쳐주고 싶어도 가르쳐줄 게 별로 없다. 이미 자식들은 다 커서 자신보다 잘 알고, 나는 점점 늙어서 깜빡깜빡 잊어버리고. 가르쳐달라고 하는 것도 부모의 자존감을 높이는 방법이 될 수 있다. "어떻게 하는데? 나 양파 잘 못 썰어. 그래서 냉장고에서 썩었나 봐. 아빠가 가르쳐줘!"라고 하면 아빠가 겉으로는 "어휴, 그 나이 먹고 양파 하나 못 썰어서 어떡하려고 그래?"라고 툴툴대지만 속으로는 '그래, 얘가 아무리 컸어도 나 없으면 안 되지'라고 뿌듯해한다. 잔소리하던 목소리도 부드러워진다.

## 4. 밖으로 나가자고 한다

자취방에 계속 있어 봤자 부모 눈과 마음에 안 드는 것만 더 늘어난다. 잔소리가 시작될 타이밍에 얼른 부모님의 겉옷을 챙기며 "나가자! 나가서 밥 먹자. 내가 맛있는 곳 알아놨어."라고 말한다. 식사 시간이 아니면 분위기 좋은 카페로 나가도 좋다. 잔소리하는 부모님을 바꿀 수 없다면 잔소리 들을 수밖에 없는 환경에서 벗어나자.

# 20

# 외박을 하고 싶을 때

A: 나 친구랑 여행 갔다 오려고.

B: 여행? 외박은 안 되는 거 알지? 정 가고 싶으면 당일치기로 갔다 와.

A: 싫어. 친구들이랑 다 같이 가기로 했는데 나만 어떻게 와?

B: 그럼 여행지를 가까운 데로 바꿔. 2시간이면 갈 수 있는 데 많잖아.

A: 이미 가기로 한 곳이 있는데 나 때문에 어떻게 바꿔!

B: 안 돼.

A: 왜 맨날 안 된다고만 하는데? 나도 이제 다 큰 성인이라고!

부모님이 엄하거나 보수적이면 외박이 어려운 경우가 있다. 그나마 동성 친구랑 간다고 하면 허락하는 편이지만 이성 친구와 간다고 하면 죽어라 반대하실 분들. 그런데 나는 이성 친구와 한창 꽁냥 꽁냥할 때고 다른 곳으로 여행 가서 추억을 남기고 싶다. 여행을 안 간다고 해서 아무 일(?)도 안 일어나는 게 아닌데 부모님은 왜 여행을 가면 세상이 끝나는 것처럼 여기는지.

## 1. 평소에 신뢰를 잘 쌓는다

평소에 행실이 좋아도 보내줄까 말까 할 텐데 친구 만나느라 늦게까지 술 마시고 연락도 잘 안되면 보내줄 것도 안 보내주신다. 부모님이 묻기 전에 누구랑 만나고 어디서 만나고 몇 시까지 들어갈 건지 알아서 먼저 말씀드리고, 10시까지 들어가겠다고 했으면 무조건 10시 안에 들어간다. 부모님과의 약속을 잘 지켜야 "아, 아빠 이번 한 번만 허락해줘!"라고 부탁했을 때 들어주는 척이라도 하신다.

## 2. 말동무해드리기

어렵게 마음먹고 외박을 허락해줬는데 다녀와서 입 싹 닫으면 부모님 입장에서는 서운하실 수도 있다. 여행 가서 있었던 일들 얘기하고, 여행 가서 행복해 보이는 사진도 보여드리면서 부모님의 말동무가 되어드리면 '여행 보내주는 거 걱정되기는 한데 아이가 너무 좋아하니까 가끔씩 보내주는 것도 나쁘지 않구나' 하고 생각하신다.

## 3. 설득할 수 없다면 몰래 가기

부모님께 공식적으로 허락받고 가면 마음이 편하겠지만 불가능하다면 어쩔 수 없이 몰래 가는 방법밖에는 없다. 학교 행사 때문인 척, 친구랑 함께인 척하고 가는 수밖에. 여기서 중요한 건 몰래 갈 때 행동에 더욱 조심해야 한다는 것이다. 나의 외박의 목적은 기분 전환이지 일탈이 아니다. 부모님이 외박을 허락해주지 않아서 속상하기는 하지만 차차 나이가 들어갈수록 마음을 열어주실 거다. 나중에는 왜 연애 안 하냐, 왜 결혼 안 하냐 그러실 테니.

## 4. 다른 방법 찾아보기

부모님을 설득할 수도 없고 그렇다고 부모님을 속이고 가는 건 도저히 내키지 않는다면 마음이 편한 2안을 찾는다. 당일치기 여행만 간다든가 여행만큼이나 알찬 데이트 코스를 짠다든가 하는 대안들로도 충분히 행복하게 연애할 수 있다.

### 부모님 몰래 애인과 1박 2일 여행 가기

1. 합의가 된 친구의 사진을 합성하여 친구랑 간 척하기
2. 부모님과 통화할 때 술자리 토크 영상 틀어놓기
3. 커플끼리 여행 가서 친구랑 간 척하기
4. 학교/회사 행사 때문에 간다고 핑계 대기
5. 애인 핸드폰을 스피커폰으로 틀어놓고 친구랑 있는 척하기
6. 계절별로 친구들이랑 다양한 사진 찍어놓기
7. 증거로 사용할 사진을 위해 헤어스타일 자주 바꾸지 않기

# 21

## 가족 말고 다른 사람과
## 기념일을 보내고 싶을 때

A: B야, 12월 31일에 퇴근하자마자 집으로 곧장 내려와. 다 같이 저녁 먹

고 아빠 차 타고 정동진 가서 해돋이 보게. 주말 껴 있으니까 근처에서

자고 오면 좋을 것 같은데. 아빠 혼자 운전하시느라 피곤하잖니. 네가 숙

소도 좀 알아보고, 해돋이 보러 가는 거 동생한테도 이야기하고, 알았지?

B: (이번 연말은 애인이랑 보내고 싶은데... 같이 보내자고 이야기도 다 끝

난 상태인데 이걸 어떡하지? 애인이랑 보낸다고 하면 서운해하시려나?)

태어나서 유아 때까지는 부모가 내 세상이었다. 그러다 학교에 들어가고 사춘기가 오게 되면 부모보다 친구가 더 좋아진다. 더 자라서 사랑에 빠지고 연애를 하게 되면 부모보다 애인이 더 애틋해지고, 일을 시작하게 되면 때로는 가족보다 일이 더 중요해지기도 한다. 나의 세상이 변했다는 걸 부모에게 표현해야 한다. 나 또한 기념일에 가족이 아닌 다른 사람과 보내고 싶을 수도 있다는 걸 말씀드려야 한다는 의미다.

## 1. 수락과 거절의 기준 정하기

스스로가 정한 확고한 기준이 없다면 이리저리 끌려다니게 되고, 상황에 따라 마음이 약해지기 쉬워 결국엔 다시 반복의 반복이다. 그리고 확실한 기준 없이 이때는 되었다가 또 저때는 안 된다고 말하면 부모님도 혼란스럽다. '부모님 생신, 어버이날, 명절에는 꼭 가족과 같이 보내되 내 생일, 크리스마스, 12월 31일은 친구 또는 애인과 보내겠다'와 같은 명확한 기준을 세우자.

## 2. 용기 내기

자식을 보고 싶어 하는 부모의 마음을 외면하기가 어렵거나 강압적인 가정 환경 속에서 자란 경우에는 부모에게 "못 갈 것 같아요."와 같은 거절의 말을 하기가 어려울 수 있다. 하지만 부모와 자식은 촌수로도 1촌으로, 결국에는 한 칸 떨어져 있는 인간관계이다. 그렇기에 내 의견을 말할 권리도 있고, 상대방의 의견을 거절할 권리도 있다. 용기 내서 말하지 않는다면 평생 끌려다닌다.

### 3. 공감 후 합의점 찾기

무조건 "싫어!"라고 단호하게 선을 그으면 마음이 여린 부모는 상처를 받을 수 있고, 가부장적인 부모는 화를 낼 수 있다. "연말을 함께 보내고 싶은 마음은 이해해요."라며 공감한다는 표현부터 한다. 그다음 "명절에는 꼭 찾아뵐게요.", "연말 끝나고 그다음 주 주말에 찾아뵐게요."와 같은 대안을 제안한다.

### 4. 깔끔하게 말하기

공감도 하고, 설득도 하고, 합의점을 찾으려고 노력했음에도 그것이 받아들여지지 않을 수도 있다. 그럴 땐 "죄송해요. 올해 연말은 저도 정말 어쩔 수가 없어요. 그리고 앞으로도 연말은 친구들과 보내고 싶어요. 이 부분만큼은 이해해주셨으면 해요."라고 깔끔하게 말한다. 미안한 마음에 괜스레 주절주절하면 대화의 요점이 흐려지고, 쓸데없는 말을 덧붙이면 언쟁을 유발하는 기폭제가 될 수 있다. 그저 내 입장을 깔끔하게 정리해서 깔끔하게 전달하면 된다.

### 5. 죄책감 가지지 않기

나를 키워주신 부모님의 말을 거절하고 나면 죄책감이 밀려오기도 한다. '엄만데…', '아빤데…'와 같은 생각에 마음이 약해진다. 하지만 나는 이제 어엿한 성인이 되었고, 아무리 부모의 자식이라도 부모와 다른 성격과 성향을 가진 인격체이다. 내가 패륜을 저지른 것도 아니고 그저 "저는 부모님과 다른 사람이에요."라고 알려드리는 것뿐이다. 죄책감을 가질 일이 아니다. 죄책감이 들면 1.에서 말한 '기준'도 다 무너지고, 2.에서 말한 '용기'를 내는 것도 어려워진다.

# 22

# 결혼과 출산을 강요할 때

- 사귀는 사람이랑 결혼은 안 하니? 둘이 나이도 있고 사귄 지도 좀 되지 않았어? 더 늦기 전에 해. 재고 따지고 하다 보면 아무랑도 결혼 못 해.

- 부부 사이에 애 하나는 꼭 있어야 돼. 안 그러면 나중에 후회한다? 나중에는 갖고 싶어도 못 가져. 한 살이라도 어릴 때 낳아서 키워야 너희가 편해.

- 둘째 낳아야지. 외동은 외로워서 못써. 나중에 커서 의지할 수 있는 형제자매가 있다는 게 얼마나 든든한데.

연애해라, 결혼해라, 애 낳아라. 20대 후반이 지나면서 귀가 닳도록 듣는 소리다. 하지만 요즘은 결혼을 늦게 하는 추세이며 결혼 자체를 원하지 않는 청년이 많아졌다. 또 결혼을 하더라도 딩크족(아이를 낳지 않고 부부 둘이서만 사는 것)으로 살고자 하는 부부도 존중받는 시대이다. 부모님은 편하게 밥 한 끼 하자고 말씀하시지만 어떻게 그 자리가 편하겠는가. 너 만나는 사람 '얼굴만' 보자고 유혹해도 그 유혹에 넘어가서는 안 된다. 얼굴 보고 나면 '또 데려와라. 계속 봐야 정든다', '이거 애인 가져다줘라', '명절 때는 인사 안 오냐' 줄줄이 소시지다. 아이도 낳기만 하면 자신들이 돌봐줄 테니 빨리 낳으라고 하신다. 남의 아이는 안 예뻐도 내 아이 낳으면 다르다고 하신다. 하지만 그 유혹에 넘어가서는 안 된다. 아이를 낳는 건 내 인생이 달라지는 일이니까, 누가 대신 책임져주는 것이 아니니까 나의 선택이 우선이다.


## 1. 굳이 맞설 필요는 없다

"결혼해야지."라고 하시면 "결혼~ 해야죠.", "애 낳아야지."라고 하시면 "애~ 낳아야죠."라고 어른들이 하시는 말씀 그대로 돌려드린다. "저 결혼 안 해요. 혼자 살 거예요.", "애 안 낳아요. 저희 둘이서 살 거예요."라고 맞서면 한 마디로 끝날 잔소리가 백 마디로 돌아온다.

## 2. 단점을 핑계로 대지 않는다

'아직 돈을 못 모아서', '자리를 못 잡아서', '빚이 있어서', '확신이 없어서'와 같은 이유로 결혼을 하지 않는다고 말하지 않는다. 나중에라도 지금 애인과 결혼을 하고 싶을 수 있고, 나중에라도 아이를 낳고 싶어질 수도 있다. 그런데 사정이 여의치 않다고 상대의 단점을 핑계 대면 "걔는 돈을 못 번다니?", "사치를 부린다니?", "집이 못 사니?"라고 부모님께서 내 애인이나 남편에 대한 인상을 안 좋게 가질 수 있다.

## 3. 다 때가 있다고 한다

나이가 찼는데 왜 결혼을 안 하냐, 신혼도 이제 끝나가는데 왜 애 안 낳냐 물으신다면 "다 때가 있겠죠."라고 시기를 보는 중이라고 말한다. 결혼은 혼자 하는 게 아니고, 아이가 그렇게 쉽게 생기는 게 아니라는 건 다들 안다. 시기를 기다리고 있다고 표현하면 '말 못 할 사정이 있나 보다' 생각하고 꼬치꼬치 캐묻지 않으실 거다.

## 4. 닦달하면 더 하기 싫어진다고 한다

곧 청소하려고 했는데 갑자기 엄마가 내 방에 들어와 "방 꼴이 이게 뭐니? 방 청소 언제 할 건데?"라고 잔소리하면 청소하고 싶은 마음이 싹 사라진다. 결혼도 출산도 마찬가지다. 안 그래도 갈팡질팡 중인데 닦달하면 더 하기 싫어지니 가만히 기다려주시는 게 가장 빠른 방법이라고 전하자.

## 5. 알았다고 대답한다

"알았어."라고 대답은 하고 실제로 소개 안 하면 된다. "알았어."라고 대답은 하고 결혼은 안 하면 된다. "알았어."라고 대답은 하고 아이를 안 가지면 된다. "그래서 언제?"라고 캐물으시면 "곧~."이라고 물에 물 탄 듯 술에 술 탄 듯 넘어가면 된다. 몇 날, 몇 시까지라고 기한을 두고 지켜야 하는 건 아니니까.

# 23

# 명절 때마다 불화가 찾아올 때

A: 큰엄마는 늦게 오신대? 작은엄마는 안 오시고? 엄마 혼자서 음식 하는

거야? 우리도 일 핑계 대고 늦게 가자.

B: 그럼 할머니 혼자서 준비하시잖아.

A: 혼자서 해야 되면 안 하시겠지. 적게 하시거나.

B: 너희 아빠가 가만있겠니? 집에서 할 것도 없는데 가서 일 도와드리자 하지.

A: 다 같이 명절 보내고 다 같이 음식 먹으면서 왜 항상 우리 집만 고생

해야 하는 거야? 그냥 제사 없애자고 하면 안 돼?

B: 할머니가 매년 없앤다, 없앤다 하시면서도 올해만 지내자고 하시는데

어떡해. 그게 그렇게 간단한 거였으면 엄마도 진작 없애자고 했겠지.

끊임없이 오는 손님과 끊임없이 쌓이는 설거지. 게다가 제사를 지내면 손 많이 가는 제사 음식까지 해야 한다. 하루 종일 전 부치느라 코에서 기름 냄새가 사라지지를 않는다. 돈은 돈대로 쓰고 시간은 시간대로 쓰고 에너지는 에너지대로 쓰고. 그런데 그 수고를 알아주는 사람은 몇 없다. 매번 힘들어하시니 제사 없애자, 음식 줄이자 해도 부모님은 할아버지, 할머니가 계신데 어떻게 없애냐고 하며 목소리를 내지 못하신다. 모두가 기분 좋게 하면 모를까 고통받는 사람이 분명 존재하는데 제사 없애면 하늘이 무너지는 줄 아는 어른들 때문에 우리 가족이 괴로운 게 싫다.

## 1. 누가 뭐라 해도 다 같이 한다

제사를 없앨 수 없다면 누구는 하고 누구는 안 하는 문화는 없앤다. 일이 바쁘다며 빠지더니 음식 다 될 때쯤 오는 작은엄마, 친구 만나다가 들어와서는 음식이 이게 뭐냐 잔소리하는 고모, 하루 종일 망부석처럼 TV만 보는 큰아빠, 컴퓨터 게임만 하고 있는 사촌. 왜 우리 가족만 희생해야 하나. 다 같이 하면 그나마 억울함이 덜어진다. 다 같이 할 거 아니면 우리도 하지 말자고 한다.

## 2. 없앨 수 없다면 간소화라도 하자

할아버지나 할머니께서 제사에 대한 입장을 굽히지 않으시면 음식 가짓수를 줄일 수 있게라도 해보자. 성균관에서 차례 간소화 방안을 내놓았다. 기름진 음식을 써서 제사를 지내는 건 예가 아니라고 적혀 있는 문헌을 근거로 들며 전을 부치며 노력과 시간을 쏟지 말라고 한다. 또 음식 가짓수는 6가지면 충분하다고 한다.

## 3. 절에 모시자고 한다

조상을 꼭 집에서 모셔야 하는 건 아니다. 절에다 맡겨도 정성껏 잘 모셔준다. 오히려 스님들께서 오랫동안 기도해주시고 향도 피워주시니 조상님께서 더 좋아하실 수도 있다. 절에다 모시면 제사 음식을 안 차려도 되고 당일에 절에만 가면 되니 편해진다.

## 4. 친가는 아빠, 외가는 엄마가 중간 역할을 하게 한다

본질적인 문제는 '제사'에 있지 않다. 바로 각자 집안에서 중간 역할을 못하는 아빠와 엄마 때문이다. 친가는 아빠가, 외가는 엄마가 중간 역할을 잘하면 마음 상할 일이 줄어드는데 "우리 어머니가 그러라는 걸 어떡해."라고 멀뚱멀뚱 있으니 명절 자체가 싫어지는 것이다. "제사 때문에 우리 가족이 스트레스받는데, 아빠가 중간 역할 좀 잘해줘."라고 부탁한다. 중간 역할을 해도 소용없는 경우라면 "엄마한테 고생했다고 따뜻하게 말 한마디라도 해줘."라고 내가 아빠와 엄마 사이에서 중간 역할을 하자.

## 5. 제사 음식을 구매해서 간다

어떤 방법도 안 통한다면 돈으로 해결하는 방법도 있다. 요즘은 인터넷이나 반찬 가게 등에서 제사 음식이 정갈하게 잘 나온다. 제사 음식을 구매한 뒤 밀폐 용기에 담아 가서 내놓는 것이다. 물론 돈을 써야 한다는 것 자체가 불공평하게 느껴질 수 있으나 우리 가족의 손마디와 무릎 관절과 허리 척추를 지키는 비용이라고 생각하자.

# 24

# 친척의 잔소리가 듣기 싫을 때

- 취업 준비한다고 한 지 벌써 1년 넘지 않았니? 아직도 취업을 못 했니?

엄마 아빠가 걱정하시겠다. 뭐가 잘 안되니? 눈이 너무 높은 거 아니야?

눈을 낮춰봐. 그럼 금방 붙어.

- 너도 이제 30대인데 결혼 소식 안 들려주니? 남자친구 없어? 아니면

남자친구가 결혼하자는 말을 안 꺼내니? 더 나이 들면 결혼하기 더 힘들

다. 너무 욕심부리지 마.

- 너희도 이제 아기 가질 때 되지 않았니? 소식이 없네. 혹시 아기가 잘

안 생기니? 그러면 나한테 말해. 잘 아는 한의원 소개해줄게. 거기서 약

먹으면 임신이 한 방에 된대.

가족끼리도 연락 잘 안 하고 잘 못 보는 시대에 친척끼리는 더욱 왕래가 줄어들었고, 그나마 1년에 두 번 있는 대한민국의 큰 명절인 설날이나 추석은 되어야 얼굴 한번 볼까 말까이다. 평소에 잘해주지도 않았고 나에게 관심도 없었던 친척이 우리 부모님도 묻기 조심스러워하는 민감한 질문을 '안부'라는 핑계로 막 던질 때 속이 부글부글 끓는다. 하지만 여기서 기분 나쁘다고 말했다가는 억지로라도 화목해졌던 분위기가 깨지고 만다. 또 나보다 항렬이 높은 친척이면 웃어른이기에 예의 없다고 한 소리 듣게 되고 우리 부모님도 곤란해질 수 있다.

## 1. 최대한 불쌍해진다

"아직도 취업을 못 했니?"라는 질문을 들으면 한숨만 나온다. 요즘 시대가 어느 시대인데 저런 질문이람. 하지만 여기서 이런저런 핑계를 대면 친척의 입에 날개를 달아주는 셈이다. "네, 요새 정말 어렵네요. 사람도 잘 안 뽑고 저도 답답해서 미치겠어요. 진짜 어떡하죠? 제 인생 망한 것 같아요." 극단적으로 불쌍한 척을 해서 차마 어떠한 위로도 못 하게끔 말문이 턱 막히게 한다.

## 2. 자기 얘기를 할 수 있도록 유도한다

친척 어른이 근황을 묻는 이유는 오랜만에 만났는데 마땅히 할 말이 없어서이다. 나와는 다른 시대를 살아오신 분이니 친해지는 방법이 나랑 다른 것이다. "요새 어떻게 지내세요?", "재훈이는 잘 지내요?"와 같은 식으로 대화할 거리를 친척에게 던져주자. 친척에게 계속 질문을 하며 어색할 틈을 만들지 않으면 내가 듣기 싫은 질문을 받지 않을 수 있다.

## 3. 한숨을 쉬며 말끝을 흐린다

극단적으로 불쌍한 척하기에는 나의 연기력이 떨어질 것 같으면 자포자기 전략으로 간다. "아직도 취업을 못 했니?"라고 물어보면 "휴, 그러게요…"라고 땅이 꺼져라 한숨을 쉬면서 대답하고 "원하는 직업은 있고?"라고 물어보면 "휴, 모르겠어요…"라고 말끝을 흐리며 대답한다. '얘도 나름 고생하고 있는데 잘 안되는구나. 얼마나 힘들면 애가 도통 기운이 없네'라는 생각이 들도록 하는 것이다. 안부 묻는 걸 조심스러워하도록 만들자.

## 4. 화장실 가는 척하며 자리를 일어난다

끝까지 자리를 지키며 어른의 말씀을 경청해야 하는 건 아니다. 말이 멈출 때쯤 잠깐 화장실에 간다며 자리에서 일어난다. 그리고 다시 돌아올 땐 방금 대화를 나누던 거실이 아닌 방으로 들어간다. 보통은 자리를 뜬 사람을 거실로 다시 부르지까지는 않을 것이다. 그런데 만약 굳이 방으로 찾아와 나오라고 한다면 "명절이라 여기저기 돌아다녔더니 피곤해서요. 잠깐 쉬다가 체력 충전하고 다시 나갈게요."라고 핑계 댄다. 술을 마셨다면 취기를 핑계 대도 좋다.

# 25

# 종교를 권유할 때

- 일요일인데 교회 안 나갈 거니? 내 주변 신도들은 자식들까지 다 나와서 같이 예배 드리는데 그 모습이 얼마나 보기 좋은지….

- 같이 절에 가자. 너 요새 일 잘 안 풀리잖아. 가서 부처님께 정성껏 절 올리면 다 잘될 거야. 절에 가면 얼마나 심신이 편안해지는데.

- 네가 성당을 안 가니까 가족 간에 화합이 안 되잖니? 너만 안 가잖아. 너 앞으로 성당 안 다닐 거면 우리한테 지원도 받을 생각 하지 마.

종교를 갖고 있는 사람은 대체로 가족이 자신의 종교를 함께 믿기를 바란다. 교리가 그러해서 바라기도 하지만 가족끼리 같이 신앙생활을 하는 것 자체가 큰 기쁨이기 때문이다. 주말에 같이 한곳에 가서, 같은 마음으로, 같은 대화를 나눌 수 있다는 게 얼마나 좋은가. 하지만 종교가 다른 경우에는 서로를 이해하기가 어렵고, 종교가 아예 없는 경우에는 믿지도 않는 신 때문에 내 황금 같은 주말을 날리고 돈까지 내야 하는 게 아깝기만 하다.

## 1. 종교를 갖고 싶지 않은 경우

종교를 안 믿는 이유는 사람마다 다 다르지만 종교인에게 그 이유를 들이밀어봤자 통하지 않는다. "엄마, 사실 엄마가 하도 그래서 내가 종교에 대해서 진지하게 고민하고 있거든? 근데 이렇게 닦달하면 그 고민조차 사라질 것 같아.", "아빠가 좋은 모습을 꾸준히 보여준다면 종교 가지라고 강요 안 해도 내가 알아서 가지지 않을까?"와 같이 부모 하기 나름이라는 식으로 배턴을 넘긴다. 그러면 눈치는 줘도 직접적으로 가자고 말씀하시는 횟수는 줄어들 것이다.

## 2. 종교가 있지만 다른 경우

각자 믿는 종교가 다른 경우에는 상대방의 종교를 헐뜯는 경우도 있기 때문에 종교가 없는 경우보다 더 기분이 상한다. 하지만 이것을 기회로 삼으면 좋다. "엄마, 원래 엄마가 가진 종교 좋게 생각하고 있었는데 내가 다니는 곳을 비하하니까 좋아지려던 마음이 점점 줄고 있어. 종교인이라면 비난하는 말을 하면 안 되지 않을까?"라고 기분 나쁜 티를 낸다. 혹은 "아빠, 그래도 내가 종교가 없는 것보다는 낫잖아. 왜냐면 무교인 사람은 종교 자체를 믿을 생각을 안 하는데 그래도 나는 믿음이라는 게 있으니까 언제든 마음이 바뀌면 아빠가 믿는 종교로 갈 수도 있다는 거잖아. 그러니까 아빠가 좋은 모습을 보여줘. 아빠를 보면서 그 종교에 가고 싶다는 생각이 들게."라고 말씀드린다.

## 3. 종교를 갖고 싶지는 않지만 가질 수밖에 없는 경우

특정 종교를 가져야 '결혼을 할 수 있다', '용돈을 주겠다', '우리 집에서 살 수 있다' 이렇게 조건을 거는 경우가 있다. 이럴 땐 가치 판단을 하는 수밖에 없다. 사랑을 택할지 종교를 택할지, 돈을 택할지 종교를 택할지, 가족을 택할지 종교를 택할지. 부모의 도움을 받을 수밖에 없는 상황이라면 싫더라도 따라야지 어떡하겠는가.

## 4. 긍정도 부정도 아닌 경우

종교를 좋게 생각하지도 그렇다고 나쁘게 생각하지도 않는 경우에는 부모를 위해 몇 번은 따라간다. 대부분 종교 활동이 한두 시간 내외일 텐데 강연 들으러 가는 것처럼, 힐링하러 가는 것처럼 잠깐 시간을 내는 것이다. 가족끼리 단란하게 종교 생활을 하는 게 보기 좋아서 때로는 부러움이 느껴질 때도 있다고 한다. 종교에 대해 긍정도 부정도 아니라면 효도하는 셈 치고 부모를 따라가서 잠시 앉아 있다가 오자.

참지 않아야

관계가 좋아진다

이 세상에 끊지 못할 관계는 없습니다. 부모라고 해서 꼭 이어져 있어야 하고 형제자매라고 해서 꼭 이어져 있어야 하고 친척이라고 해서 꼭 이어져 있어야 하는 건 아닙니다. 그런데 가족이니까 절대 끊어내지 못할 거라고 여기며 사는 사람이 많습니다. 그게 문제입니다. 친구나 회사 동료를 대할 때의 내 모습을 떠올려보세요. 그들에게 나는 항상 웃고 친절하고 솔선수범입니다. 왜 그럴까요? 그들에게는 내가 노력하지 않으면 언제든 나를 끊어낼 수 있다는 불안감을 느끼기 때문입니다. 그러기에 나의 가장 좋은 모습만 보이려고 하죠. 하지만 가족은 어떻습니까? 내가 어떤 말과 행동을 하더라도 나를 보듬어줄 거라는 믿음이 있기 때문에 굳이 예의를 차리지 않습니다. 회사에서는 팀장님이 나에게 온갖 모진 소리를 퍼부어도 "죄송합니다." 하며 고개를 숙이던 나인데 집에서는 엄마가 밥 먹으라고 챙겨주는데도 "아, 안 먹어!" 하며 짜증을 냅니다. 이게 바로 가족은 끊어지지 못한다는 말도 안 되는 믿음 때문입니다.

가족일수록 더 예의를 지켜야 합니다. 가족은 내 선택으로 이루어진 구성원이 아니기 때문입니다. 친구는 내가 선택합니다. 같이 밥도 먹어보고, 수다도 떨어보고, 놀러도 다니면서 '나랑 잘 맞으니까 더 친하게 지내야지'라고 선택합니다. 회사도 마찬가지로 연봉, 복지, 사내 분위기 등 여러 자료들을 참고한 뒤 '나랑 잘 맞으니까 여기에 지원해야겠다'라고 선택합니다. 그런데 가족은 어떠한 판단도 하지 못했습니다. 낳고 보니 이런 자식이 태어났고, 눈을 뜨니 이런 부모님이 계시고, 살다 보니 이런 형제자매가 생겼습니다. 우리가 잘 맞아서 가족이 된 게 아니라는 뜻입니다. 잘 안 맞는데 '가족'이라는 틀 때문에 같이 부대껴서 살려고 하니 갈등이 생기는 겁니다.

**참지 않아야 관계가 좋아집니다.** 성인이 되어 자취를 시작한 뒤 이상하게 가족 관계가 회복되었다는 느낌을 받은 적 없나요? 혹은 친구에게 "나 자취하고 나서 부모님하고 사이 더 좋아졌잖아."라는 말을 들어본 적 없나요? 그게 바로 함께 살지 않기 때문에 억지로 참는 일이 줄어들었기 때문입니다. 함께 살면 은연중에 희생과 배려를 바라고 심지어 그걸 당연하게 여깁니다. 아무리 가족이라도 사람인데 맨날 희생하라 그러고 배려하라 그러면 누가 좋아하겠습니까? 가족이 나에게 해준 게 없다면 '해준 것도 없으면서 바라는 것만 많네', 가족이 나에게 해준 게 많다면 '누가 이런 거 해달래? 정작 내가 원하는 건 해주지도 않으면서'라는 불만이 쌓입니다.

평소에 가족끼리 대화를 잘해야 합니다. '가족이니까 그냥 참고 넘어가자' 하는 순간부터 문제는 시작되는 겁니다. 가족이니까 참는 게 아니라 가족이니까 더 말할 수 있어야 합니다. 그런 과정을 통해 나는 무엇을 싫어하는지 가족에게 알려주고 가족이 무엇을 싫어하는지 나에게 알려주면서 맞춰가야 합니다. 그동안은 그냥 참는 게 맞춰주는 거였죠. '그래, 나만 참으며 살고 있는 거겠어? 너도 참으며 살고 있겠지'라고 삼켜

냈던 무수한 순간들이요. 그런데 지나치게 가부장적이거나 고집불통인 가족도 있을 겁니다. 그런 가족과는 원활한 대화가 어렵겠죠. 그럴 땐 거리를 두는 게 좋습니다. 거리를 두면 두 가지 효과가 있습니다. 하나는 자주 안 보니 부딪힐 일이 없어서 마음 상할 일이 줄어들고요. 또 하나는 비협조적인 가족에게 '저는 가족이라고 해서 다 참아 주지 않습니다'라고 암묵적으로 뜻을 밝힐 수 있습니다. 그러면 가족은 '내가 바뀌지 않으면 버림받을 수도 있겠구나' 하는 불안감에 단 1%라도 바뀌려고 노력하겠죠.

가족이라고 해서 무조건 희생해야 하는 건 아닙니다. 가족이라고 해서 무조건 배려해 줘야 하는 건 아닙니다. '내'가 있어야 가족도 있습니다. 가족이 한자리에 다 모여 있어도 영혼 없는 내가 덩그러니 앉아 있기만 하면 무슨 소용이 있겠습니까? 가족이라고 해도 나에게 함부로 대할 수 없다는 걸 끊임없이 표현해야 합니다. 참지 않아야 관계가 좋아지니까요.

3부

# 친구지인

## 한 걸음 물러서라

# 같이 안 먹고 싶은데 밥 먹자고 할 때

A: 저희 그럼 이번 달 중에 밥 같이 먹을까요? 언제 시간 되세요? 저는 다

괜찮아요!

B: 아… 제가 이번 달에는 바빠서요. 다 선약이 차 있네요.

A: 그러시구나. 그러면 다음 달에 뵐까요? 다음 달에는 언제 시간 되세요?

B: 아… 그런데 제가 하는 일이 좀 들쑥날쑥해서 미리 약속 잡았다가는

파투 날 확률이 높아요.

A: 그렇군요. 그러면 제가 이번 달 셋째 주쯤에 다시 연락드릴게요. 그때

쯤은 괜찮으시죠?

나에게 호의를 갖고 같이 밥 먹자고 제안해주는 건 너무 고맙지만 나는 상대방에게 굳이 시간을 내고 싶지 않을 때가 있다. 어색하거나 딱히 접점이 없거나 성격이 안 맞거나 밖에 나가기 귀찮다는 등의 이유로 말이다. 그리고 꼭 같이 밥을 먹어야만 친해지는 게 아닌데 자꾸 밥 먹자고 하니 부담스럽기만 하다. 하지만 좋은 마음으로 나에게 연락한 상대방의 마음을 무 자르듯이 잘라내기에는 인간적으로 미안해서 안 될 것 같다. 이럴 때 어떻게 하면 좋을까?

## 1. 내가 먼저 연락 준다고 한다

언제쯤 밥 먹는 게 좋냐고 물어보면 "지금 당장은 날짜 잡기가 애매해서, 혹시 괜찮으시면 제가 다른 일정들이 확실해진 후 연락드려도 될까요?"라고 대답하며 내가 '먼저' 연락 주겠다고 의사 표현을 한다. 그렇게 대화를 끝맺으면 시간이 흐른 뒤 상대방이 다시 나에게 밥 먹자고 연락하고 싶어도 '아, 일정 확실해지면 연락 준다고 했지? 아직도 연락 없는 거 보면 많이 바쁜가 보다' 하고 눈치껏 피한다.

## 2. 일/공부 핑계를 댄다

"요즘 회사에서 중요한 프로젝트에 들어가서 야근이 잦고 주말 근무도 갑자기 생기고 그래서요. 친구들과의 약속도 전날에 취소되고 그런 경우가 생기더라고요. 제가 너무 미안해서 요새는 약속을 안 잡고 있어요."라고 무적 방패인 일 핑계를 댄다. 혹은 "제가 요즘 승진 때문에 자격증 준비를 하고 있어서요. 공부 기간에는 집중력 흐트러지지 않게 사람을 안 만나고 있는데 시험 끝나고 연락드려도 괜찮을까요?"라는 무적 방패인 공부 핑계를 댄다.

## 3. 마음의 여유가 없다고 한다

"죄송해요. 요즘 제가 마음에 여유가 없어서 사람을 잘 안 만나고 있어요. 이유는 다음에 기회 되면 말씀드릴게요."라고 말한다. 마음에 여유가 없다고까지 말하는데 억지로 끌어낼 사람은 없을 것이다. 대신 이런 경우에는 상대방이 '무슨 심각한 일 있나?' 하고 걱정하는 경우도 있으므로 핑계가 아닌 정말로 내 마음의 여유가 없을 때 사용하는 것이 좋다.

## 4. 티타임은 어떠냐고 묻는다

몇 번 거절했는데도 끈질기게 연락하는 경우도 있다. 이미 여러 핑계를 댄 상태라 또 다른 핑계를 대며 거절했을 때 상대방의 기분이 상할 염려가 된다면 '밥' 말고 '차'를 제안한다. "제가 요즘 일 때문에 오래 시간 내기가 어려워서요. 간단히 티타임은 어떠세요?" 밥 먹는 건 음식 나오는 데 시간 걸리고, 음식 씹느라 천천히 이야기해서 시간 걸리고, 음식의 양이 많아서 다 먹는 데까지 시간이 걸린다. 하지만 차는 금방 나오고 금방 마실 수 있으니 시간을 줄일 수 있다.

# 2

# 약속을 잘 안 지킬 때

- A야, 미안! 나 15분 정도 늦을 것 같아. 어디 들어가서 기다리고 있을래? 밖에서 기다리기 다리 아프잖아. 너 가고 싶은 곳 아무 데나 들어가 있으면 내가 그쪽으로 갈게.

- 으아… 어떡해. 우리 오늘 만나기로 했는데 나 중요한 일이 생겨버려서 약속 취소해야 될 것 같아. 진짜 미안해! 다음에 내가 밥 살게.

- 이 근처에서 친구들이 놀고 있다는데 나 그쪽으로 가봐도 될까? 오늘 우리 놀 만큼 놀았지? 더 할 거 있어?

친구가 나와의 약속을 존중해주지 않으면 나를 소중하게 생각하지 않는 것 같은 기분이 든다. 누군가에게는 그깟 약속일지 몰라도 나에게는 약속 하나하나가 다 소중한데 말이다. 그런데 "기분 나쁘다.", "칼같이 지켜라.", "다음부터 너랑 약속 안 잡는다."라고 하기에는 친구와의 약속이 공적이지 않다 보니 강제성이 없어 세게 말하기 어렵다. 자칫 친구를 이해 못 해주는 깍쟁이가 될 수 있다.

### 1. 당일에 약속을 취소하는 경우

특별한 이유 없이 자기가 다른 약속과 착각해서 취소하거나 나보다 더 만나고 싶은 사람이 생겨서 취소하는 경우에는 인간 대 인간으로서 예의가 없는 행동이다. 그 친구는 '친구니까 이해해주겠지'라고 생각하며 이해를 바라지만 친구니까 더더욱 그러면 안 되는 것이다. 당일 약속 취소는 경조사, 건강, 천재지변이 아니라면 웬만하면 다 실례이다.

### 2. 매번 약속에 지각하는 경우

늦는 친구는 계속 늦는다. 이 친구가 정각에 올 거라는 기대조차 하면 안 된다. 그러니 둘이서 만나는 경우에는 나도 그냥 늦게 나가버리고, 여럿이서 만나는데 유독 그 친구만 늦는 경우에는 그 친구한테만 시간을 다르게 공지한다. 그 친구한테는 6시에 만나자 이야기하고 다른 친구들한테는 따로 6시 30분까지 오라고 하는 것이다. 그렇게 하는 게 친구를 은근히 따돌리는 것 같아서 불편하다면 그 친구를 기다리지 말고 먼저 식당에 들어가서 식사를 시작한다.

### 3. 나랑 있다가 새로운 약속 생겼다고 가버리는 경우

점심을 먹은 뒤 카페에서 음료를 마시며 이야기를 나누고 있는데 갑자기 "어?

나 선미가 근처라고 오라는데 가도 돼?"라고 얘기하며 후다닥 짐을 싸는 경우가 있다. 이런 친구는 극외향형이고 다양한 사람을 만나는 걸 좋아하는 친구일 확률이 높다. 한사람과 한자리에 오래 있기보다는 다양한 사람과 다양한 자리에 가는 걸 선호하는 친구이다. 그러니 이 친구와 약속을 잡을 때는 간단히 짧게 약속을 잡고, 가고 싶어 할 때 쿨하게 보내주는 게 좋다.

## 4. 일방적으로 약속 장소와 시간을 정하는 경우

약속을 일방적으로 잡는 친구가 있다. "나 일산 사니까 거기 너무 멀어. 홍대에서 봐. 홍대가 더 재밌어." "12시는 너무 일러. 1시에 봐. 12시에 보면 나 못 나가." 약속은 서로 양해를 구하며 조율하는 것인데 제멋대로 잡는 것이다. 친구가 막무가내로 나오면 단호하게 알려주자. "시간이랑 장소는 서로 조율하며 정하자." 잘 타일렀음에도 친구가 계속 일방적인 말투로 대한다면 그 친구와 약속 잡는 횟수를 줄이자. 친구도 불편하고 나도 불편하고. 대체 누굴 위한 약속인가.

# 3

# 매사에 부정적으로 말할 때

A: 이번에 회사 옮겼는데 팀원들 다 좋은 것 같아.

B: 조금만 지나봐. 다 똑같을걸?

A: 첫 자취라 요리 열심히 해 먹는 중이야.

B: 그거 곧 질려서 배달 음식 시켜 먹게 된다?

A: 나 이번에 유튜브 해보려고!

B: 유튜브는 개나 소나 다 하는 거 아니야?

말만 꺼냈다 하면 기를 쓰며 맞받아치는 사람이 있다. 거기에 기분이 상해 "왜 그렇게 부정적으로 말해?"라고 따지면 자기는 부정적으로 말하는 게 아니라 사실을 말해주는 거라며, 주변에 자기처럼 팩트 꽂아주는 사람도 있어야 한다며, 자신을 필요한 사람이라고 어필한다. 나는 팩트 체크를 바라는 게 아닌데 말이다.

### 1. 뚫을 수 없는 가치관이라는 걸 보여준다

부정적인 기운이 스며들지 못하도록 단단한 나의 가치관을 보여준다. "뭐 어때." "해보는 거지." "지금이 좋은 게 나는 더 중요해." 모든 방패를 뚫을 수 있는 창을 가져오면 모든 창을 막을 수 있는 방패를 내밀면 된다. '너는 외쳐라, 나는 해낼 테니!', '네 생각은 그래? 내 생각은 이래!'와 같은 마인드를 장착하고 맑은 눈의 광인이 되어보자. '얘는 건들면 안 되겠다' 싶게끔 말이다.

### 2. 대충 애매하게 대답하고 넘어간다

무슨 말을 해도 부정적으로 맞받아치는 친구는 고집이 셀 확률이 높다. 고집 센 사람과 의견을 대립해봤자 나만 피곤하다. "맞아, 그럴 수도 있지.", "아, 그렇구나.", "흠, 그렇게 생각할 수도 있지." 하고 상대방이 꼬리를 물지 못하도록 애매하게 대답한 뒤 말하고 있던 주제에서 벗어난다. 싸우려고 달려드는 사람을 꺾는 방법은 내가 더 강한 펀치를 날리는 게 아니라 싸울 의지가 없다는 걸 보여주는 것이다. 혼자 열 올라서 씩씩거리는 게 제일 짜증 나는 법이니까.

### 3. 미친 긍정을 보여준다

매사에 부정적인 사람은 언제나 긍정적인 사람을 부러워하는 경향이 있다. 겉으로는 "너는 머릿속이 꽃밭이니?"라고 비꼬아도 속으로는 '쟤는 어떻게 저렇게 긍정적일까? 나였으면 저렇게 생각할 수 없었을 텐데… 긍정적이면 좋긴 하겠다'라고 질투한다. 극단적인 부정에는 극단적인 긍정으로 응수한다. "괜찮아. 그럼 그때 가서 생각하지 뭐~." 내 머릿속은 꽃밭 그 자체이니 그 어떤 말로도 흑백으로 만들 수 없다는 걸 보여준다.

## 4. 유쾌하게 받아친다

부정적인 사람조차 절레절레하며 피식 웃을 수 있도록 유쾌하게 받아친다. "그거 개나 소나 다 하는 거 아니야?"라고 비꼬면 "응, 어디 한번 개가 되어보려고."라고 대답하자. 어이가 없어서 말문이 턱 막히게 하여 입을 막는 전략이다. 그러면 상대방도 자신과 나 사이에 벽이 있다고 느껴져서 더 이상 조종하려 하지 않을 것이다.

### 부정적으로 말하는 사람 특징

1. 마음속에 어두운 열등감이 있다
2. 자신이 세상에서 가장 똑똑하다고 생각한다
3. 부정적인 기운이 가득하다
4. 현실을 간파하고 있다고 생각한다
5. 부정적인 가정 환경 속에서 자랐다
6. 실패를 많이 해봤다
7. 스스로의 힘으로 이겨내본 적이 없다

**4**

## 급한 사정을 이야기하며
## 돈 빌려달라고 할 때

친구 지인

"A야, 안녕! 정말 오랜만이다. 너무 갑자기 연락해서 당황했지? 사실은

내가 사업을 하다가 말아먹어서 압류딱지 붙고 난리가 났어. 한 500만

원 정도만 빌려주면 급한 불은 끌 수 있을 것 같은데 혹시 도와줄 수 있을

까? 500만 원만 있으면 그래도 압류당한 건 풀어줄 수 있다고 하는데,

이것만 해결되면 숨통이 트일 것 같아. 500만 원만 어떻게 안 될까? 내가

아직 거래처에 돈을 못 받은 게 있어서 그것만 받으면 바로 네 돈부터 갚

을게."

친구 사이에 돈거래는 하지 않는 게 우정을 지키는 길이라는 건 옛날부터 내려오던 불문율이었다. 돈을 빌려주기 전에는 마치 곧 갚을 것처럼 구체적으로 계획까지 읊으며 신뢰도를 올리지만 돈 갚는 날짜가 지나면 언제 그랬냐는 듯 갑자기 예상치도 못한 변수가 생겨서 갚을 돈이 지금 당장은 없다고 말한다. 분명 돈을 빌려줄 때는 내가 갑이었는데 어느 순간부턴가 언제 갚을 거냐고 닦달하며 나도 상황이 여의치 않으니 얼른 갚아달라고 사정하고 있는 을이 되어 있다. 이럴 때 돈도 돈이지만 믿었던 친구에게 배신당한 내 모습을 보며 상처받기 때문에 친구 사이에 돈거래를 하지 말라고 하는 것이다. 그렇지만 얼마나 급하면 돈 빌려달라는 이야기를 꺼냈을까. 친구의 부탁을 칼같이 거절하기보다는 단계별로 차근차근 거절해보자. 대부분 돈을 빌릴 땐 거절당할 각오를 하고 연락하는 것이기 때문에 거절이 의외의 대답이 아니니 괜찮다.

## 1단계. 어려워진 상황에 공감해주기

돈 빌려줄 마음이 없더라도 시작부터 딱 잘라 거절하면 너무 정 없게 느껴질 수 있다. 돈은 못 빌려주더라도 마음은 줄 수 있지 않은가. "아이고, 갑자기 일이 그렇게 됐구나. 얼마나 당황스러웠니."라고 공감해주며 위로부터 한다.

## 2단계. 말 꺼낸 상대방의 입장을 이해해주기

돈 빌려달라는 말은 자존심을 땅바닥에 내려놓고 꺼낸 부탁이다. 그 입장을 이해해준다면 돈 빌려주는 걸 거절하더라도 친구가 덜 무안할 것이다. "돈 빌려달라는 말 꺼내기 참 힘들었을 텐데. 나도 어려웠던 적이 있어서 충분히 이해해. 연락하기 쉽지 않았을 텐데 그래도 그런 상황에서 나를 떠올려줬다는 게 기뻐."

### 3-1단계. 완전히 거절할 것이라면

나도 돈이 없다고 한다. 작은 사업 하나 벌였다가 실패해서 돈 갚고 있다, 부모님 도와드리느라 모아둔 돈이 없다, 이사한 지 얼마 안 돼서 전세금에 목돈이 다 들어갔다, 주식하다가 다 날렸다, 동생 빚 갚아주느라 현재 돈이 없다 등 댈 수 있는 이유는 많다.

### 3-2단계. 완전히 거절하지 못할 만큼 정말 친한 관계라면

돈을 빌려주는 게 아니라 내가 무리하지 않는 선에서 그냥 줘버려라. 돈으로도 살 수 없는 게 우정이다. 그동안 친구 덕에 즐거웠고 행복했던 기억들이 분명 있을 것이다. 그에 대한 고마움이라 생각하며 돈을 주는 것이다. 예를 들어 친구에게 100만 원을 주면서 "내가 가지고 있는 돈이 이것밖에 없는데 대신 이 돈은 빌려주는 거 아니고 그냥 주는 거니까 안 갚아도 돼. 더 많이 주고 싶은데 이것밖에 못 줘서 미안해. 잘 이겨내기를 진심으로 바랄게." 돈을 빌려주면 내가 받아야 될 게 있으니 관계가 복잡해지지만 그냥 줘버리면 더 이상 얽혀 있는 게 없기 때문에 관계가 복잡해질 일이 없다.

# 연애/결혼/출산으로 환경이 바뀌었을 때

- 이번 여름에 나는 같이 여행 못 갈 듯~ 너희끼리 다녀와. 나는 애인이랑 가기로 했어. 나 휴가 두 번 못 빼는 거 알잖아.

- 나 이제 슬슬 집에 들어가야 될 것 같아. 저녁은 남편이랑 먹기로 해서. 2차는 다음에 가자.

- 우리 오늘 보기로 했잖아. 애가 갑자기 아파서 소아과 가봐야 할 것 같아. 애 상태 괜찮아지면 내가 다시 연락할게. 미안해~

솔로일 때와 커플일 때, 미혼일 때와 기혼일 때, 아이가 없을 때와 아이가 있을 때. 인생을 살면서 환경이 크게 바뀌면 그 전과 똑같이 지낼 수는 없다는 것을 머리로는 안다. 나랑 친구랑 같이 바뀌면 공감 대가 형성되니 서운할 일이 없는데, 나는 그대로인데 친구만 바뀌면 종종 마음이 서운해지곤 한다. 사랑과 우정을 놓고 저울질하고 싶지는 않지만 나와 오래도록 함께한 친구를 잃은 것 같아 헛헛해진다.

## 1. 그럼에도 친구니까 이해해준다

이해를 해주면 이해를 받는 날도 온다. 언제까지나 나도 그대로일 수는 없다. 어떤 식으로든 환경이 바뀌기 마련이다. 새로운 환경에서 새로운 삶으로 나아가고 있는 친구를 응원해주자. 나의 서운함은 그다음이다. 친구가 못 사는 것보다는 잘 사는 게 낫지 않은가. 못 살아서 나를 힘들게 하기보다는 잘 살아서 나를 서운하게 하는 게 더 낫다.

## 2. 약속 전에 물어본다

오늘 우리가 함께 보낼 하루를 미리 그려본다면 실망감이 줄어든다. 오늘 몇 시까지 놀 건지, 뭐 하고 놀 건지, 언제 헤어져야 하는지. 갑자기 가야 한다거나 못한다고 하면 당혹스럽지만 미리 친구와 "우리 오늘 몇 시까지 놀아?", "나는 저녁은 신랑이랑 먹어야 될 것 같아." 하는 대화를 주고받고 저녁이 되기 전에 친구가 집에 가는 상황을 예상할 수 있다면 끄덕끄덕하며 보내줄 수 있다.

## 3. 친구가 여유 있을 때까지 다른 사람과 친하게 지낸다

연애, 결혼, 출산, 이사, 이직 등 상황이 바뀐 직후에는 그 누구도 여유가 없다. 에너지도 없고 시간도 없고 돈도 없다. 하지만 연애도 좀 지나면 친구 만나러 차츰 나오고, 결혼도 신혼 기간 끝나면 친구 만나러 차츰 나오고, 아이도 어린이집 들어가면 차츰 여유가 생긴다. 바뀐 상황에 적응하면 친구는 부메랑처럼 다시 돌아오니 그때까지는 다른 사람과 친하게 지내며 우정을 채우자.

## 4. 약속을 띄엄띄엄 잡는다

만나는 약속을 자주 잡으면 '얘는 자주 보니까 이번 약속은 미뤄도 되겠지. 다음에 보면 되잖아. 곧 볼 건데 뭐!'라는 생각이 무의식적으로 들 수 있다. 일 년에 한 번 만나는 친구와 한 달에 한 번 만나는 친구, 이 둘의 무게가 다르게 느껴질 수 있으니까. 일 년에 한 번인 약속이면 어떡하든 그 약속을 지키려고 할 것이다. 나와의 약속을 뒷전으로 여기는 것 같아서 서운하다면 약속을 띄엄띄엄 잡아보자.

# 자기 얘기만 하고
# 내 말은 듣는 둥 마는 둥 할 때

A: (중략) 그거 때문에 월요일부터 기분 망쳐가지고 주말까지 버티느라

얼마나 힘들었는데….

B: 나도 이번 주에 완전 회사에서 깨져서 출근하기 진짜 싫었다니까? 아

니, 우리 회사에 새로 들어온 신입이 있는데 걔가 딱 봐도 안 되는 일을

가지고 자기가 해보겠다고 우기는 거야. 내가 그렇게 하면 안 될 거라고

얘기를 해도 꾸역꾸역 하겠다고 하더라고.

A: 아, 진짜?

각자 바빠서 자주 못 만나다가 드디어 일정이 맞아서 만난 주말, 서로의 근황을 공유하며 그동안 힘들었던 일들을 털어놓고 스트레스를 풀려고 했다. 친구가 먼저 자기 힘든 이야기보따리를 풀어헤쳤고 그 얘기에 공감이 되든 안 되든 친구니까 진지하게 들어주며 반응을 했다. 자고로 대화란 주고받는 것 아닌가. 친구의 얘기가 끝나면 다음은 내 차례이니 타이밍을 잘 맞춰서 내 이야기를 시작했는데 친구는 내 이야기에 듣는 둥 마는 둥 한다. 동공 풀린 표정에 형식적인 리액션. 친구와 이야기할 맛이 뚝 떨어진다.

### 1. 다음 이야기로 넘어간다

사람마다 재미있게 이야기하는 분야가 다 다르다. 내가 이 얘기를 재미없게 하는 사람일 수도 있다. '이 얘기는 친구한테는 조금 지루한가 보다'라고 생각하며 빠르게 다음 이야기로 넘어간다. 나는 수학을 별로 안 좋아하는데 친구가 수학 문제 푸는 이야기만 계속하면 지루하듯이 친구도 공감이 안 가는 대화 분야가 있을 수 있음을 받아들이자.

### 2. 주의를 환기시킨다

앞에서 사람이 말하는데 눈에 초점이 없거나 핸드폰을 계속 만지작거린다면 한 번은 일침을 가한다. "내 말 듣고 있어?" 이때 삐딱한 억양으로 말하기보다는 불쌍한 고양이 표정을 지으며 서운하다는 듯 말하는 게 핵심이다. 짜증 내듯이 말하면 '거참, 핸드폰 좀 할 수도 있지'라는 생각이 들지만 속상하다는 듯이 말하면 '내가 힘든 애 앞에 두고 무슨 짓을!' 하는 생각이 들어 내 이야기에 집중해준다.

### 3. 친구의 생각을 묻는다

자기 얘기만 와다다 쏟아내는 사람이 있다. 그러면 듣고 있는 사람 입장에서는 '우리가 대화를 하고 있는 게 맞나?' 하는 기분이 든다. 대화 중 어느 틈에 끼어들어야 될지도 모르겠고, 늘어지게 이야기하니까 대화에 집중도 잘 안된다. 그러니 내 얘기가 길다 싶으면 대화 중간중간에 "너는 어떻게 생각해?"라고 물으며 친구도 대화에 낄 수 있도록 틈을 만들어준다.

### 4. 새로운 수다 친구를 찾는다

친구마다 결이 다 다르다. 어떤 친구와는 쇼핑 스타일이 잘 맞고, 어떤 친구와는 여행 스타일이 잘 맞고, 어떤 친구와는 음식 스타일이 잘 맞는다. 나랑 수다 스타일이 잘 맞는 새로운 친구를 찾아보자. 사람마다 좋아하는 수다 스타일이 다르다. 어떤 사람은 자기 얘기 하는 건 내키지 않지만 남 얘기 듣는 건 좋아하고, 어떤 사람은 남 얘기에는 관심이 없어서 자기 얘기만 쏟아내는 걸 좋아하고, 어떤 사람은 주고받으며 티키타카가 잘되는 걸 좋아한다. 옳고 그른 건 없으니 나와 수다 스타일이 잘 맞는 친구를 찾아서 수다는 그 친구와 떨고, 수다 스타일이 안 맞는 친구와는 다른 재미있는 걸 함께하자.

# 7

# 함께 여행을 갈 때

- 난 커피 못 마셔서 카페 가는 거 별로 안 좋아하는데. 여행까지 와서 카페에서 시간 보내야 해? 다른 곳 돌아다니는 게 더 낫지 않아?

- 우리 그냥 택시 타면 안 돼? 다리가 너무 아프다. 날씨도 별로 안 좋고. 버스 기다리는 시간이 너무 아까워. n분의 1로 내면 택시 타나 버스 타나 비슷해.

- 일정 너무 빡빡한 거 아니야? 아침부터 일어나서 돌아다니자고? 너무 피곤하지 않을까? 오후만 되어도 쓰러질 것 같은데?

친구랑 주말에 만나서 9시간, 10시간 놀아도 트러블이 없었는데 1박 이상 여행을 가니까 문제가 생길 때가 있다. 만나서 노는 건 딱히 무언가를 찾아보지 않아도 되고, 돈도 많이 안 써도 되고, 아무리 오래 놀아도 결국에는 다 자기 집으로 가니까 불만이 있어도 참고 넘어갈 수 있는데 여행은 계속 무언가를 해야 하고, 지출도 크고, 며칠 밤을 같이 자야 하니까 속에 쌓여서 마찰이 생기는 것이다.

## 1. 여행 스타일에 관해 미리 대화 나누기

어떤 사람은 카페에서 수다 떠는 걸 시간 낭비라고 생각하고, 어떤 사람은 맛집이 다 거기서 거기지 무슨 1시간 넘게 웨이팅을 하냐고 생각하고, 어떤 사람은 일정 빡빡하게 짜는 게 고행이지 무슨 여행이냐고 생각하기도 한다. 틀린 게 아니라 다른 것이니 각자의 스타일에 대해 대화를 나누는 시간을 충분히 가진다.

## 2. 총무는 미리 정하기

기념품 같은 건 각자 계산한다지만 같이 먹은 음식, 같이 탄 택시, 같이 잔 숙소 등은 한 사람이 총대를 메고 결제해야 나중에 정산하기가 편하다. 하지만 총무를 원해서 하는 사람은 거의 없을 것이다. 다들 안 하려고 하니까 어쩔 수 없이 떠밀려 맡는 경우가 대부분이다. 그러면 결국 누군가는 불편한 여행이 되니 사다리 타기 등으로 총무를 미리 정하자.

## 3. 준비는 내가 한다고 생각하기

'얘가 가져오겠지', '얘가 알아보겠지'라고 친구에게 미루다가는 여행이 엉망진창이 될 수 있다. 아무도 안 챙기고 아무도 안 찾는 상황이 벌써 그려진다. 이왕 같이 여행 가기로 한 거 하나라도 내가 더 챙겨서 가고 하나라도 내가 더 찾아서 가자. 나로 인해 친구가 조금이라도 편해질 수 있다면 그 얼마나 큰 기쁨인가.

## 4. 안 맞으면 여행 안 가기

꼭 그 친구랑 여행을 가야 하는 건 아니다. 여행은 혼자서도 갈 수 있고, 가족과도 갈 수 있고, 애인과도 갈 수 있다. 여행 스타일이 안 맞으면 그 친구와는 여행을 안 가면 된다. 여행만 안 가면 다 괜찮은 친구인데 굳이 돈과 시간을 쓰면서 우정을 파괴할 이유가 없다.

## 여행 스타일 비교하기

1. 숙소는 비싸더라도 좋은 곳 가기 vs 아껴서 맛있는 거 먹기
2. 경비는 지출 금액을 정하기 vs 쓰고 싶은 대로 쓰기
3. 짐 쌀 때 체크리스트 작성하기 vs 손에 닿는 대로 넣기
4. 웨이팅은 1시간 미만 가능 vs 1시간 초과 가능
5. 식당은 유명한 맛집 vs 현지인 맛집
6. 계획은 세세하게 vs 숙소와 교통만 해결되면 끝
7. 여행지에서 만난 사람과 합석 가능 vs 불가능
8. 일정은 촘촘하게 vs 여유롭게

**8**

## 애인이랑 싸울 때마다 하소연할 때

친구지인

A: 이번에는 진짜 헤어질까 봐. 네가 봐도 우리 정말 안 맞는 것 같지? 내

일 헤어지자고 해야겠다.

(다음 주)

B: 뭐야, 너희 헤어졌다고 하지 않았어?

A: 아, 우리 다시 사귀기로 했어. 무릎 꿇고 싹싹 빌더라고. 내가 마음이

약한 게 죄다, 죄!

B: (뭐야, 울고불고하는 거 2시간 넘게 들어줬더니…)

몇 시간 동안 기껏 연애 상담해주고, 울고불고하는 거 달래며 조언해줬는데 얼마 안 가 없던 일로 만들어버리는 친구. 이럴 거면 대체 나에게 왜 물어본 건지. 그래, 본인 연애니까 본인 마음대로 선택할 수 있는 건데 이러고 나서 애인이랑 싸우면 또 나한테 연락해서는 하소연을 하니 마치 내가 애인한테 못 할 말을 들어주는 쓰레기통이 된 기분이다. 게다가 나도 내 시간 써가며 하소연 들어줬는데 고맙다, 미안하다 말이라도 한마디 해주면 어디가 덧나나. 그런 것도 없이 입 싹 닫고 자기들끼리 룰루랄라 드라마 속 주인공처럼 붙었다 떨어졌다 반복하며 만나는 게 어이없다.

## 1. 핑계를 대고 연락을 피한다

다른 이야기면 듣기 싫을 때 다른 화제로 말을 돌리면 되는데 친구가 심각한 이야기를 하고 있으면 화제를 전환하기가 쉽지 않다. 이럴 땐 피하는 게 상책이다. "나 A랑 헤어졌어."라고 입을 떼는 순간 "아, 진짜? 근데 어떡하지? 나 지금 친구 만나고 있어서 통화하기가 어려운데 이따가 연락해도 될까?"라고 피한다. 그러면 아마 그 친구는 하소연할 다른 친구를 찾아 떠날 테고 며칠 지나면 A와 다시 잘 만나고 있는 모습을 볼 수 있을 것이다.

## 2. 연애에 질렸다고 한다

가까운 사이라면 솔직하게 불편하다고 이야기한다. "B야, 정말 미안한데 내가 요새 돈 버느라 바빠서 연애 얘기 듣는 게 조금 힘들어졌어. 삶이 너무 팍팍하다 보니 사랑 따위 뭔가 싫다." 친구라면 친구의 하소연을 들어줄 수도 있지만, 반대로 친구가 듣기 싫어하는 이야기를 삼가줄 수도 있어야 한다. 친구는 이때까지 내가 전부 다 들어주니까 '얘한테는 이런 얘기 해도 괜찮구나'라고 받아들이고 나에게 계속 말하는 것이다. 나의 불호를 몰라서 저지르는 일이니 친구가 조심할 수 있도록 불편하면 불편하다고 솔직하게 털어놓자.

## 3. 감정 소모를 뺀다

친구의 하소연을 외면하기가 어려워 전화기를 붙들고 있어야 하면 최대한 감정을 빼고 들어준다. "어, 그래.", "헐, 걔는 왜 그랬대?", "미친 거 아니야?"와 같이 '네 얘기를 듣고 있어'라고 느껴지는 리액션만 잘해도 친구는 혼자서 술술 털어놓을 것이다. 그리고 이런 하소연은 대부분 해결책을 바라고 늘어놓는 게 아니라 나의 가장 약한 모습을 보여줘도 괜찮은 친한 친구에게 불안함 없이 속내를 다 보여주고 싶어서 하는 거라 들어주기만 해도 괜찮다.

# 룸메이트와 생활 방식이 다를 때

- 밤 12시가 넘었는데 통화하는 건 너무한 거 아니야?

- 거실에서 밥 먹었으면 환기 좀 시키고 나가지. 음식 냄새가 잔뜩 남아

있잖아?

- 같이 쓰는 공간인데 나한테 미리 말도 안 하고 자기 친구를 데려와?

- 샤워하고 나서 화장실 바닥에 떨어진 자기 머리카락은 줍고 나와야

하는 거 아니야?

자취방에서 친구와 같이 사는 경우, 대학교 기숙사에서 학교 사람과 같이 사는 경우, 형제자매가 집을 얻어 같이 사는 경우 등 비슷한 또래와 동거를 할 때가 있다. 같이 살기 전에는 혼자 사는 것보다는 덜 외로울 것 같고, 맨날 같이 야식도 먹고, 필요한 일 있으면 도와주고. 이런 청춘 드라마에서 보던 환상의 동거 생활이 될 것만 같다. 성격이 좋아서, 너무 친해서, 잘 맞아서 등의 이유로 동거를 결정했지만 막상 살아보면 완전히 달라진다. 자주 만나서 노는 거랑 삶을 함께하는 건 엄연히 다르기 때문이다.

## 1. 규칙 정하기

우리가 너무 잘 맞아서 동거를 하게 된 거라 규칙 따위 필요 없다고 생각할 수도 있다. 하지만 그건 매우 안일한 생각이다. 같이 사는 건 생활 습관이 비슷해야 한다. 친한 것과는 별개의 문제이다. 미치도록 사랑해서 결혼한 부부도 생활 습관이 맞지 않아 자주 다툰다. 소중한 우정을 지키기 위해서는 더욱 확실한 규칙을 정해 서로의 감정이 상하지 않도록 조심한다.

## 2. 바로바로 말하기

쌓아두고 말하면 좋게 표현할 수 있는 일인데도 서운한 감정을 가득 담아 와다다 쏟아내게 된다. 매일매일 겪는 일이기 때문에 참는다고 참아지는 게 아니다. 참는 게 능사가 아니다. 바로바로 말하지 않고 시간이 지난 뒤에 말하면 상대방은 기억을 못 할 수도 있고 기억이 난다 해도 '아니, 한참 지난 일 가지고 이제 와서 왜 저러지?' 하는 의문이 들 수 있다.

## 3. 정기적인 회의 가지기

바로바로 말하는 게 성격상 어렵다면 정기적으로 회의 시간을 가진다. 일주일에 한 번, 격주에 한 번, 한 달에 한 번 등 적당한 기간을 정한다. 회의 시간에는 그간의 생활을 되돌아보며 어떤 점이 좋았고 어떤 점이 불편했는지 허심탄회하게 털어놓는다. 가볍게 술을 한잔하면서 얘기하는 것도 괜찮다. 필요한 규칙이 있다면 다시 정하고 불필요한 규칙이 있다면 지우는 작업도 이때 하면 좋다.

## 4. 어느 정도는 다름을 이해하기

동거를 하기로 결심한 이상 불편함은 어느 정도 감수해야 한다. 다른 환경에서 자라온 두 사람이 같이 사는데 어떻게 딱 맞으랴. '이런 부분은 나랑 다르구나. 내가 맞춰야겠다'라는 마음가짐을 기본으로 깔고 있어야 한다. 다름을 인정하지 못한다면 차라리 동거는 하지 않는 게 좋다. 돈 아끼려다 우정을 버리게 되니 말이다.

---

### 룸메이트 규칙 정하기

1. 외부인을 들이는 건 어떻게 할지
2. 공용 물건은 어디까지 공동 구매 할지
3. 같이 쓸 수 있는 것과 같이 쓸 수 없는 것은 무엇인지
4. 샤워하는 시간은 언제인지
5. 거실 조명은 몇 시까지 꼭 꺼야 하는지
6. 음식을 먹고 바로 치우는지 나중에 치우는지
7. 공용 공간(화장실, 현관, 주방 등) 청소는 어떻게 할지
8. 소음에 어느 정도 예민한지

# 10

## 밝히고 싶지 않은
## 재정적인 부분을 질문할 때

친구
지인

A: 야, 너 자동차 바꿨어? 사업 시작하더니 잘되나 보네? 연 매출 잘 나

와? 얼마나 나와?

B: 아냐, 사업하니까 자동차 필요해서 바꾼 거야. 평범하게 그럭저럭 돼.

A: 평범하게 그럭저럭 되는데 자동차를 어떻게 바꿔? 얼마나 버는데 이렇

게 꽁꽁 숨겨?

B: 나도 너한테 네 월급 안 물어보잖아.

A: 내 월급? 320만 원! 자, 됐지? 빨리 너도 시원하게 밝혀.

궁금하면 물어볼 수는 있다. 그런데 곤란한 티를 내며 적당히 둘러대면 거기서 멈추고 그만 물어봐야 하지 않을까? 타인에게 군이 말하고 싶지 않은 부분도 있는 법이다. 순수하게 궁금해서 그런다고 하지만 그렇게까지 집요하게 물어보는 이유는 그 속에 나를 평가하고 싶은 마음이 있어서가 아닐까? 나에게 도움을 주기 위해 진심으로 물어보는 거면 모르겠지만 고작 타인의 궁금증 하나를 풀어주기 위해 내 마음을 불편하게 만들고 싶지는 않다.

## 1. 시기를 보는 중이라고 한다

아직은 시기상 불안정해서 조금 더 자리 잡고 확실하게 말할 수 있을 때 너에게 제일 먼저 말해주겠다고 한다. 너에게 제일 먼저 말해주겠다고 표현하면 '지금 말 안 해주는 게 서운하긴 하지만 그래도 내가 얘의 절친이긴 하구나'라고 받아들여지니 서운한 마음보다 으쓱한 마음이 조금 더 클 것이다. 친구의 입에서 "그래, 너 말할 수 있을 때 나한테 제일 먼저 말하기다."라는 말이 나온다면 작전 성공이다.

## 2. 평소에 없는 척하며 산다

"자동차 바꿨어?", "요즘 사업 잘되나 봐?", "이거 명품 아니야?"와 같은 질문들은 결국 내가 보여준 행동이나 내가 뱉은 말로부터 나올 수 있는 반응이다. 딱히 물어볼 것도 없게 지내는 게 최고로 편하다. 나보다 가진 게 많아 보이면 샘이 나는 게 보통의 사람이다. 없는 척하면서 살면 시기의 대상이 되지 않으니 친구를 만나러 갈 땐 최대한 수수하게 가고 말조심을 하자.

## 3. 친할수록 더 존중해달라고 한다

꼭 민감한 부분을 질문할 때는 "야! 우리 사이에 뭘 숨겨? 친하니까 말해줘!"라고 핑계를 댄다. 그럴 땐 "친하니까 존중해줘. 친할수록 친구가 말 안 하고 싶어하는 부분은 모른 척해줘야 하는 거 아니야?"라고 받아친다. 친구니까 궁금해서 물어보는 너의 마음을 이해할 테니 친구니까 부담스러워서 말하고 싶지 않은 나의 마음도 이해해주길 바란다고.

## 4. 내 것이 아니라 은행 것이라고 한다

좋은 집으로 이사하거나 좋은 자동차로 바꿨을 때 친구가 벌이를 놀라워한다면 "다 대출이야. 내 것 아니고 은행 것!"이라고 말한다. 그러면 친구가 "대출도 능력이지! 나 같은 사람한테는 대출도 안 나와."라고 말할 수도 있다. 그럴 땐 "그것도 맞는 말인데 결국 은행한테 다 가면 나한테 남는 게 없어. 요즘 허리띠 바짝 졸라매고 산다니까."라고 말한다.

# 11

## 친구들이 나 빼고 만난 걸 알았을 때

'왜 나한테는 같이 만나자는 얘기를 안 했지? 나도 주말에 약속 없었는데. 얘네 둘이 만난다는 말 없었던 것 같은데. 단톡방은 분명 조용했는데. 지난번 만남 때 내가 뭐 실수한 거 있나? 그러지 않고서야 나를 빼고 만날 이유가 없는데. 나 없이 둘이 무슨 얘기를 했을까? 왠지 소외된 기분이야'

셋이서 자주 만나는 모임이 있었다. 침대에 누워 친구들의 SNS를 쭉 훑어보고 있는데 A의 SNS 스토리에 사진 한 장이 올라와 있다. 완전 힙한 곳에서 세상 즐거운 표정을 지은 사진에 B를 태그한 뒤 '오늘 우리 최고였지?'라고 글을 남겼다. 다음 스토리로 넘겨보니 태그당한 B가 방금 그 게시글을 스토리에 추가하며 '너무 즐거웠던 하루!'라는 글로 정점을 찍는다.

## 1단계. 신경 쓰지 않기

냉정하게 말하자면 친구는 내 애인이 아니다. 나에게 말하지 않고 내가 아닌 다른 사람을 만날 수 있다. 고의적으로 왕따를 시키거나 괴롭히는 게 아니라면 문제 될 게 없다. '그래, 나 없이도 만날 수 있지!'라고 의연하게 넘겨보자.

## 2단계. 자기 합리화 하기

그런데 신경을 쓰지 않으려고 애를 써도 자꾸만 '왜 나는 안 불렀지?'라는 속상함이 차오를 수 있다. 그럴 때는 '내가 좋아하는 곳이 아니라서 초대를 안 했나 보다', '티켓이 두 장밖에 없었나 보다', '나 바쁜 거 알고 배려해줬나 보다' 하고 자기 합리화를 해본다.

## 3단계. 이유를 묻기

아무리 합리적인 이유를 만들어서 두둔해보려 해도 '나한테 한번 물어나 봐주지', '내가 혹시 기분 나쁘게 한 게 있었나?', '나랑 쟤네랑 취향이 안 맞는 건가?'라는 응어리가 계속 남는다면 직접 이유를 물어보자. "나한테도 연락 주지… 왜 안 불렀어?" 하고. 서운함이 크다면 그만큼 가까운 관계라는 거니까, 가깝다면 이유를 물어볼 수도 있는 사이다.

## 4단계. 서운하다고 말하기

친구들에게 나 빼고 간 이유를 들었는데도 납득이 안 가서 서운함이 가시질 않는다면 서운하다고 이야기를 한다. 다만 날카롭게 이야기하면 친구들이 당황하거나 도리어 친구들의 마음이 상할 수 있으니 "아, 그렇구나. 다음에는 같이 가자. 나도 그런 곳 가는 거 좋아해."라고 부드럽게 의사 표현을 하자.

## 5단계. 거기까지인 관계라고 생각하기

내가 원하는 만큼 그들과 가까이 지내고 싶지만 성향이 다르든 취향이 다르든, 하여튼 딱 맞지 않아서 가득 차는 우정을 느끼지 못한다면 그건 우리의 연결고리가 그렇게밖에 못 엮이는 것이다. 그 친구들과는 친하게 지내되 내 영혼의 단짝을 찾아 떠나면 된다. 그 친구들만이 내 인생 우정의 전부가 아니다.

### 인간관계로 고생하지 않는 마음가짐

1. 모두에게 사랑받을 수 없다
2. 나랑 똑같은 마음이 아닐 수 있다
3. 다 각자의 사정이 있는 법이다
4. 좋은 점을 보면 좋아지고 싫은 점을 보면 싫어진다
5. 특별한 이유 없이 나를 싫어할 수도 있다
6. 내가 다른 사람에게 상처 준 적도 있다
7. 사람에게 휘둘리면 내가 없어진다
8. 삶의 중심은 '나'여야 한다

# 12

## 친구에게 질투가 느껴질 때

- 이번에 휴가 내고 뉴욕 가서 한달살이나 해볼까 봐.


- 나 카페에서 연예인 A랑 마주쳤는데 나한테 다가와서는 번호를 달

라고 하더라고?


- 회사 이직 자리 알아본다고 하니까 여기저기서 나를 불러서 어디로

가야 될지 고민이야.


- 내 남자친구가 약사라 그런지 내가 아프다고 하니까 논문 다 뒤져서

나한테 맞는 약 찾아와주더라고.

나는 굴곡 깊은 삶을 사는데 친구의 삶은 평탄하기만 할 때, 내가 가지지 못한 것을 친구는 쉽게 가질 때, 나는 아직 제자리인데 친구는 계단을 밟고 위로 올라갈 때. 좋은 마음으로 축하해주자 다짐을 해도 뒷면에는 스멀스멀 어두운 질투심이 올라온다. '쟤는 꼭 저런 자랑을 내 앞에서 해야 하나?' 하는 날카로운 마음에 맞받아치고 싶다가도 '친구한테 이런 질투를 하다니. 나 참 못났다'라는 생각이 찾아와 나를 두 번 죽인다.

## 1. 인생은 원래 불공평하다는 것을 받아들이기

태어날 때부터 예쁘고 잘생긴 사람, 태어날 때부터 집안이 부자인 사람, 태어날 때부터 좋은 머리를 타고난 사람, 태어날 때부터 가정이 화목한 사람 등 태어날 때부터 갖춰진 조건은 어쩔 수가 없다. 인생은 원래 불공평하다. 나는 백 번을 해도 안 되는 것을 저 사람은 한 번에 해낼 수도 있다. 이건 그 친구의 잘못이 아니라 인생이 원래 그런 것이니 괜히 질투할 대상을 찾아 친구를 미워하지 말자.

## 2. 나는 내 삶, 너는 네 삶으로 구분하기

상대방이 잘나게 된다고 해서 내가 못나게 되는 것도 아니고, 내가 못나진다고 해서 상대방이 잘나지는 게 아니다. 상대방의 삶이 내 삶에 아무런 영향이 없음을 인지한다면 그 사람에게 질투 날 이유가 없다. 친구를 이겨야만 하는 경쟁 상대가 아닌 동반자라고 생각하자. 지금 그 동반자가 내 옆에서 자랑질을 해서 고까운 생각이 들기는 하지만 그 자랑 내용을 원동력 삼아 내 삶에 열정 한 스푼을 끼얹어보자.

### 3. 질투가 아닌 부러워하기

질투를 하면 상대방을 미워하고 깎아내리는 데 열중하지만, 부러워하면 상대방에게 닮고 싶은 점을 빠르게 찾아내어 배우려고 몰입한다. 내가 그 사람만큼 해내지 못하더라도 그 사람이 없었다면 해보지 못할 인생 경험을 할 수 있다. 질투를 하면 도태되지만 부러워하면 발전한다. '어휴, 재수 없어'가 아니라 '와, 진짜 멋지다'로 속마음을 바꿔보자.

### 4. 질투를 통해 내가 원하는 것을 들여다보기

내가 돈에 간절하다면 돈 많은 사람에게 질투 날 것이고, 내가 학벌에 간절하다면 학벌 좋은 사람에게 질투 날 것이고, 내가 외모에 간절하다면 외모가 뛰어난 사람에게 질투가 날 것이다. 반대로 화목한 가정이 간절하지 않다면 화목한 가정에서 자란 사람에게 질투 나지 않을 것이다. 질투가 향하는 방향을 확인하고 그 부분을 채우려 해보자. 내가 원하는 것을 메꾸려고 노력하다 보면 환경이 조금씩 나아질 것이기에 질투도 줄어들 것이다.

### 5. 가끔은 뒤도 돌아보기

앞만 보면 당연히 내가 질투할 대상만 보인다. 뒤를 보면 나를 질투하고 있는 사람도 보인다. 잔인한 말이지만 내가 아무리 모자라 보여도 뒤를 돌아보면 나보다 모자란 사람도 있다. 내 앞에만 사람이 있는 게 아니라 내 뒤에도 사람이 있다. 그렇게 질투도 하고 질투도 받으며 살아가는 것이 사람 사는 사회라는 걸 받아들이면 질투라는 감정이 줄어든다.

친구지인

# 13

# 친한 친구가 잠수 탔을 때

A: B야, 뭐 해?

B: (사라지지 않는 읽음 표시 1)

A: 요새 왜 이렇게 연락이 뜸해? SNS도 안 하고. 어디 아파?

B: (사라지지 않는 읽음 표시 1)

A: 잘 지내고 있는 거지?

B: (사라지지 않는 읽음 표시 1)

잘 만나고 잘 연락하며 지내던 친구가 갑자기 동굴 속으로 들어갔다면 그 친구의 인생이 잘 안 풀려서 마음이 어지러워졌을 확률이 높다. 이것저것 다 버리고 떠난 친구가 걱정되어 연락 한 통이라도 남기고 싶을 때, 어떤 말을 꺼내면 좋을까?

친구 지인

> **여기서 잠깐**
>
> 나를 믿지 못하거나 나를 의지할 수 있는 상대로 여기지 않아서 연락을 안 하는 게 아니니 친구에게 너무 서운해하지 말자. 자신의 우울을 남에게 전파하고 싶지도 않고, 남들도 다 힘들게 사는데 자신의 속사정을 들어달라고 부탁하기 미안하고, 아쉬운 소리 할 여유조차 없으니 전부 일시정지시킨 것뿐이다.

## 1. 나는 항상 그 자리에 있다

'마음 괜찮아지면 평소처럼 다시 연락해! 나도 평소처럼 연락받을 테니까' 동굴 갔다가 다시 세상 밖으로 나올 때 지인들에게 다시 연락하기 어색할 수 있는데 그런 거 신경 쓰지 말고 언제든 편하게 연락하라는 의미이다. 네가 우울해져서 나에게서 잠깐 멀어져도 나는 항상 서 있던 그 자리에 있으니 아무 일 없었다는 듯 다시 제자리로 오면 된다고 말해주는 것이다.

## 2. 우울을 언급하지 않는다

내가 우울할 때 상대방이 계속 우울하냐, 우울에는 뭐가 좋다더라, 우울할 땐 뭘 해야 한다더라, 이런 식으로 말하면 마치 빨리 우울에서 벗어나라고 종용하는 것처럼 느껴진다. 친구도 힘든 상황을 이겨내려고 부단히 노력하는 중일 텐데 나까지 재촉하지 말자. 맛있는 음식도 입안으로 막 욱여넣으면 뱉고 싶어진다.

2 1 1

### 3. 나의 장점은 가벼운 귀, 무거운 입이다

현명하게 조언을 해주거나 어려움에서 벗어날 수 있도록 현실적으로 도와주지는 못하지만 타인의 이야기를 들어주는 건 잘한다고 말하자. 친구의 이야기를 듣는 것이 부담스럽지 않다는 걸 먼저 말해주는 것이다. 그리고 입이 무거우니 친구가 말하는 건 딱 오늘 우리 둘 사이에서 끝날 대화라고 말하자. 자신의 불행을 이야기하면 그 이야기가 퍼져나갈까 봐 걱정돼서 입을 닫기도 하는데 그런 걱정을 차단해주는 것이다.

### 4. 아무 말 없이 옆에 있어준다

친구가 힘들어하고 있는 걸 깊게 아는 척하지 말고 '요즘 ○○가 제철이라는데 맛있는 거 먹으러 가자'라고 제안하자. 친구가 최대한 우울한 기분에서 벗어날 수 있도록 다른 주제의 이야기를 꺼내며 나랑 있는 시간 동안만큼은 전부 잊을 수 있도록 도와주는 것이다.

## 우울한 사람에게 하면 안 되는 말

1. 너만 힘든 거 아니야. 다 힘들게 살아
2. 인생 반도 안 살았는데 왜 그런 생각을 해
3. 힘내. 힘을 내야 뭐라도 해보지
4. 부정적으로 생각해서 그래. 긍정적으로 생각해
5. 그거 우울증 아니야. 예민하게 굴지 마
6. 다 괜찮아질 거야. 조금만 참아
7. 네 주변 사람들을 봐서라도 이겨내야지

# 14

## 나에게 이래라저래라 할 때

A: 저 지금 다니는 회사 도저히 못 다니겠어서 이직 준비 중이에요. ○○회

사에 서류 넣었더니 연락이 와서 다음 주에 면접 보러 가요.

B: 그 회사로 이직하게요? 거기 소문 별로 안 좋던데. A 씨 커리어 생각해

서라도 지금 회사에 있어요. 이건 사회생활 선배로서 하는 조언이에요. 그

나이에 직무까지 바꾸며 이직하는 건 너무 무리하는 거예요. 처음부터 다

시 공부해야 할 텐데 그러면 팀에서 메인 업무도 못 맡고 남들보다 커리

어 1, 2년씩 밀리는 거예요. 지금까지 쌓아온 게 너무 아깝다.

남의 인생에 감 놔라 배 놔라 하는 사람들이 꼭 있다. "다 너 잘 되라고 하는 말이야."로 포장된 간섭 말이다. 단발성의 조언은 '나를 챙겨주는구나' 하는 고마움이 생기는데 "알겠어요."라고 끝맺음을 했는데도 여러 번 그러면 그건 잔소리, 간섭, 참견, 훈수가 된다. 내가 알아서 할 텐데 자꾸만 들이미는 간섭은 어떻게 물리치면 좋을까?

## 1. 꼰대의 트리거 건들지 않기

"제가 알아서 해볼게요.", "저 혼자 일단 해볼게요."라고 자신만만한 태도를 보이면 꼰대의 입이 트이는 버튼이 눌릴 수 있으니 주의해야 한다. "네가 알아서 하긴 뭘 알아서 해. 알아서 못 하니까 내가 이런 말 해주는 거지." 또는 "너 혼자 못 해. 혼자 하다가 망하면 어떡하려고 그래?"와 같은 무적의 논리가 나온다. 교장 선생님의 훈화 말씀을 듣듯이 "네네." 하며 가만히 듣고만 있는 게 더 빠르게 끝날 수도 있다.

## 2. 짧게 답하기

말문이 더 트이지 않도록 "네!"라고 짧게 대답한다. 대화 끝에 "정말 감사합니다.", "그렇군요.", "아, 정말요?" 같은 리액션을 해주면 상대방은 자신의 말이 도움이 되는 줄 알고 줄줄이 계속해서 말한다. 그리고 그 사람의 말을 수용하는 듯한 반응을 보여놓고 그 사람의 조언대로 안 하면 나중에 '저번에 내가 그렇게 말해줬는데 왜 실천을 안 하지?'라며 혼자 서운해할 수 있다. 상대방이 꼬리에 꼬리를 물지 않도록 "네!"라고 딱 끊어준다.

## 3. '다음에' 활용하기

끊임없이 단답을 했음에도 계속 권유를 한다면 내가 필요할 때 조언을 요청하겠다고 정중히 말하자. "다음에 제가 정식으로 요청드리겠습니다."라고 말하며 상대방의 입에서 "그래요. 그럼 해보고 다음에 요청해요."라고 마무리 대답이 나올 수 있도록 유도하는 것이다.

## 4. 고개만 끄덕끄덕하기

단답도 해보고 다음에 대화하자고 돌려 말해도 봤는데 이것조차 안 통한다면 아무 말 없이 고개를 끄덕이자. 이때 시선은 바닥을 보고 입은 웃되 눈은 웃지 않는 표정을 유지하는 것이 중요하다. 마치 이를 꽉 깨물고 있는 듯한 느낌을 주는 것이다. 상대방이 정말로 눈치가 없거나 사회성이 없는 사람이 아니라면 자신이 선을 넘고 있다는 걸 금방 알아챌 것이다.

# 15

# 자랑이 도가 지나칠 때

- 나 이번에 자동차 바꿨잖아. 한번 태워줄까? 드라이브 갈래?

- 이 가방 구하기 얼마나 힘들었는지 몰라. 오픈런 해도 구할 수가 없어
서 해외여행 간 김에 백화점 갔는데 딱 이게 있는 거야. 바로 업어 왔지!

- 회사 이직할 건데 어디로 할지 고민이야. 내가 일하는 업계 탑3가 있
는데 거기서 전부 스카우트 제안이 왔다니까? 한 군데만 되면 고민이라도
안 할 텐데 왜 세 군데나 와가지고. 사람 머리 아프게 말이야.

친구의 희소식을 함께 축하해줄 수도 있고 자랑 몇 마디에 박수 쳐줄 수도 있는데, 끊이지 않는 허세 가득한 자랑은 차마 들어주기가 힘들다. 매번 만날 때마다 자랑거리를 어찌 그리 잘 리필해 오는지. 자랑을 안 하면 대화를 이어가기가 힘든 건지. 그렇다고 대놓고 "야, 너 되게 재수 없어."라고 날카롭게 대응하면 나를 싸가지 없다고 말할 게 뻔하다.

## 1. 빌붙는다

"차 샀어? 차 한번 태워줘!", "가방 샀어? 나 한번 메봐도 돼?", "이직했어? 그럼 오늘 네가 한턱내는 거지?"라고 말하며 은근히 자랑한 대가를 요구한다. 새 차 사면 과자 부스러기 하나 흘리는 것에도 민감하고, 새 가방 사면 때 탈까 봐 손길 하나에도 조심스럽고, 좋은 곳으로 이직을 했어도 밥 한 끼 사는 건 예상에 없는 지출이라 부담스럽다. 빌붙으려고 하면 내 앞에서 허세 부리는 일은 줄어들 것이다.

## 2. 무미건조하게 반응한 뒤 화제를 전환한다

친구가 자랑하는 것에 반응을 해주니까 더 신나서 자랑할 게 줄줄줄 나오는 것이다. "오, 그래?", "아, 진짜?"라고 무미건조하게 대답하면 듣는 사람이 반응이 없으니 말하는 사람도 재미없어져서 말을 줄인다. 무미건조하게 반응한 뒤 다른 대화 주제로 화제를 전환해서 그 친구가 더 이상 허세를 부리지 못하도록 입막음을 하자.

## 3. 애정을 담아 구박한다

친구는 자신이 허세를 부리고 있다는 생각을 못 할 수도 있다. 그냥 자기 얘기를 하는 것뿐이니까. 나만 불편한 게 아니라 함께 참석한 다른 친구들까지 불편해하는 티가 난다면 한마디 한다. "명품 얘기는 그만하고 우리 사는 얘기나 하자." 그러면 친구는 "왜? 부러워?"라고 할 수도 있다. 그러면 쿨하게 "응, 부러우니까 그만해!"라고 내가 져주자. 듣기 싫은 말 계속 듣는 것보다 한번 져주고 내 귀가 편해지는 게 더 낫다.

## 4. 자랑값을 내놓으라고 한다

아주 가까워서 스스럼없는 사이라면 "야, 배 아파서 안 되겠다! 자랑하려면 자랑값 만 원씩 내! 그럼 내가 열심히 들어줄게."라고 말한다. 알았다고 응하면 대가를 지불받았으니 성심성의껏 들어주고 자랑값은 무슨 자랑값이냐며 돈을 안 주려고 하면 "너 그럼 오늘은 자랑 금지!"라며 손사래를 친다.

## 16

# 내 비밀을 남한테 말한 걸 알았을 때

친구
지인

A: 그 얘기 어디서 들었어?

B: 나 C한테 들었는데?

A: (그 얘기 C한테만 말했는데.. 분명히 너한테만 말하는 비밀이라고 했

는데.. 정말 믿을 만한 친구라고 생각하고 속마음 다 털어놓은 건데 내

비밀 이야기를 남한테 했네. B한테만 말한 게 아니라 다른 사람들한테

도 더 말한 거 아니야?)

원래 '비밀'이라는 건 내 입에서 발설되는 순간부터 비밀이 아닌 게 되는 거지만, 아무한테도 말 안 하기에는 속이 답답해서 가장 믿고 의지하는 친구에게 말했는데 그걸 남에게 홀라당 말하다니. 친구에 대한 배신감에 상처가 이만저만이 아니다. 얘한테 털어놓은 이야기가 몇 개인데. 어디부터 어디까지 다른 사람한테 말한 건지 몰라 불안하다.

### 1단계. 더 이상의 확산을 방지한다

일단 내 비밀을 들은 친구에게 입단속을 부탁한다. "B야, 정말 미안한데 나 그거 C한테 비밀이라고 말하고 털어놓은 건데 C가 말할 줄 몰랐거든. 부탁인데 다른 사람한테는 말하지 말아줘. 내 비밀 지켜주면 정말 고마울 것 같아." 그 친구의 입이 가벼운지 무거운지는 모르지만 이것이 내가 할 수 있는 최선이니 간곡하게 부탁한다.

### 2단계. 당사자에게 직접 확인한다

"내가 다른 친구한테 이런 얘기를 들었는데 내 기억에는 이 얘기 너한테만 한 것 같거든. 혹시 네가 얘기했어?"라고 묻는다. 당사자에게 직접 확인해야 하는 이유는 두 가지이다. 첫째, 나는 한 사람에게만 말했다고 생각하고 있었는데 알고 봤더니 술 먹고 취해서 다른 사람에게 털어놓은 경우도 있다. 사실 확인을 하지 않으면 엉뚱한 사람만 잡는 거니 꼭 확인해야 한다. 둘째, '네 마음대로 털어놓은 내 비밀 이야기. 돌고 돌아 내 귀에 들어오더라?' 하고 암묵적으로 경고를 주는 것이다. 그 친구가 내 비밀 이야기를 퍼뜨린 게 맞다면 꼭 사과를 받아내자.

### 3단계. 그 친구에게는 속마음을 털어놓지 않는다

입 싼 친구는 영원히 입이 싸다. 다음부터는 네 비밀 꼭 지켜준다고 싹싹 빌어도 나랑 사이가 조금만 틀어져도 곳곳에 비밀을 퍼뜨릴 친구다. 그 친구와는 가벼운 이야기만 주고받자. '이번에 내가 경고했으니까 다음에는 안 그러겠지'라고 생각하고 또 내 속마음을 털어놓았다가는 온 국민이 내 비밀을 알게 되는 사태가 벌어진다.

### 4단계. 기본적으로 비밀은 남에게 말하지 않는다

아무리 믿는 친구라도 '비밀'은 바깥으로 나가는 순간 비밀이 아니게 된다. 답답해서 털어놓아야만 살 것 같다면 나만의 일기장을 만들어 글을 쓰며 해소하거나 상담 센터를 대나무숲으로 이용한다. 전문가는 기본적으로 상담자의 비밀을 지켜주려 하고 아예 모르는 사이기 때문에 내 비밀을 퍼뜨릴 이유도, 악용할 이유도 없으니 안전하다.

## 17

# 친구의 일에 자꾸 간섭하고 싶을 때

A: 취준 아무리 해도 안 끝나네. 나 그냥 공무원 시험 준비나 할까? 9급

은 한 1~2년 공부하면 그래도 다 합격하는 것 같은데.

아! 아니면 유튜브나 시작해볼까? 나 집에 맥북 있거든. 편집 프로그램만

배우면 될 것 같은데. 그거라도 해볼까 봐.

B: (하… 저렇게 하면 안 될 텐데. 우리 나이 때는 1년, 1년이 소중한데 저렇

게 낭비하려고 하다니…)

친구가 취업을 못 해서 힘들다고 하면서 막상 취업 준비는 열심히 안 할 때, 매번 누가 봐도 별로인 사람과 연애를 하면서 사랑 때문에 힘들다고 울기만 할 때, 돈이 없어서 쪼들린다고 전전긍긍하면서 돈을 펑펑 쓰는 모습을 보일 때. 저렇게 하면 시간 낭비하는 거라는 게 뻔히 보이는 입장에서 근질근질한 입을 참기가 어렵다. 특히 친한 친구일수록 '이건 오지랖이 아니고 걱정이야', '다 얘 잘되라고 하는 건데'라는 생각에 지배되어서 더 간섭을 하고 싶어진다. 하지만 거기서 멈춰야 한다. 지금 친구는 안 그래도 예민해져 있는 상태라 평범한 말도 날카롭게 들릴 시기다.

## 1. 말 대신 자료만

"이거 별로라더라.", "그거 하면 망한다더라.", "저건 잘못된 거다."라고 돌직구를 날리기보다는 친구에게 도움이 될 만한 자료를 주자. 주관적인 나의 말보다는 객관적인 자료를 통해서 친구가 스스로 판단하고 실패할 요인을 줄일 수 있도록 하는 것이다. 어차피 이미 하려고 마음먹은 친구에게 내가 말을 꺼내봤자 씨알도 먹히지 않을 것이기에 자료라도 줘서 도움이 되기를 바라는 것이다.

## 2. 동종 업계 종사자를 소개해준다

친구가 신뢰할 만한 동종 업계 사람을 소개해준다. 친구인 내 말보다 현업에 있는 사람의 말에 더 귀 기울일지도 모른다. 인맥이 없다면 관련 오프라인 강연이나 온라인 클래스를 소개해주는 방법도 있다. 친구가 하는 말은 '잔소리'로 들릴 수 있지만 자기가 가고 싶어 하는 길 위에 서 있는 사람의 말은 기분 나쁘지 않게 들을 것이다.

### 3. 간섭을 할 바에야 무관심으로

말 중에서는 안 하느니만 못한 것도 있다. 이래라저래라 할 바에야 차라리 연락을 안 하는 게 낫다는 뜻이다. 잔소리를 하다가 친구의 기분이 상해 친구 사이가 멀어지는 것보다는 연락을 안 하는 게 백배는 더 낫다. 연락을 안 한 기간이 길었더라도 둘 사이에 아무런 트러블이 없었다면 다시 노력하면 언제든 친해질 수 있는 게 친구이기 때문이다. 한 발자국 가까이 갔다 열 발자국 멀어질 바에야 한 발자국 뒤로 물러서는 게 현명하다.

### 4. 정말로 간섭하고 싶다면 밥을 사주면서

아무리 내 입을 꿰매려고 해도 자꾸만 실밥이 터진다면 친구에게 맛있는 밥이라도 한 끼 사면서 "너 힘들 텐데 맛있는 거 먹으러 가자."라고 분위기 전환이라도 시켜주자. 맨입으로 간섭하는 것보다는 뭐라도 사주면서 하는 간섭이 그나마 낫다. 물론 친구 입장에서는 둘 다 듣기 싫겠지만 그래도 밥이라도 사주면서 하는 간섭은 '그래, 얼마나 걱정되면 밥까지 사주면서 저러겠어'라고 넘기게 된다.

# 18

# 만날 때마다 밥 사달라고 할 때

- 요새 너 잘 버는 것 같던데 오늘은 네가 밥 사주라.

- 내가 요즘 돈이 정말 없어서 그러는데 이번만 네가 사주면 안 돼? 다

음에는 내가 꼭 살게.

- 오늘 네가 만나자고 한 거니까 네가 사는 거지? 잘 먹을게!

좋아하는 친구한테 밥 한 끼, 음료 한잔 사줄 수도 있다. 친구보다 금전적으로 여유가 있으면 내가 조금 더 낼 수도 있다. 그런데 매번 가는 것만 있고 오는 게 없으면 호구 잡힌 기분을 지우기 어렵다. 이때 아무 말도 하지 않고 지속적으로 나 혼자만 베푼다면 이 관계는 부담스러워질 수밖에 없다. 그 친구를 진심으로 좋아하고 계속 친구로 지내고 싶다면 지금이라도 말을 꺼내야 한다. 말 꺼내기 자존심 상해서, 괜히 속 좁게 보일까 봐, 상대방이 기분 나쁠까 봐 나혼자 꾹 참고 지낸다면 나는 나대로 불편하고 상대방은 상대방대로 이유도 모른 채 나랑 멀어질 수 있다.

## 1. 나도 없는 척 앓는 소리 하기

친구 앞에서 나의 경제력이나 재력을 과시할 필요 없다. 돈 많다는 티 내면 돈 많이 내야 하는 사람이 될 뿐이다. "나 이번에 주식으로 돈 너무 많이 날렸어."라든가 "이번에 엄마 병원비 내가 다 냈잖아."라든지 앓는 소리를 하자. 적당히 둘러댈 핑계는 널리고 널렸다.

## 2. 심플하게 반반 내자고 말하기

부모 자식 관계도 아니고 친구가 먹고 마신 것까지 내가 내줘야 할 의무는 없다. 요즘은 계산대에서 따로 결제할 수 있으니 내가 먹은 것만 결제하고 자리를 옆으로 비켜주며 '네 것 계산할 차례야'라고 눈짓으로 말해준다. 만약 비언어적 표현을 상대방이 알아채지 못한다면 "나 내가 먹은 거 계산했어!"라고 명랑하게 말한다.

## 3. 이거 샀으면 저거 얻어먹기

내가 먹는 거 내가 내고, 네가 먹는 거 네가 내는 완전한 더치페이가 불편하다면 1차는 내가 사고 2차 자리에서 친구가 계산할 수 있도록 유도한다. "밥은 내가 샀으니까 커피 네가 쏘는 거지?" 물론 커피값보다 밥값이 더 비싸긴 하지만 이 때까지 잘 사지도 않던 친구에게 계산하는 경험을 시켜주면서 '나만 사는 거 싫어'라고 은연중에 알려주는 것이다. 밥값이 많이 나와서 커피값과 차이가 너무 많이 난다면 디저트도 함께 먹자.

## 4. 돌직구 날리기

위의 3가지 방법을 다 해봤음에도 뻔뻔하게 "난 네가 사주는 게 좋더라. 우리 우정에 고작 몇만 원어치 밥도 못 사줘?"라고 나온다면 "응, 내가 요즘 너무 힘드네. 난 너랑 계속 만나고 싶은데 만날 때마다 돈을 많이 쓰게 되니까 너랑 만나는 게 점점 부담스러워지더라고." 하며 솔직하게 말한다. 친구가 나를 정말로 친구라고 생각한다면 그 말에 정신이 번쩍 들 것이고, 그 말에 기분 나빠 한다면 나를 지갑으로 생각한 것과 다를 바 없다.

# 19

# 나의 특징을 따라 할 때

'잠깐만 이 향수, 내가 쓰는 향수인데? 그러고 보니 이 옷, 저번에 내가 인

스타에 올렸던 옷이랑 똑같잖아? 얘 헤어스타일도 원래 짧은 머리였는

데 붙임머리 하고 왔네. 가만 보면 말투도 나랑 비슷하게 써. 화장법도

수수하게 바꿨네?'

어느 날부터인가 한 친구의 모습에서 내 모습이 보이기 시작한다. 헤어스타일이라든지 옷 입는 분위기라든지 포인트를 주는 작은 소품이라든지 나만의 독특한 말투라든지. 하나둘씩 나를 따라 하더니 어느새 나의 분신이 되어 있다. "그거 너무 예쁘다. 나도 사도 돼?"라고 나한테 물어보기라도 하면 그나마 괜찮은데 말도 없이 따라 하면서 자기의 센스인 것마냥 행동하는 게 얄밉기만 하다. 마치 내 인생을 훔치려고 하는 것 같아서 기분이 나쁘다.

친구 지인

## 1. 나쁘게만 보지 않는다

누군가가 나를 따라 한다는 건 긍정적인 신호이다. 일반인은 연예인을 따라 해도 연예인은 일반인을 따라 하지 않듯 말이다. '내가 얼마나 좋아 보였으면 따라 하는 걸까? 내가 그렇게 개성이 있나?'라고 기분 좋게 받아들이자. 아무리 따라 해도 내 전부를 따라 할 수는 없다. 짭은 찐이 될 수 없다. 그 친구가 나를 따라 한다고 해서 나를 잃는 건 아니다.

## 2. 당당하게 나간다

"그거 어디서 샀어? 나도 있는데!", "나랑 커플템이네!"라고 언급하며 유독 내 이미지랑 많이 겹친다는 식으로 말한다. 나를 일부러 따라 하는 친구라면 '뭐야? 자기 따라 하지 말라고 면박 주는 거야?'라고 괜히 찔릴 테고, 우연히 겹친 친구라면 '우리 되게 잘 통하는 사이인가?'라고 호기심을 보일 것이다. 전자라면 은연중에 경고를 준 셈이니 10번 따라 할 거 7~8번 정도로 알아서 줄일 것이다.

## 3. 따라 할 수 없는 잇템을 찾는다

작은 소품 같은 건 따라 하기 쉽다. 내 체형에는 잘 어울리지만 걔 체형에는 안 어울리는 옷, 내 얼굴형에는 잘 어울리지만 걔 얼굴형에는 안 어울리는 헤어스타일, 내 피부에는 잘 어울리지만 걔 피부에는 안 어울리는 색깔과 같이 그 친구가 나를 따라 하면 별로일 수 있는 스타일을 찾아 나만의 센스와 개성을 살린다.

## 4. 서서히 멀어진다

무슨 수를 써봐도 그 친구가 나를 따라 하는 모습이 고까우면 눈에서 안 보이도록 멀어지는 게 최선이다. 직접적으로 따라 하지 말라고 말하기는 어려운 노릇이니 말이다. "나 따라 하지 마."라고 말하면 "나 너 안 따라 했는데?"라는 뻔한 답변만 돌아올 테니.

# 20

# 내 앞에서 나만 모르는 이야기를 할 때

A: 맞아, 그때 너 썸남 때문에 마음고생했잖아. 연락 됐다 안 됐다 해서

어장 관리 당하는 것 같다고. 결국 그런 일이 있었구나? 잘 걸렀네. 사귀

기 전에.

B: 얘 썸 탔었어? 왜 나는 몰랐지?

A: 아, 너 몰랐어? 너 없을 때 얘기했나? 나도 잘 기억이 안 나네. 그냥 그

런 일이 있었어. 얘 한 달 전인가? 썸 타고 있었는데 썸남이 좀 수상했어.

그게 다야.

나 없는 자리에서 혹은 개인톡으로 나 빼고 재밌는 이야기를 나눈 것도 서운한데, 내가 그 얘기를 궁금해하니까 대충 한 줄로 요약하고 넘어가려고 할 때. 차라리 말을 아예 안 꺼냈으면 모를까 은근히 자기들만 아는 이야기가 있다는 식으로 티 내면 꼭 은따당하는 느낌이 들어 기분이 상한다. 왜 나한테는 얘기를 안 했을까? 왜 쟤네들끼리만 알고 있는 걸까? 나는 다 같이 똑같이 친하다고 생각했는데 친구들은 아닌 것 같아서 속상하다.

## 1. 모임에 최대한 참석한다

속얘기는 대부분 만나는 자리에서 털어놓는다. 내가 바쁘다는 이유로 잘 안 가놓고 왜 나한테는 말 안 했냐고 따지면 오히려 친구들이 황당할 것이다. 다 같이 친구더라도 자주 만나는 친구와 자주 못 만나는 친구는 분명 존재하니 친밀함의 정도가 차이 날 수 있다. 친구 때문에 서운하다면 내가 먼저 친구를 더 신경 써보자.

## 2. 철판 깔고 다시 물어본다

내가 모임에 덜 참석하든 다른 친구들보다 덜 친하든 어쨌든 사람 앞에 놓고 뻘쭘하게 자기들끼리만 웃고 떠드는 건 예의가 아니다. "별거 아냐. 그냥 그게 다야."라고 대충 끝맺으려고 하면 "뭔데. 더 자세히 얘기해줘. 정말로 그게 끝이라고?"라고 물어본다. 이 얘기를 모르면 그다음 얘기에도 못 낄 확률이 높기 때문에 꿋꿋이 물어본다.

## 3. 자주 안부 인사를 묻는다

주변을 돌아보면 별일 없어도 먼저 안부를 묻는 친구가 있고 용건이 없으면 연락이 아예 없는 친구도 있다. 똑같이 친하더라도 "잘 지내? 뭐 하고 지내?"라고 친구가 먼저 안부를 물어보면 "응, 잘 지내지! 나 요새 이직해서 너무 바쁘다."라고 내 소식을 전하게 된다. 그러면 자연스럽게 그 친구에게 언제, 왜 이직했는지 등 다양한 내 얘기를 털어놓게 된다. 일부러 누구에게는 말을 하고 누구에게는 말을 안 한 게 아니다.

## 4. 리액션을 잘해준다

대화를 하다 보면 리액션이 좋아서 '이 사람과 대화하면 마음이 참 편하다' 하고 느껴지는 사람이 있다. 반면에 하는 대화마다 툭툭 끊어지거나 내 말에 귀를 안 기울여주거나 말끝마다 옳고 그름을 따진다거나 해서 '이 사람과 깊은 대화는 하고 싶지 않다' 하고 느껴지는 사람이 있다. 나의 대화 스타일을 되돌아보고 내가 리액션에 박한 사람이라면 경청하는 자세를 배워보자.

# 21

# 외향형과 내향형, 성향이 다를 때

A: 어? 인스타 보니까 내 친구 C가 이 근처에 있다는데. 부를까? 같이 놀

면 재밌잖아! 얘 되게 웃겨. 소개해줄게. 괜찮지?

B: *(어떡하지? 난 이렇게 갑자기 모르는 사람 조인하는 거 싫은데…)*


A: 우리 홈 파티 하자. 밖에 사람 많으면 정신없는데 집이 편하잖아. 배

달시켜 먹고 뒹굴면서 놀자!

B: *(나는 밖에 돌아다니는 거 좋아하는데. 주말에 올림픽공원에서 페스*

*티벌도 한다는데…)*

서로 대화도 잘 통하고 좋아하는 것도 비슷하고 유머 코드도 잘 맞는데 성향이 다를 때. 차라리 둘이 삐걱거리면 친구를 안 하겠는데 성향이 다른 것 빼고는 다 괜찮으니까 친구를 포기할 수가 없다. 한 사람은 여기저기 돌아다니는 것을 좋아하고 다양한 사람과 어울리는 것을 좋아하는 반면에 다른 한 사람은 익숙한 곳을 좋아하고 편안한 사람과 어울리는 것을 좋아할 때 어떻게 하면 좋을까?

## 1. 좋아하는 것보다 싫어하는 걸 안 하는 사이 되기

나는 새 친구와 함께 어울려 노는 걸 좋아하지만 상대방은 낯선 사람과 노는 걸 싫어한다. 좋아하는 건 안 해도 그만이지만 싫어하는 건 하면 숨이 막힌다. 그러니 각자 어떤 점을 불편해하는지 공유하고 싫어하는 걸 하지 않는 사이가 되어주자. 싫어하는 걸 안 하는 관계는 오래도록 평탄하게 유지될 수 있다.

## 2. 미리 공유하고 정한 대로 시간 보내기

상황을 예상할 수 있으면 내향형 친구도 덜 당황한다. 나는 외향, 친구는 내향형인 경우, '오늘 누구 만날 거야', '오늘 어디 갈 거야', '오늘은 몇 시까지 놀 거야'라고 미리 브리핑해주면 친구도 마음의 준비를 하고 나온다. 그리고 미리 이야기하지 않은 부분은 급작스럽게 추가하지 않는 걸로 서로 약속한다. 그러면 나도 내가 좋아하는 대로 놀 수 있고, 친구는 불편함을 느끼지 않고 놀 수 있다.

## 3. 번갈아서 맞춰주기

내가 좋아하는 걸 해야 오늘 하루 신나게 논 느낌이 나는데 서로를 배려해주다 보니 그 누구도 신나지 않는 밍밍한 만남이 되어버린다. 둘 다 그 부분이 아쉽다고 느껴진다면 차라리 이번 만남 때는 외향형 친구에게 싹 맞춰주고, 다음 만남 때는 내향형 친구에게 싹 맞춰주자. 이런 식으로 번갈아가면서 서로의 스타일대로 만나서 노는 방법도 있다. 극과 극이기에 상대가 아니면 경험해보지 못할 순간을 경험할 수 있으니 좋은 시너지가 날 수도 있다.

## 4. 함께 '시간'만 보내기

성향이 다른 두 사람이 만나서 핫 플레이스에 가서 무언가를 하기보다는 둘이 만나서 시간만 보내는 것이다. 카페에서 만나 차 한잔한다든지 와인 바에서 만나 가볍게 술 한잔한다든지. 함께 무언가를 하면서 놀려고 하니까 성향이 부딪히는 것이다. 목적을 단순히 대화하는 데 두면 문제 될 일이 10분의 1로 줄어든다.

# 22

# 나에게 불만을 이야기했을 때

"있잖아! 음, 이런 말 기분 나쁘다면 정말 미안한데 나 그래도 너랑 계

속 친구 하고 싶어서 오래 고민하다가 용기 내서 말해. 사실은 우리 만

날 때마다 만나서 뭐 할지, 뭐 먹을지 내가 알아보잖아. 사실 나 그거

좋아서 했다기보다는 너 편하라고 내가 노력한 부분이야. 내가 세 번

찾으면 네가 한 번 정도는 알아서 찾을 줄 알았는데 그러지 않아서 서

운했어."

나랑 잘 지내고 있다고 여겼던 친구가 어느 날 진지하게 나에 대한 불만을 털어놓을 때가 있다. 내가 진작 눈치채지 못해서 미안할 때도 있고, 대체 이게 왜 불만인 건지 의문일 때도 있고, 친구끼리 겨우 이 정도도 이해 못 해주나 섭섭할 때도 있다. 어찌 되었건 매 순간 불만을 이야기하는 게 아니라면 친구가 나에게 불만인 점을 이야기해주는 건 고마운 일이라고 생각한다. 어렸을 때나 티격태격하지 어른이 되고 난 후로는 친구랑 싸우는 것도 귀찮아서 그냥 말없이 손절하거나 거리를 두는 경우가 많다. 나는 이유도 모른 채 버림받는 셈이다. 그러니 친구가 불만을 말해준다는 건 나랑 아직은 친구가 하고 싶다는 의미로 기회를 주는 것이다.

### 1단계. 일단은 얘기해줘서 고맙다고 말한다

불만을 이야기해주는 건 고마운 일이다. 나이를 먹을수록 '내 인생은 내 인생, 네 인생은 네 인생'의 마인드가 커져서 나랑 안 맞는 친구는 그냥 안 보고 만다. 굳이 얘한테 불만을 말하면서까지 친구를 해야 될 필요성을 못 느끼기 때문이다. 그런데 친구가 나에게 불만을 이야기했다는 건 힘들게 노력을 해서라도 나와의 관계를 유지하고 싶다는 신호이다. 이 얼마나 고마운 일인가. 어려운 이야기를 꺼내줘서 고맙다는 말부터 한다.

### 2-1단계. (고칠 수 있는 부분이라면) 고쳐보겠다고 한다

친구의 불만이 내가 고칠 수 있는 부분인 것 같으면 고쳐보겠다고 한다. 대신 한 번에 고치기는 어려우니 조금만 시간을 달라고 한다. "얘기해줘서 고마워! 그런 부분이 불편한 줄은 몰랐네. 그동안 나를 위해 참아줘서 고마워. 참느라 힘들었겠다. 네가 말한 부분은 내가 고쳐보도록 할게! 근데 너도 알다시피 습관이라는 게 바로 안 고쳐지잖아. 당분간은 네가 말한 모습이 튀어나와도 조금만 귀엽게 봐줘."

### 2-2단계. (고치기 어려운 부분이라면) 노력하겠다고 한다

친구의 불만이 내가 고칠 수 없는 부분인 것 같으면 일단 미안하다는 사과부터 한다. 그다음 "A야, 그런데 이건 핑계가 아니라 네가 말한 부분이 나도 나에게 불만이었던 점이고 그동안 고쳐보려고 노력을 했는데도 잘 안 고쳐지는 부분이야. 그래서 섣불리 고치겠다고 장담은 못 하겠어. 고치겠다고 말해놓고 안 고치면 그것대로 기분 나쁘잖아. 대신에 너를 만날 때는 'A가 이런 부분 불편해했었지. 평소보다 더 조심하자'라고 상기할게."라고 현실적으로 말한다.

### 3단계. 언제든 편하게 이야기해달라고 한다

고칠 수 있는 습관이든 고칠 수 없는 습관이든 한번 밴 습관은 은연중에 튀어나온다. 친구 입장에서는 '분명히 내가 그때 진지하게 얘기했는데 얘 또 이러네? 안 되겠다. 얘랑은 손절해야겠다'라는 생각에 돌아서버릴 수 있다. 그런 오해를 방지하기 위해 "혹시 내가 또 그러면 모르고 그런 거니까 그때그때 말해줘. 여러 번 말해도 기분 나빠 하지 않을게!"라고 미리 양해를 구한다.

# 23

# 칭찬을 받았을 때

A: 오, 진짜 고마워! 너는 배려를 정말 잘해주는 것 같아. 너랑 같이 있으

면 불편한 점이 하나도 없어.

B: 아… 어… 아냐, 하하하.

A: 너는 일을 정말 잘하는 것 같아. 완전 꼼꼼해서 실수가 없어. 너랑 같

이 일하는 사람들은 든든하겠다!

B: 에이, 아냐. 나 실수 완전 많이 해!

칭찬을 받았을 때 "어, 맞아!"라고 긍정해버리면 재수 없을 것 같고 "아, 아냐!"라고 부정해버리면 칭찬해준 사람이 뻘쭘할 것 같다. 칭찬을 받아서 으쓱하긴 한데 머쓱하기도 하고, 겸손하고 싶은데 나 잘한 거 티도 내고 싶을 때. 어떻게 칭찬을 받아야 해준 사람도 기분 좋고 칭찬을 받은 사람도 뿌듯한, 그런 유쾌한 상황을 만들 수 있을까? 칭찬만 받았다 하면 시선 처리도 곤란하고 무슨 말로 답변해야 될지 몰라서 멀뚱멀뚱 있는다. 그러고 나서 '아, 그때 이렇게 말할걸!' 하면서 후회한다. 그렇다면 아래와 같이 대처해보자.

## 1. 칭찬에 대해 부정하지 않는다

요즘은 자기 어필 시대이다. 예전에는 겸손이 미덕이었지만 요즘은 능력이 미덕이다. 누가 칭찬을 해주면 감사하다고 하면 된다. "아유, 감사합니다!"라고 내가 가진 표정 중에 가장 환한 표정을 지으며 맛있게 받아주면 상대방도 칭찬해줄 맛이 난다. 칭찬을 해줬는데 넙죽 받았다고 재수 없다고 여긴다면 그 사람이 인성 파탄자가 아닐까?

## 2. 덕분에 장점을 찾았다 한다

"엇, 제가 중단발이 잘 어울리나요? 몰랐어요. 저는 미용실 가서 머리 자르고 망했다 생각했거든요. 잘 어울린다고 해주시니 덕분에 몰랐던 저의 장점을 찾은 것 같네요. 감사합니다!" 내가 누군가의 몰랐던 장점을 찾아줬다는 얘기를 들으면 뿌듯해서 그날 밤 잠들기 전에도 생각날 것 같다. 그만큼 상대방을 비행기 태워주는 반응이니 '덕분에' 화법을 활용하자.

### 3. 뛰어난 안목을 가지고 있다고 한다

"이 옷 브랜드, 아는 사람만 아는 건데. 정말 센스 있으시네요. 평소 패션에 관심이 많으신가요? 옷을 보는 안목이 좋네요!" 고기도 먹어본 놈이 안다고, 내가 신경 쓴 부분을 네가 알아준다는 건 너 또한 수준이 높다는 의미로 칭찬해주는 것이다. 안목이 있다는 표현은 나도 높이고 상대방도 높이는 의미를 전하기에 둘다 기분이 좋다.

### 4. 주고받으면 된다

받은 만큼 해주면 된다. 이번 턴에는 내가 칭찬을 받았으니 다음 턴은 내가 상대방을 칭찬해줄 차례다. "그렇게 얘기해줘서 고마워. 너는 정말 말을 기분 좋게 하는 것 같아. 그렇게 얘기할 수 있는 네가 부러워. 진짜 큰 장점 같아." 내가 칭찬을 받으면 나도 상대방에게 칭찬을 해줄 수 있는 기회를 얻었다고 생각하자. 칭찬은 상대방과 가까워질 수 있는 좋은 징검다리이니 잘 이용해보자.

### 5. 칭찬은 구체적으로 한다

"너 오늘 화장 잘됐다!"라고 표현하는 것도 좋지만 "너 오늘 화장 잘됐다. 피붓결이 정말 좋아 보여. 어쩜 이렇게 매끈해?"라고 표현하면 더욱 진심으로 느껴진다. 어떤 게 좋은지, 어떻게 잘 어울리는지 충분히 관찰하고 꺼내는 칭찬이라는 게 느껴지기 때문이다.

# 24

# 다단계를 권유할 때

A: 안녕! 그동안 잘 지냈어? 내가 너무 오랜만에 연락했다, 그치? 보고 싶

어서 연락했어. 요새 뭐 하고 지내? 별일 없으면 만나서 저녁 먹을래? 내

가 쏠게.

(며칠 뒤 함께 저녁 먹으며)

B: 우리 진짜 오랜만이다, 그치? 먼저 연락 줘서 고마워!

A: 그러니까 말이야! 근데 내가 추천해줄 거 있는데 나도 효과 많이 봤

거든? 이거 진짜 좋은 거야. 사람들이 다단계라고 오해하는데 다단계가

아니고 네트워크 마케팅이야. 지금 시작 안 하면 너만 손해야. 나는 이거

하고 자동차 바꿨다니까? 그리고 이거는 시중에 파는 것보다 품질이 좋

아. 그냥 돈 주고 사 먹어도 너한테는 이득이야.

먼저 연락 준 친구가 고마워서 오랜만에 얼굴도 볼 겸 순수한 마음으로 나갔는데 상대방은 불순한 의도로 나를 만나러 왔다는 걸 알아버렸다. 나를 이용하기 위해 연락했다는 생각에 상처는 상처대로 받고, 친구는 어떻게든 팔아먹으려고 우리 집 주소까지 물어보는데 이 자리에 앉아 있는 시간이 아깝기만 하다. "너 이거 다단계야."라고 말하면 온갖 방어적인 말들로 막아서 통하지도 않고, "나는 이런 거 안 사."라고 말하면 좋은 건데 왜 안 쓰냐며 사겠다고 할 때까지 얘기한다.

## 1. 설득하려고 하지 않는다

딱 봐도 다단계에 깊숙이 빠져 있는 것 같은 친구. 의로운 마음에 "너 그거 다단계야. 하지 마."라고 말하는 순간 그 친구가 어떻게 변할지 모른다. 돌변하지 않더라도 나를 설득하기 위해 몇 시간씩 연설을 할 것이다. 밥 먹으며 1시간 정도로 끝낼 수 있는 자리를 다단계에 대한 설명을 듣느라 2~3시간 붙잡혀 있게 되는 것이다. 이미 세뇌된 친구를 고작 나의 말발로 구출하기는 어려우니 적절히 맞장구만 쳐준다.

## 2. 저렴한 것 하나 정도는 사준다

바로 연락을 끊어도 되는 친구면 상관없지만 나에게 소중한 친구고 이런 일로 관계를 끊을 수 없다면 치약, 세안제, 물티슈, 커피 같은 부담 없는 금액대의 물건 정도는 사준다. 열심히 사는 친구 밥 한 끼 사준다 생각하면 심적으로 편하다. 물건을 한번 사주면 이것도 사라, 저것도 사라 권유가 이어지는 경우도 있는데 그럴 땐 딱 잘라서 말하면 된다. "나는 필요한 것만 살게!"

### 3. 업무 연락이 온 척 자리를 파한다

서로 뭐 하는지 근황을 주고받다가 자신이 무슨 일을 하는지 소개해주고 정신 차려보면 내 앞에 팸플릿이 놓여 있다. "난 이런 거 관심 없어."라고 말하며 자리를 박차고 나오기 어려울 수 있으니 이럴 땐 업무 연락이 와서 전화를 받는 척하며 밖으로 나간다. 그리고 한 3분 정도 통화하는 척한 뒤 다시 자리로 돌아와서 "어떡하지? 나 지금 회사에 급한 일이 생겨서 가봐야 할 것 같아."라고 둘러대며 자리를 파한다.

### 4. 지속적으로 연락이 온다면 차단한다

다단계 하는 사람은 이미 여러 사람을 만나며 여러 사례를 겪어봤기 때문에 눈치가 빠르다. 그래서 이 사람이 물건을 사줄지 안 사줄지 몇 마디만 나눠봐도 안다. 에둘러서 거절하면 대충 알아듣는다. 그런데 내가 거절의 표현을 했음에도 자꾸만 권유한다면 그 친구는 나를 호구로 보는 것이다. 싫어하는 걸 알면서도 계속 권유하는 거니까. 그런 친구는 차단해도 된다. 이번에 잘 잘라내도 나중에 기회가 되면 또 나를 이용하려고 할 친구니까.

집에 갈 때

기분이 좋아야 한다

하는 일이 비슷해서 공감대 형성이 잘되니 분기마다 한 번씩 만나는 모임이 있습니다. 구성원 모두가 술도 안 좋아하고 시끄러운 분위기도 안 좋아해서 모이는 장소도 편했고, 대화 내용도 건설적이고 서로에게 도움 되는 말만 오가는 건강한 모임이었습니다. 그래서 약속을 잡는 것도 즐거웠고 그들을 만나러 가는 길도 늘 설렜는데, 이상하게 집으로 돌아가는 지하철 안에서는 현타가 오는 겁니다. 이번만 그런가 싶어서 '다음에는 괜찮겠지' 하고 또 모임을 나가도 여전히 끝나고 집에 돌아가는 순간에는 '내가 여기에 왜 왔지?' 싶은 생각이 들었습니다.

평소에 자주 연락하는 것도 모자라 한 달에 한 번 정기적으로 만나는 모임이 있습니다. 이미 서로에 대해 낱낱이 아는 친구들이라 모임에 나가면 무슨 이야기할지 뻔히 예상되어서 약속 장소에 나갈 때 큰 기대 없이 출발하고, 만나자마자 서로 디스하고 애인이랑 싸운 이야기하고 회사 욕하고 온갖 힘들었던 이야기 등 기 빨리는 대화들만 오가는 모임이었습니다. 그런데 신기하게도 집으로 돌아오는 길에는 마음이 가득 찬 기분과 '오늘 하루 알차게 잘 놀았다' 하는 개운한 생각이 밀려왔습니다.

"이 친구는 저랑 잘 맞는 친구인지 모르겠어요. 이 친구와 관계를 계속 유지해도 될까요?"라는 질문을 종종 받습니다. 저는 그럴 때 "그 친구를 만나고 나서 혼자 집에 갈 때 당신의 기분이 어떤지 떠올려보세요. 집에 갈 때 마음 한구석 어딘가가 찝찝하지 않고 개운한 느낌이 드는 사람이면 당신과 잘 맞는 친구입니다."라고 대답합니다. 집으로 돌아갈 때 기분이 별로인 모임은 자리에서 마음끼리 부딪친 횟수가 많기 때문입니다.

'저 사람은 왜 저렇게 말하지?'

'아까 괜히 그렇게 말했나?'

'쟤는 온종일 가면만 쓰고 있네. 나랑 별로 친해지고 싶지 않은 건가?'

'으, 어색해. 내가 말 안 하면 다른 애들은 한마디도 안 하네'

'얘는 왜 이렇게 남 욕하는 데만 열중해 있지? 나중엔 다른 자리에서 내 욕하는 거 아니야?'

'그 얘기를 여기서 한다고? 입이 너무 싼 거 아니야? 쟤 앞에서는 아무 말도 안 해야겠다. 내 비밀 여기저기 다 뿌려질 듯'

이런 찝찝함이 남는 자리라면 다음 만남도, 그다음 만남도 찝찝할 확률이 높습니다. 그럼 친구를 위해 쓴 내 시간, 돈, 체력이 아깝게 느껴지고 인간관계에 회의가 들겠죠. 그러니 개운한 기분이 드는 친구를 더 자주 만나고 찝찝한 기분이 드는 친구를 최대한 덜 만나세요. 집에 갈 때 아무런 찌꺼기 없이 맑은 기분을 선물해주는 사람이 나와 오래도록 좋은 관계를 맺을 친구입니다. 그런 친구들을 곁에 가까이 둔다면 상처만 남는 인간관계는 줄어들 것입니다.

4부

# 연인부부

웃으며
져주어라

# 1

## 제대로 사과해야 할 때

- (짜증을 내며) 아, 알았다고. 미안하다고. 됐지?

- (한숨을 쉬며) 하, 됐어. 그만하자. 그래, 다 내 탓이다. 미안해.

- (장난스럽게) 아~ 미안해. 알았어~ 화 풀어.

- (놀리며) 삐쳤어? 삐쳤구나? 그치? 아~ 또 삐쳤어?

어렸을 때 친구(또는 형/오빠, 누나/언니, 동생 등)와 다투면 그걸 본 어른이 "얼른 주은이한테 미안하다고 사과해~."라고 답을 제시한다. 그 말을 들으면 그대로 가서 "미안해…."라고 사과한다. 그러면 다시 어른이 "하은이가 미안하대~ 모르고 그랬대. 다시 기분 좋게 놀아!"라고 교통정리를 해준다. 어렸을 때는 어휘력도 부족하고 상황에 대한 판단도 어려우니 미안하다는 말 한마디면 쉽게 화해를 하곤 했다. 그러나 점점 나이가 들수록 화가 나는 이유는 다양하고 복잡해졌는데 그에 걸맞은 표현 방법은 따로 배우지 못했다. 미안하다는 말은 사과를 받는 사람이 중심이 되어야 한다. 서로 사랑하는 사이니까 '미안하다'는 말 한마디로 상대방이 무조건 용서해줘야 하는 것도 아니며, 그 말 한마디로 모든 상황이 종료되는 것도 아니다.

연인 부부

### 1단계. "내가 이렇게 해서 너를 화나게 만든 것 같아."

내가 무엇을 잘못했는지 구체적으로 표현하면서 나의 잘못을 인지한 뒤 사과하고 있다는 점을 어필하자. 자신이 무엇을 잘못했는지도 모르고 앵무새처럼 미안하다는 말만 반복하면 도리어 분노를 돋울 뿐이다.

### 2단계. "그렇게 말/행동해서 미안해."

연인 사이가 가깝고 편하다는 이유로 미안하다는 말을 명확하게 안 하고 어물쩍 넘어가는 경우가 있다. 사랑하는 사이니까 말 안 해도 내가 미안해하고 있다는 걸 알아줄 거다? 아니다. 사랑하는 사이니까 더 확실하게 미안하다고 표현하자.

### 3단계. "나였어도 기분 나빴을 것 같아. 네 마음 이해해."

상대방의 마음을 공감해주며 지금 표현하고 있는 감정을 이해한다고 살갑게 말해주자. 상대방 혼자 그 감정 속에 고립되어 있도록 내버려두지 않는 것이 중요하다. 상대방이 충분히 화낼 만한 상황이었다는 걸 공감해주는 것만으로도 상대방의 성난 마음이 절반은 가라앉는다.

### 4단계. "오늘 말해준 거 잊지 않고 다음부터는 반복하지 않을게."

상대방이 이번 일을 굳이 짚고 넘어가는 이유는 지금 나의 말이나 행동이 도저히 참을 수가 없어서 꼭 고쳐주길 바라는 마음에 화를 내는 것이다. 그러니 이번과 같은 일을 반복하지 않겠다고 약속하며 상대방의 마음을 안심시켜주자.

### 5단계. "맛있는 거 먹으러 갈까? 오늘은 내가 쏠게!"

맛있는 식사나 디저트 앞에서 기분 나빠질 사람은 없다. 자존심 때문에 미소 짓지 않으려 애써도 맛있는 음식 앞에 버티기는 어려운 법. 맛있는 걸 먹으면서 대화하면 철옹성 같던 마음도 사르르 녹아내린다. 많이 잘못했으면 소고기, 조금 잘못했으면 치킨으로 가자. 덧붙여서 달달한 후식도 잊지 말 것.

---

## 연인에게 사과할 때 하지 말아야 할 것

1. 변명하거나 핑계 대지 않기
2. 영혼 없이 사과하지 않기
3. 용서 강요하지 않기
4. 이유를 모른 채 사과하지 않기
5. 너무 늦게 사과하지 않기
6. 어물쩍 웃어넘기려 하지 않기
7. 일방적으로 내 말만 하지 않기

# 애인이 작은 일에도 욱할 때

A: 미안해. 오늘 휴무일인 줄 모르고 식당에 와버렸네.

B: 네가 그딴 식으로 하니까 내가 화를 내는 거야. 너 때문에 시간 낭비

하고 있잖아. 안 그래도 배고파 죽겠는데.

A: 너 이렇게 욱하는 거 싫다고 했잖아.

B: 내가 욱하는 게 싫다고? 그럼 나를 욱하게 만들지를 마. 네가 잘못해

놓고 싫은 소리 듣기는 또 싫어? 그게 무슨 놀부 심보야? 네가 잘하면 내

가 화를 내겠냐?

연애를 하다 보면 어떤 경우에는 상대방이 일방적으로 화를 낼 수도 있다. 하지만 과하게 화를 내는 건 나를 만만하게 보고 있다는 증거다. 자신이 이 관계에서 갑이라는 자세다. 마음이든 돈이든 힘이든 무엇이든 자신이 나보다 우위에 있다고 생각하기 때문에 나올 수 있는 행동이다. 내가 상대방에게 쩔쩔매니까 말도 안 되는 태도를 보이는 것이다. 이걸 덮어놓고 이해해주면 상대방은 '내가 이래도 되는구나' 싶어서 더 날뛴다.

## 1. 너 없이도 잘 살 수 있다는 마인드 장착하기

헤어짐을 무기로 삼으라는 것이 아니다. '네가 나를 존중하지 않고, 우리 사이에 기본적인 예의를 지키지 않으면 나는 너와 연애를 할 수 없다'가 보이게끔 마인드를 장착하는 것이다. 상대방이 무슨 짓을 해도 그냥 넘어가주니까 독설에 브레이크를 걸지 않는 것이다. 나 또한 '그 사람 없이도 잘 살 수 있다'라는 마인드가 장착되면 상대방이 막 나갈 때 냉정하게 대처할 수 있다.

## 2. 상대방의 감정에 동조하지 않기

상대방이 울컥 화를 낸다고 해서 똑같이 울컥 화를 내면 전쟁을 시작하는 것밖에 되지 않는다. 상대방의 말이 빠르니까 나는 천천히 하고, 상대방의 언성이 높으니까 나는 낮게 하고. 불난 곳에 찬물을 끼얹는 것처럼 상대방과 반대 방향에 있는 행동을 해서 최대한 열을 식힐 수 있도록 하자. 상대방과 상관없이 나는 나만의 온도로 쭉 대한다.

### 3. 속마음 읽어주기

상대방이 나에게 쏟아부은 말에 상처받아서 귀를 닫아버린다면 상황은 악화될 것이다. "즐거운 데이트하고 싶었는데 내가 제대로 안 알아봐서 기분이 상한 거구나?", "저번에 하지 말라고 했던 거 내가 또 해버려서 화가 난 거구나?"와 같이 순화된 문장으로 말하며 상대방의 속마음을 읽어준다. 일단 내가 화난 이유를 상대방이 알아주면 감정이 조금은 누그러든다. 그래서 상대방이 내 말을 차분하게 들을 수 있는 상태로 만들어주기 위해 속마음을 대신 읽어준다.

### 4. 정당하지 않은 행동이라는 걸 인지시키기

화가 다 가라앉고 상대방의 기분이 원래대로 돌아와 건강한 대화를 할 수 있는 상태가 되면 그때 네가 한 말이 나에게 상처를 주었다고 알려준다. 일부러 그리 독하게 말했겠냐마는 그럼에도 나에게 상처 된다는 걸 끊임없이 인지시켜야 한다. 물론 그렇게 한다고 해서 상대방의 욱하는 성격은 하루아침에 고쳐지지 않을 테고 어쩌면 평생 못 고칠 수도 있지만 그래도 수없이 인지시켜주면 10번 욱할 거 5번으로 줄어든다.

---

#### 언성 높이는 애인이 봐야 할 글

1. 욱하는 마음이 들 때는 일단 대화 멈추기
2. 이해받는 걸 권리라고 생각하지 않기
3. 상스러운 욕설 쓰지 않기
4. 사랑하는 사람 눈에서 눈물 흘리게 만들지 않기
5. 당연한 건 없다는 걸 마음에 새기기
6. 맹목적으로 비난하지 않기
7. 사람들 많은 곳에서 다투지 않기
8. 상대방 자존심만큼은 지켜주기

# 3

## 애인 편을 들어주기 어려울 때

A: 아니, 팀장님이 나한테만 그런다니까? 나만 싫어해. 딱 봐도 차별하는 게 느껴져. 그리고 오늘 거래처랑 메일을 주고받는데 내가 보낸 자료를 정확히 기억 못 한다고 엄청 뭐라 하는 거야. 내가 자료를 안 읽어본 것도 아니고. 그 내용을 어떻게 다 기억해? 그거 때문에 나랑은 같이 일을 못 하겠다는 둥 얼마나 쪼아대던지 내가 무슨 죽을죄를 지은 줄 알았다니까?

B: (팀장이 자기한테만 그럴 리가 없을 텐데. 그리고 자료들 기억 못 하고 메일 보내면 자료 준 사람 입장에서는 기분 나쁠 만하지 않나?)

회사에서 안 좋은 일 때문에 잔뜩 기분이 상한 애인. 그런데 이야기를 들어보니 내 애인이 100% 잘한 것 같지는 않다. '이 부분은 이렇게 했으면 갈등을 피할 수 있지 않았을까' 하는 생각이 든다. 그리고 왠지 양쪽 말을 들어보면 애인의 회사 동료도 자신의 입장이 있을 것만 같다. 어떻게 한쪽의 잘못만 있겠는가. 하지만 이때 당신의 입에서 "내가 보기엔 그분이 잘못한 것 같지는 않은데?"라는 말이 나오는 순간 파국에 치닫게 된다.

## 1. 동의할 수 없어도 동의하자

애인의 회사 사람이 썩 잘못한 것 같지 않아 보여도 그냥 잘못했다고 하자. 내 회사 동료도 아니고 내가 욕한다고 해서 내 회사 생활에 문제가 생기는 것도 아니다. 애인이 하는 말을 그대로 복사+붙여넣기 하며 "어휴, 진짜 나쁜 사람이네. 왜 그런대? 그러고도 팀장이야?"라고 당신이 더 크게 욕해주면 애인은 '내가 하고 싶었던 말 다 해주네. 아, 속 시원해' 하면서 속풀이를 더 일찍 끝낸다. 내가 회사 사람 편을 들어주면 오히려 애인은 회사에 대한 분개심이 커져서 더 오래 욕하므로 내 귀만 아파진다.

## 2. 상황을 이해 못 하겠으면 감정이라도 이해하자

왜 그것이 회사 사람의 잘못인지, 분명히 회사 사람의 입장도 있을 텐데 왜 자기 입장만 생각하는지, 화날 일은 맞는데 그 정도로 화낼 일인지 내가 상황을 이해 못 할 수도 있다. 그럴 때는 '화'라는 감정에 초점을 맞춰보자. 내가 회사에서 억울하거나 기분 나쁜 일을 당해 화가 났을 때 어떤 감정이 들었는지 되돌아보는 것이다. 비록 내가 겪은 상황이나 내 회사 생활의 기준이 애인과 다르기는 하지만 어쨌든 사람들 사이에 껴서 일하는 것은 똑같은 입장이니까 회사 생활 하면서 사람 때문에 화나는 일은 분명 나도 겪어봤을 것이다. 그때 느꼈던 감정을 떠올려 '그때 내가 겪었던 감정과 비슷하겠구나' 하며 애인을 이해해주자.

## 3. 해결해달라는 게 아니다

어떻게 해야 해결할 수 있는지는 애인도 알고 있다. 방법을 몰라서 해결안을 원했다면 "이러이러한 상황인데 어떻게 하면 좋을까?" 하고 물어봤을 것이다. 그런 질문이 없다면 그냥 들어달라는 것이다. 회사 사람 욕을 회사에서 하면 금방 소문이 퍼지는 뒷담화가 되니 애인인 나에게 털어놓고 풀어보려고 하는 나름의 노력이다.

## 4. 누가 잘했는지 잘못했는지는 중요한 게 아니다

연애를 하면 애인이 무조건적인 내 편이 되어주기를 바란다. 내가 잘못했더라도 "그랬구나. 괜찮아. 다음부터 안 그러면 되지."라고 토닥여주기를 바란다. 그러니 애인이 당신에게 어떤 말을 할 때는 잘잘못을 따져달라는 뜻으로 말하는 게 아니다. 앞뒤 상황 다 들어보고 설령 회사 사람이 잘못한 게 아니더라도 당신은 내 애인의 감정을 상하게 만든 회사 사람이 더 잘못했다고 여긴 뒤 애인 편을 들어주는 것이 관계에 있어서 도움이 된다. 회사 사람과 연애하는 게 아니라 애인과 연애하고 있다는 점을 잊지 말자.

## 5. 모든 건 감정이 가라앉은 뒤에 말한다

이야기를 듣다 보면 애인이 잘못한 것 같거나 그런 상황일 때 더 좋은 대처 방안을 알고 있어서 조언을 해주고 싶은 마음이 불쑥 올라오곤 한다. 애인이니 그런 조언은 해줄 수 있지만 지금 당장은 아니다. 나중에 화가 가라앉고 난 뒤 '그때 그랬으면 더 좋았을 것 같다. 나도 그런 거 겪어본 적 있다' 이런 식으로 말을 꺼내면 애인도 화가 나서 울분을 토할 때보다는 이성적인 상태가 되어 있을 것이기 때문에 삐뚤어짐 없이 들어줄 것이다. 아무리 애인에게 필요한 말일지라도 타이밍이 좋지 않으면 잔소리만 될 뿐이다.

## 맞장구치는 말 10가지

1. 어, 맞아
2. 나도 겪어본 적 있어
3. 맞아, 그럴 수도 있지
4. 내 생각도 그래
5. 그러니까~ 내 말이
6. 걔는 왜 그런대?
7. 그래서 어떻게 했어?
8. 오, 나도 그런데
9. 진짜 대박이다
10. 뭔지 알 것 같아

## 4

# 다툼이 시작되면 옛일까지 끌어올 때

"작년에 못 갔으니까 이번 여름휴가는 꼭 가고 싶다고 말했잖아. 왜 이렇

게 나를 안 챙겨줘? 이젠 내가 귀찮아? 자기는 항상 나를 내버려둔다니

까? 저번에 갔던 결혼식에서도 갑자기 친구들 만났다고 나 혼자 덩그러

니 내버려두고. 내가 얼마나 뻘쭘했는지 알아? 자기 친구들은 엄청나게

잘 챙기고 아끼면서 내 생일이나 기념일 같은 건 대충 지나가거나 까먹

고. 우리 지난달에 500일이었어. 그것도 몰랐지?"

이번 일로 싸우다가 갑자기 예전에 서운했던 일까지 폭발해서 와다다 쏟아낼 때. 옛날에 사과하고 넘어간 일인데 그때의 일까지 끌어와 싸잡아서 화내면, 자기가 이 싸움에서 승기를 잡고 싶은 욕심에 비겁한 수를 두는 느낌이 들어 더 이상 대화하고 싶지 않아진다. 그때 분명히 사과를 받아놓고 여태까지 마음속에 담아두고 있었다는 건가? 그럼 왜 사과를 받아주는 척했던 걸까? 속이 부글부글 끓어올라 10만큼만 싸우고 넘어갈 수 있는 일이 50까지 커져서 서로의 감정이 크게 상하고 만다.

연인 부부

## 1. 종종 속마음을 터놓는 자리를 가진다

옛일까지 끄집어내는 애인은 평소에 속마음을 잘 안 터놓고 쌓아둘 가능성이 높다. 분위기 깨기 싫어서, 이런 걸로 서운하다고 말하면 속 좁다고 생각할까 봐, 사소한 것 가지고 뭐라 하기 유치한 것 같아서, 불만을 말하면 내가 화를 내서, 고쳐줬으면 하는 걸 말해도 이해를 못 해서 등의 이유일 것이다. 가볍게 맥주나 와인 한잔하면서 "내가 요즘 자기한테 소홀하지는 않았어? 혹시 내가 서운하게 한 거 있으면 지금 말해줘. 오늘은 무조건 다 들을게!"라고 이야기해준다면 애인의 마음속에 켜켜이 쌓인 불만의 크기를 줄일 수 있다.

## 2. 옛일은 옛일로 끝냈으면 좋겠다고 말한다

"오늘 일 때문에 자기 기분이 상한 건 알겠는데 옛날 일까지 가져오지 않았으면 좋겠어. 그럼 우리 다툼이 커질 거야. 그때의 일로 아직 해결되지 않은 감정이 있으면 이번 주말에 같이 이야기하자. 그때 들어줄게. 오늘은 오늘 일만 이야기하자." 다툴 때 옛날 일까지 끌고 오는 건 관계에 득이 될 게 없다는 걸 상대방도 머리로는 충분히 알고 있을 것이다. 차분하게 설명해주면 상대방도 받아들인다.

## 3. 그냥 넘어가는 일이 없도록 한다

다툴 때 상대방이 '아, 됐어. 내가 말을 말아야지. 말해봤자 소용도 없는 거'라는 외로운 생각을 하지 않도록 한번 다툴 때 잘 다퉈야 한다. 잘 다투고 넘어간 일은 나중에 시간이 지나면 '그때 우리가 왜 다퉜지?'라는 의문이 들 정도로 기억이 가물가물해지는데, 어설프게 다투고 넘어간 일은 마음속에 앙금이 남아서 나중에 비슷한 일로 다툴 때 '맞다, 그때도 이런 일 때문에 다퉜는데!' 하고 떠올라 이때다 싶어서 쏟아내게 된다. 내가 다툴 때 어떤 모습인지 이번 기회에 돌아보자.

## 4. 용서를 강요하지 않았는지 되돌아본다

큰 죄를 저지른 게 아닌 이상 연인 사이에 일어난 일은 사과를 하면 대부분 받아주곤 한다. 그래서 그런지 가끔 용서받는 걸 당연한 권리로 생각하는 사람이 있기도 하다. "내가 미안하다고 했잖아.", "그만 좀 풀어라.", "언제까지 그러고 있을 거야?", "그럼 내가 뭘 더 어떻게 해야 하는데?"와 같은 말로 상대방이 용서할 준비가 될 때까지 기다려주지 않고 닦달하는 말로 용서를 강요하지는 않았는지 되돌아보자.

## 5

자기가 할 생각은 안 하고
해주기만을 바랄 때

연인부부

- 나는 그런 거 잘 못해. 자기가 해줘. 자기가 더 잘하잖아. 잘하는 사

람이 해줘.

- 아니? 그거 안 알아봤는데. 자기가 검색 잘하잖아. 자기가 해줘.

- 이거 자기가 버려줘. 나 비위 약한 거 알잖아. 나는 냄새나서 싫어.

사람마다 잘하는 게 따로 있고 못하는 게 따로 있다지만 너무 '해 줘' 마인드는 '자기가 좀 하면 안 되나' 하는 한숨을 불러일으킨다. 사랑하는 사람을 위해 기꺼이 해줄 수도 있지만 어느 순간 내가 연애를 하는 건지 아이를 키우는 건지 혼동이 오곤 한다. 연애 초반에야 뭐든 다 퍼줄 수 있지만, 도파민이든 엔돌핀이든 옥시토신이든 사랑의 호르몬이 줄어들어 원래의 상태로 돌아오면 '이런 것까지' 시키는 상대에게 짜증이 나기도 한다.

## 1. 같이 해보자고 한다

정말로 못해서든 귀찮아서든 하기 싫어서든, 어쨌든 이때까지 내가 해줬기 때문에 상대방이 '이건 네가 해줘'라고 넘기는 것이다. 연애 초반 때부터 받아주던 걸 갑자기 안 받아준다고 하면 애인 입장에서는 '사랑이 식었나?'라고 생각할 수도 있다. 지금까지 잘 해줬으면서 갑자기 "네가 해." 하면 당황스러울 수 있으니 같이 해보자고 하며 함께 차근차근 해나가는 시간을 가진다.

## 2. 지금부터 해보자고 한다

지금'까지'는 안 했지만 지금'부터' 해보면 되는 것이다. "나 이런 거 안 해봤어." 라고 하면 "지금부터 해보면 되지.", "나 이런 거 할 줄 몰라."라고 하면 "지금부터 배워보면 되지.", "나 이런 거 잘 못해."라고 하면 "지금부터 도전해보면 되지."라고 말한다.

## 3. 넘치는 리액션과 칭찬을 탑재한다

처음부터 잘하는 사람이 어디 있으랴. 내 눈에 당연히 부족해 보일 것이다. 그러나 이때까지 안 했던 것들을 하려고 하는 그 모습이 얼마나 기특한가. 아기가 첫 걸음마를 뗐을 때 부모가 보이는 리액션을 찾아보자. 딱 그 느낌으로 칭찬해줘야 한다. 잘한다, 잘한다 해야 계속하고 그래야 내가 편해진다.

## 4. 상대방이 잘하는 점을 찾아본다

예를 들어 내가 계획 짜는 일을 잘해서 지금까지 여행 계획을 다 내가 짰다고 가정하자. 애인에게 계획 세우는 일을 맡겼더니 잘하지도 못하고 본인도 별로 내켜 하지 않는다. 이럴 땐 평화를 위해 잘하는 사람이 계속 잘하는 걸 하는 게 좋다. 대신 애인이 잘하는 걸 찾아서 그걸 애인이 하게끔 하자.

# 6

## 쇼핑 스타일이 다를 때

- 앞에 입었던 게 나아? 지금 입은 게 더 나아?

- 이거랑 이게 더 잘 어울려? 저게 더 잘 어울려?

- 나 이 색깔이 더 잘 받아? 저 색깔이 더 잘 받는 것 같아?

내 눈에는 자세히 봐도 다 비슷해 보이고 그냥 다 괜찮은 것 같은데 반드시 어떤 것 하나를 골라달라는 요청을 받을 땐 참 곤란하다. "아무거나 해도 다 잘 어울려."라는 대답을 했다간 "아. 무. 거. 나?"라는 싸늘한 대답이 돌아오고, "둘 다 잘 어울려."라는 대답을 하면 "하나만 골라달라니까?"라는 퉁명스러운 대답이 돌아온다. 이 절체절명의 순간에 어떻게 대답하면 애인을 만족시켜줄 수 있을까?

## 1. 어차피 답은 정해져 있으니 너무 정답을 내려주려 하지 말 것

내가 A가 더 낫다고 해도 애인은 "아냐, 다시 보니 B가 더 나은 것 같아."라며 B를 고를 것이다. 어차피 구매 결정은 당사자가 할 것이라는 말이다. 어떤 게 더 낫냐는 질문을 할 때는 내 눈에 어떤 게 더 나은지 궁금해서 물어보는 마음 50%, 서로 의견을 나누며 쇼핑하는 기분을 내고 싶은 마음 50%이다. 매의 눈으로 무엇이 더 나은지 정답을 찾아줘야 하는 건 아니니 일단은 마음속의 부담을 내려놓자.

## 2. 어떤 답이든 긍정적인 말로 포장할 것

내가 해당 제품에 대해 빠삭하게 알고 있는 경우가 아니라면 평가에 부정적인 표현은 넣지 말자. 애인은 B가 마음에 쏙 든 상태인데 내가 "A는 괜찮은 것 같은데 B는 좀 별로야."와 같은 말을 하면 괜히 마음이 상할 수가 있다. "A는 귀여워 보이고 B는 성숙해 보인다.", "A는 화사해 보이고 B는 분위기 있어 보인다."와 같이 전부 긍정적으로 표현해준다. A와 B를 놓고 물어본다는 건 일단은 둘 다 마음에 들기 때문에 고민한다는 것이기에 애인이 마음에 들어 하는 걸 굳이 깎아내릴 필요는 없다.

### 3. 잘 몰라도 열심히 고민한 티를 낼 것

완벽한 정답을 찾아주면 좋겠지만 정답이 아니더라도 끊임없이 내 말에 호응해주며 내가 고른 것에 함께 관심 가져주는 모습이면 충분하다. 내 질문을 귀찮아하는 모습, 대충 빨리 끝내고 가려는 모습이 서운한 것이지 정답을 주지 않았다고 해서 화낼 사람은 없다. 집중해주고, 고민해주고, 호응해주고. 이 3가지면 행복한 쇼핑 데이트가 될 수 있다.

### 4. 쇼핑 메이트를 바꿀 것

둘 중 한 명이 쇼핑을 안 좋아하거나 둘의 쇼핑 스타일이 맞지 않다면 굳이 쇼핑 데이트를 하지 않는다. 쇼핑은 꼭 누군가와 함께해야 하는 것이 아니기 때문에 서로의 차이를 좁힐 수 없다면 혼자 쇼핑하거나 새로운 쇼핑 메이트를 구하는 것이 좋다. 쇼핑할 때마다 누군가는 힘들고 누군가는 서운해한다면 아예 안 하느니만 못하다.

---

### 이건 어때? 저건 어때? 쇼핑의 정석 리액션

1. 이거는 깔끔해 보이고, 저거는 고급스러워 보여
2. 이거는 얼굴이 환해지고, 저거는 얼굴이 또렷해지는 것 같아
3. 이거는 평소에 하기 좋겠고, 저거는 특별한 날에 하면 괜찮겠다
4. 이거는 체형이랑 잘 맞는 것 같고, 저거는 피부 톤이랑 잘 맞는 것 같아
5. 이거는 가성비가 좋은 것 같고, 저거는 비싸도 값어치 하는 것 같아

## 7

## 결혼 이야기가 오갈 만큼
## 관계가 진지해졌을 때

• 우리 결혼하면 어디서 살지? 그래도 집은 있어야 하잖아. 출퇴근 시간 고려하면 이쪽 지역이 제일 괜찮기는 한데, 여기 전셋값이 왜 이렇게 비싸? 아니, 돈 돈 돈 하는 게 아니라 현실이 그렇잖아. 결혼은 현실인데 어떡해.

• 자기네 집은 가족 모임이 왜 이렇게 많아? 우리 집은 전화도 잘 안 하는 편이야. 무소식이 희소식이라고. 결혼하면 조금 줄이자. 난 이렇게 가족들 자주 만나는 거 불편해. 아니, 자기 부모님이랑 만나는 게 싫다는 게 아니라 어른들 자주 만나는 자리가 불편하다는 거잖아.

두 사람의 나이가 어느 정도 찼거나 만난 지 꽤 오래되었을 때 이제 연애를 마무리 짓고 결혼을 하고 싶어지는 순간이 문득 온다. 하지만 이때 무턱대고 결혼 이야기를 꺼내면 상처를 주고받을 수 있다. 연애는 사랑만으로도 가능하지만 결혼은 현실적인 부분을 고려하지 않을 수 없기 때문이다.

## 1. 자존심 상하는 이야기는 금물

우리가 살 집은 어디가 좋냐, 그동안 모아둔 돈은 얼마냐, 결혼식에 들어가는 비용은 어느 정도 생각하냐, 부모님이 지원해주실 수 있냐 등 아무래도 돈 이야기가 많이 나올 수밖에 없다. 하지만 돈에 관한 대화는 돈이 아무리 많은 사람이라도 민감하게 받아들일 수 있고, 때로는 부족한 쪽의 자존심이 상할 수 있다. "이것밖에 못 모았어?", "왜 너희 부모님은 안 도와주셔?"처럼 따지는 듯한 말투는 삼가야 한다.

## 2. 양가 부모님에 대한 이야기는 조심스럽게

아무리 세상이 바뀌고 시대가 변했다 해도 부모와 자식이 연을 끊고 살지 않는 이상 상대방분만 아니라 상대방의 집안도 중요하다. 가정의 분위기는 어떠한지, 부모님의 성격은 어떠한지, 자식을 대하는 태도는 어떠한지, 용돈은 얼마나 드리고 있는지, 얼마나 자주 만나는지 등을 확인해야 한다. 결혼을 하면 나도 상대방의 부모님과 깊은 관계를 맺게 될 텐데 나와 상극이면 그분들을 찾아뵙는 게 고역일 것이다. 하지만 그렇다고 해서 부모님에 대해 취조하듯이 묻고 '그런 면은 좀 별로다. 나와 안 맞는다'와 같이 탓을 하며 단정하듯 말하면 결국에는 부모님을 비난하는 꼴이 되어 감정이 상할 수밖에 없으니 주의하자.

### 3. 결혼고사 풀어보며 대화 나누기

시험지 형식으로 되어 있는 '결혼고사'가 있다. 학교에서 푸는 시험지랑 비슷한 형식인데 그 안의 내용은 결혼하기 전에 서로가 얼마나 같고 다른지 확인할 수 있는 문항들이다. 민감해서 직접 물어보기 조금 망설였던 내용들도 있는데 내가 상대방에게 직접 묻는 게 아니라 시험이라는 도구를 통해 돌려서 물어볼 수 있으니 감정이 덜 상할 수 있다.

### 4. 만나서 대화하기

문자로 대화를 나누면 글이라서 딱딱해 보이고 전화로 대화를 나누면 표정을 볼 수가 없다. 평범한 대화라면 문자든 전화든 아무 수단으로 대화를 나눠도 되지만, 무언가를 결정해야 한다거나 민감한 부분을 상의해야 한다면 만나서 얼굴 보고 대화를 나누는 게 불필요한 오해를 막아줄 수 있다.

## 결혼 전 체크리스트

1. 각자 모아둔 돈은 얼마인가
2. 2세 계획에 대한 생각은 어떠한가
3. 상대방의 어떤 행동에 가장 화가 나는가
4. 부모님께 연락은 얼마나 자주 드려야 하는가
5. 결혼 후에도 변하지 않았으면 하는 것은 무엇인가
6. 주말은 어떻게 보내면 좋겠는가
7. 신혼집은 어느 정도로 생각하는가
8. 부모님께 용돈을 얼마나 드려야 하는가
9. 가계 재정 관리는 어떻게 하는 게 좋은가
10. 집안일은 어떻게 분배하면 좋은가

# 계획적인 애인(J) vs 즉흥적인 애인(P)

A: 여행은 나 혼자 가? 일주일밖에 안 남았는데 뭐 뭐 할지 우리 아직 하나도 안 정했어.

B: 숙소랑 교통만 해결됐으면 됐지! 어디 갈지는 기차 안에서 찾아도 안 늦어.

A: 예매 안 하면 못 가는 곳도 있어.

B: 그럼 안 가면 되지.

A: 여행까지 갔는데 안 가면 아쉽잖아.

B: 아니, 나는 그냥 여행이 하고 싶은 거라니까?

데이트를 하거나 여행을 갈 때 계획대로 착착 움직이는 사람이 있는가 하면 반대로 느낌대로 확확 움직이는 사람이 있다. 계획대로 했을 때의 장단점이 있고 느낌대로 했을 때의 장단점이 있어서 무엇이 더 낫다고 할 수는 없지만, 너무 다른 두 사람이 만나면 두 사람 모두 만족하지 못하는 시간이 되어버린다.

> **여기서 잠깐**
>
> - 계획형(J): A부터 Z까지 계획을 세우고 그 계획을 유지하는 걸 좋아하며 예상하지 못한 변수가 발생했을 때 스트레스를 받는다.
> - 즉흥형(P): 현실에 맞춰 그때그때 자율적으로 선택하는 걸 좋아하며 예상하지 못한 변수가 발생해도 심리적으로 부담을 느끼지 않고 유연하게 대처한다.

## 1. (계획형) 짜증 내지 않는다

갈 곳을 잃어 길거리에 서서 검색을 해야 한다거나 동선이 효율적이지 않아서 이동하는 데만 시간을 너무 많이 썼을 때 짜증 내거나 뚱해 있으면 계획형이 설 자리를 잃는다. "아니, 여행 왔는데 이런 맛도 있는 거지. 일하러 온 것도 아니고 꼭 그렇게 빡빡하게 굴어야겠어?"라고 즉흥형의 공격이 들어오기 때문이다. "인터넷에 A 동네 맛집 베스트 검색해보자. 우리보다 더 맛잘알 선생님들이 알려주실 거야.", "그래도 버스 오래 타니까 앉아서 쉴 수 있어서 좋다. 하루 종일 걸어 다니는 것보다 나은 듯?"이라고 변수에 유연하게 대응한다면, 대책 없는 즉흥형도 미안함과 함께 다음에는 자신도 더 열심히 찾아보고 계획 세우는 데 도움이 되어야겠다는 마음이 들 것이다.

## 2. (즉흥형) 투덜대지 않는다

가려던 맛집이 휴무일이거나 보려던 전시회가 줄이 너무 길어서 도저히 못 기다리거나 하는 변수가 생겼을 때 투덜거리거나 뾰로통해 있으면 즉흥형이 설 자리를 잃는다. "거봐, 내가 찾아보고 오자고 했잖아. 계획 없이 와서 이렇게 된 거잖아."라고 계획형의 공격이 들어오기 때문이다. "아쉽지만 근처 가게 찾아보자! 관광지인데 웬만하면 다 무난하지 않을까?", "그럼 여기 말고 다른 곳 가보자. 내가 게시글 저장해둔 거 있거든? 거기도 좋을 것 같아!"라고 변수에 긍정적으로 대응한다면 꽉 막힌 계획형도 수긍해줄 것이다.

## 3. 여행을 가기 전에 대분류는 정하고 간다

막연히 "기분 전환하고 싶어. 여행 갈래!"라고 하면 사람마다 '기분 전환'의 기준이 다르기 때문에 아쉬움이 남을 수 있다. 호캉스를 하면서 쉬고 싶다, 맛집 투어를 하고 싶다, 레저 스포츠를 하고 싶다, 무언가 만드는 체험형 클래스를 하고 싶다, 자연을 만끽하고 싶다 등 대분류를 정하면 조금은 삐걱거리더라도 유연하게 대처해나갈 수 있다. 적어도 여행의 목적은 같으니까.

## 4. 번갈아서 각자의 스타일대로 여행한다

이번 여행은 계획형 스타일로, 다음 여행은 즉흥형 스타일로 간다든지 해외여행은 계획형 스타일로, 국내 여행은 즉흥형 스타일로 간다든지. 기준을 정해서 누구의 스타일로 여행을 갈지 합의를 한 뒤 오롯이 상대방의 여행 스타일에 맞춰준다. 물론 온전한 내 스타일의 여행이 아니라 불만족스러운 부분도 있겠지만 정반대의 성향과 여행하다 보면 몰랐던 장점을 발견하기도 한다.

## 계획형(J)과 즉흥형(P)의 차이

### 여행 가는 시기

- 계획형: 여행 일정을 소화할 수 있는 안 바쁜 시기일 때, 대략적인 날짜와 여행지 등이 그려졌을 때, 여행 지역에서 알차게 돌아다닐 수 있는 야무진 동선이 그려졌을 때, 통장 잔고가 여유 있을 때…
- 즉흥형: 집에만 있기 심심할 때, 계절이 바뀔 때, 릴스/쇼츠 넘기다가 예쁜 여행지가 보일 때, 친구의 여행 사진을 봤을 때, 여행 갈 때가 된 것 같을 때…

### 생각 차이에 따른 대화

P: 갑자기 추로스 먹고 싶다. 놀이공원에서 추로스 먹으면 더 맛있을 것 같지 않아? 가서 판다 가족도 보자! 머리띠 뭘로 쓰지? 헤헤.
J: 하나를 정했으면 딱 그걸로 하자. 왜 이렇게 이랬다저랬다 해?

J: 여행 가자고 했으면서 왜 너는 어디 갈지 안 찾는 거야?
P: 인스타 보관함에 다 저장해놨어. 그거 보고 끌리는 곳 가면 되지.

P: 난 그냥 기분 전환하고 싶다는 것뿐이었어.
J: 그니까 계획을 잘 짜야 즐거운 여행이 되지.

J: 길거리에서 어디 갈지 찾으며 시간 낭비하는 거 싫다고.
P: 같이 가는 게 중요한 거지. 헤매면 좀 어때, 그것도 추억이지.

J: 혹시 모르니까 여벌 옷도 챙기고, 여기 가니까 이거 필요하겠지?
P: 가서 사면 돼. 괜히 짐만 무거워진다니까?

연인부부

# 9

## 공감을 바라는 애인(F) vs
## 해결해주고 싶은 애인(T)

- 그건 네가 잘못한 거네. 회의 시간에 그렇게 얘기했으면 팀장님이 곤

란했겠다. 나중에 따로 말하지 그랬어. 이게 다 네가 팀장 자리에 안 앉

아봐서 그래.

- 그러면 아침에 일찍 일어나서 자격증 준비라도 해봐. 남들보다 뒤처진

다고 느껴지면 남들보다 더 부지런해야지. 남들이랑 똑같이 일어나서 똑

같이 자면 못 따라잡지. 게으르면 절대 안 돼.

- 아프면 병원에 가. 아프다고 말만 하지 말고. 병원 가서 약 타 먹는

게 제일 좋잖아.

(감정형) "너 T야?"라는 유행어가 있다. '넌 왜 공감을 못 해주니?'라는 의미로 쓰인다. 내가 겪은 상황과 내가 느낀 감정에 공감해주기를 바라며 말을 꺼낸 건데 상대방은 팩트 체크에만 초점을 둔다거나 해결책을 제시하는 데 급급하거나 냉철하게 잘잘못을 가릴 때. 애인이니까 무조건적인 내 편이 되어주기를 바라는데 전혀 공감해주지 못하니 서운할 수 있다.

(사고형) 무조건적인 공감은 문제를 해결하는 데 도움이 되지 않는데 애인은 "그냥 내 얘기를 들어달라는 것뿐이야!"라며 수박의 겉면만 핥으려 한다. 나는 문제를 함께 해결해나가고 싶은데 공감을 해달라고 할 때. 공감이 상황을 해결해주는 것도 아닌데 답을 찾아가는 나에게 서운하다고 하니 당황스러울 수 있다.

### 여기서 잠깐

- 감정형(F): 감정과 기분을 바탕으로 결정을 내린다. 문제를 해결하기 전에 우선 공감과 위로를 받기를 원한다.
- 사고형(T): 논리와 원리 원칙을 바탕으로 결정을 내린다. 문제를 해결할 수 있는 객관적인 답을 원한다.

(내가 감정형인 경우)

## 1. 무작정 공감하지 않는다

어떤 고민을 털어놔도 "아이고, 어떡해. 진짜 힘들겠다. 괜찮아, 다 잘될 거야."라고 공감 리액션을 반복하면 상대에게는 입에 발린 말처럼 느껴진다. 애인은 어렵게 고민을 털어놓았는데 복사+붙여넣기 공감으로 들이미니 대충 위로하는 것 같아서 오히려 '내 말을 듣고 있나?' 하는 허무함을 느낄 수 있다.

## 2. 구체적으로 물어본다

어떤 상황인지 자세히 말도 안 했는데 갑자기 "헐, 진짜 속상했겠다."라고 공감 멘트가 튀어나오면 상대는 '내 이야기 듣는 게 귀찮나?' 하는 생각이 든다. 어떤 상황이었는지, 과정이 어땠는지, 무슨 이유 때문이었는지 등 고민이 발생한 다양한 원인을 들은 다음에 해결책을 제시한다.

## 3. 사실과 데이터를 바탕으로 해결 방안을 제시해준다

"무조건 잘될 거야!"와 같은 근거 없는 희망적인 말보다는 "네 상황이 이런 것 같은데 이럴 때는 이런 게 도움이 된대."라고 현재 애인이 겪고 있는 유사한 상황과 그 상황을 해결해낸 일련의 방법들을 제시한다. 객관적이고 논리적이고 합리적인 해결책일수록 좋다.


(내가 사고형인 경우)

## 1. 공감해줄 수 없으면 수긍이라도 해준다

애인이 "난 이거 무서워."라고 말했을 때 "나는 안 무서운데? 이게 뭐가 무서워?"라고 궁금해하지 말고 "나는 안 무서운데 너는 무서울 수도 있겠다."라고 수긍을 해준다.

## 2. 이해가 안 되면 외운다

상대방이 힘든 이야기를 꺼내면 딱 3가지 표현만 쓴다. "그랬구나." "힘들었겠다." "그 사람 너무한 거 아니야?" 조언을 해준다거나 잘잘못을 따진다거나 팩트체크를 하지 않는다.

## 3. 해결책은 다음 날 제시한다

사랑하는 사람이 맞닥뜨린 문제를 해결해주고 싶다면 다음 날에 얘기를 꺼낸다. 지금은 힘들어하고 있는 상대방의 이야기를 들어주며 감정을 해소하는 것에만 집중한다.

연인부부

# 10

## 연락 문제가 조율이 안 될 때

- 내가 자기 전에 문자 남기라고 했잖아.

- 또 게임하느라 내 연락에 답장 안 한 거지?

- 술 먹고 연락 안 되는 거 싫다고 했잖아.

- 아무리 바빠도 회사에서 화장실 갈 틈은 있잖아.

한번 싸우면 끝까지 싸우게 되는 것이 연락 문제인 것 같다. 연애 초반에 연락 문제로 다투지 않았다는 건 둘의 연락 습관이 비슷하다는 거고, 습관이 같으니 불만이 없어서 다툴 일이 생기지 않는다. 하지만 스멀스멀 연락에 대한 불만이 나온다는 건 각자의 기준이 다르다는 거니까 그 기준이 맞춰질 때까지는 고작 사소한 연락 한 통으로 피 터지도록 싸우기도 하고 극한에는 헤어지기까지 한다.

## 1. 적당한 중간 지점을 찾기

연락을 잘 안 하는 사람에게 한 시간에 한 번씩 연락하고 문자 보낸 지 10분 안에 칼답을 하라고 하면 그건 불가능한 일을 약속하라는 것과 같다. 연락을 자주 하는 사람에게 하루에 두어 통으로 만족하라고 하면 그건 사랑을 포기하라는 것과 같다. 두 사람이 지킬 수 있을 정도의 선으로 합의하여 적당한 중간 지점을 찾아야 한다.

## 2. 날카롭게 반응하지 않기

연락은 습관이라 하루아침에 고쳐지지 않는다. 오랜 시간 달리는 마라톤과 같다. 그런데 시작부터 다투면 끝까지 완주할 힘이 없어진다. 상대방이 연락을 깜빡할 때마다 "또야?"라고 날카롭게 반응하기보다는 "서운해.", "속상해.", "신경 써줘.", "걱정했어."와 같이 내 감정을 전달한다. 한곳에 물방울이 계속 똑똑 떨어지다 보면 바위도 뚫는 것처럼 상대방에게 '연락'을 각인시키는 것이다.

## 3. 잘 보이는 곳에 적어두기

연락이 잘 안되는 순간은 정신없이 일할 때, 공부할 때, 친구랑 놀 때, 게임할 때 등일 것이다. 내가 연락을 잘 안 해서 애인이 마음고생한다면 적어도 바뀌려고 노력하는 모습은 보이자. 회사 컴퓨터 모니터 옆에, 내 핸드폰 잠금화면에 대문짝만하게 '연락'이라고 써두면 연락하는 걸 깜빡했을 때에도 적어둔 걸 보고 '아차!' 하고 바로 생각해낼 수 있다. 6시간 만에 연락할 거 3시간 만에 연락할 수 있도록 간격을 줄여준다. 그렇게 조금씩만 바뀌어도 애인이 연락 문제로 서운해하는 일이 줄어들 것이다.

## 4. 데이트할 때 엄청 잘하기

둘이 만났을 때 지극정성으로 잘해주면 애인이 평소에 연락이 잘 안되어도 '그래도 만났을 때는 나한테 잘해주니까… 나한테 무관심한 건 아니니까…'라고 넘어가줄 수 있는 아량이 생긴다. 연락하는 습관을 고치는 것이 어렵다면 데이트를 잘 준비하고, 데이트하는 동안에 애인에게 오롯이 집중하자. 데이트할 때 핸드폰을 자주 보는 것은 금물! "나 안 만날 때는 핸드폰을 보라고 해도 그렇게 안 보더니 왜 나랑 있을 땐 핸드폰만 봐?"라는 잔소리가 날아올 수 있다.

# 11

# 애인이 습관적으로 잠수를 탈 때

A: 무슨 일 있어? 힘든 거 있으면 나한테 말해.

B: 아냐, 아무 일도 없어. 괜찮아.

A: 괜찮긴 뭐가 괜찮아? 표정이 안 좋아 보이는데.

B: 나 좀 혼자 있고 싶어서. 우리 몇 주 정도만 연락 안 하고 지내면 안 될

까? 그냥 혼자서 생각할 시간이 필요한 것 같아. 요즘 일도 너무 바쁘고

그래서 너한테 신경도 못 쓰고 그러니까 마음이 많이 복잡해.

벼랑 끝에 서 있을 때 사람마다 제각각의 모습을 보이는데 그중에서 침묵을 선택하는 사람이 있다. 문제 상황이 닥쳤을 때 마음을 가라앉히는 방식에 차이가 있는 것이다. 일명 동굴에 들어가는 사람 즉 회피하는 성향의 애인을 둔 경우는 속이 터진다. 대체 혼자서 무슨 생각을 하는 건지, 혹시 헤어지자고 하는 건 아닌지, 뭐가 문제인지 말해주면 고치려는 노력이라도 할 텐데 왜 말도 안 해주고 혼자 해결하려 하는 건지.

## 1. 부풀려서 상상하지 말기

애인이 나를 두고 동굴로 들어가면 나 혼자 괜한 상상의 나래를 펼치게 된다. 하지만 기나긴 상상의 종착지는 어디로 돌아가도 이별하는 모습에 도착한다. 동굴 간 사람은 그저 생각을 정리하고 불필요한 감정의 불순물을 지우려고 동굴에 들어간 건데, 동굴 밖에 있는 사람이 문제를 키우면 곤란하다.

## 2. 필요한 걸 해주기

애인은 그저 혼자 있고 싶을 뿐이다. 위로 같은 거 안 해줘도 된다. 대화 같은 거 별로 안 하고 싶다. 다만 내가 그걸 못 받아들일 뿐. 애인은 혼자서 해결하는 타입인 것이다. 대화를 해야 풀린다는 건 오롯이 내 입장인 거고 상대방 입장은 잠깐 대화를 멈추고 혼자 있을 시간이 필요한 것뿐이다.

## 3. 몰아붙이지 말기

회피하는 사람에게 "왜 대화를 안 하겠다는 건데?", "대체 뭐가 문제인 건데?", "그럼 언제 대화할 건데?"와 같이 다그치면 오히려 더 깊숙한 곳으로 들어가 입을 꾹 닫고 있는 시간만 늘어난다. 날아가려는 새를 잡는 방법은 손을 뻗으며 휘젓는 게 아니라 가만히 서서 내게 오게끔 하는 것이다.

## 4. 마지노선 정하기

하지만 동굴 간 사람은 동굴 간 사람이고, 기다리는 사람 입장에서는 애가 탄다. 그렇게 맨날 혼자 생각하고 혼자 판단하고 혼자 결정할 거면 연애는 왜 하나. 연애를 할 거라면 최소한의 마지노선은 필요하다. 애인의 상태가 괜찮을 때 "혼자 시간이 필요한 건 알겠는데 일주일은 안 넘었으면 좋겠어."와 같이 내가 참을 수 있는 마지노선을 정하고 합의를 본다.

## 5. 혼자만의 시간 즐기기

애인이 대체 언제 동굴 밖으로 나오나 입구 앞에서 기다리고 있지 말고 내 할 일 하며 지내는 것이 정신 건강에 좋다. 그동안 못 만났던 친구도 만나고, 그동안 못 봤던 영화나 드라마도 정주행하고, 주말에 여행 가서 하고 싶은 거 실컷 하고. 갑자기 찾아온 자유를 피하지 말고 즐기자.

### 잠수 타는 사람 특징

1. 문제를 혼자 해결하려고 한다
2. 타인에게 좋은 모습만 보여주고 싶어 한다
3. 혼자 있을 때 에너지 충전이 된다
4. 상처받는 것도, 상처 주는 것도 싫어한다
5. 갈등을 마주하는 걸 두려워한다
6. 속마음을 잘 털어놓지 않는다
7. 자기만의 보이지 않는 선이 있다

# 12

# 기념일 챙기는 걸 귀찮아할 때

A: 다음 주면 우리 만난 지 400일인데 뭐 하지?

B: 400일도 챙겨야 돼? 1주년 챙긴 지도 얼마 안 됐잖아.

A: 1주년은 1주년이고, 400일은 400일이지.

B: 이제 100일 단위 기념일은 그냥 넘어가도 괜찮지 않을까?

딱히 기념일에 의미를 두지 않는 사람이 있다. 평소에 잘 지내면 되었지 몇백 일, 몇 주년 이런 걸 꼭 챙겨야 하냐는 의견이다. 아무래도 기념일이다 보니 어디 근사한 레스토랑이라도 가야 할 것 같고, 작더라도 신경 써서 선물을 준비해야 할 것 같다. 애인이 가볍게 보내도 된다고 말해줘도 부담이 아예 없을 수는 없다. 하지만 연애는 둘이서 하는 거고 기념일도 둘이서 챙기는 건데 한쪽이 기념일 챙기는 게 싫다고 아예 안 챙길 수는 없는 노릇이다.

## 1. 기념일 챙겨야 하는 이유를 말한다

살다 보면 일 년에 축하할 일이 몇 번 없다. 안 그래도 퍽퍽한 인생, 기념일을 핑계 삼아 분위기 한번 잡자는 것이다. 거하게 하자는 것도 아니고 사치 부리자는 것도 아니다. 평소와는 다르게, 평소보다 조금 특별한 하루를 보내자는 것뿐이다.

## 2. 적당한 간격을 정해서 챙길 기념일을 정한다

기념일 챙기기 귀찮아하는 사람에게 100일 단위의 기념일을 챙기라고 하는 건 너무한 처사이다. 연인끼리 크게 챙길 만한 기념일은 생일, 크리스마스, 사귀기로 한 날 정도가 있다. 보통 1년을 사계절, 4분기로 나누니까 기념일도 1년에 4번 챙기는 걸로 하면 어떨까.

## 3. 가볍게 보내기로 했으면 진짜 가볍게 보낸다

기념일 챙기는 게 부담스럽다는 상대의 말에 "아냐, 난 가볍게 보내도 괜찮아!"라고 대답했으면 진짜 가볍게 보내도 괜찮아야 한다. 비용, 시간, 규모 등 가볍게 보내도 괜찮다고 해놓고서 가볍게 보내는 걸 서운해하면 상대방은 그다음부터 기념일 챙기는 걸 더 싫어하게 된다.

## 4. 구체적으로 말한다

기념일에 큰 의미를 두지 않는 사람에게 내가 바라는 깜짝 서프라이즈와 내 마음에 쏙 드는 선물을 눈치껏 준비하라고 하면 굉장히 부담된다. '내가 말 안 해도 센스 있게 준비하는 애인'이 되어주기를 바라는 욕심을 내려놓자. "나 500일은 챙겼으면 좋겠어. 이 호텔에서 호캉스 보내고 싶고, 선물은 꽃이랑 편지 받고 싶어."라고 직접적으로 말해주면 상대방이 기념일 챙기는 걸 덜 부담스럽게 느낄 것이다.

### 소소하게 기념일 챙기는 법

1. 귀여운 커플 아이템 맞추기
2. 꽃다발 선물하기
3. 전망 좋은 레스토랑 가기
4. 빼곡하게 편지 써주기
5. 스튜디오에서 사진 촬영하기
6. 원데이 클래스 참여하기
7. 함께 찍은 사진 한곳에 모으기

# 13

## 권태기를 이겨내고 싶을 때

"자기야, 아무래도 나 권태기가 온 것 같아. 주말에 데이트하는 것도 귀

찮고, 내가 자기를 예전만큼 사랑하는지도 잘 모르겠어. 자기가 뭐만 해

도 짜증이 나. 근데 헤어지고 싶은 건 아니야. 헤어지는 상상하면 마음이

아프거든. 이 시기를 잘 극복해낼 수는 없을까?"

한 사람과 오래 연애를 하다 보면 비슷한 패턴으로 데이트하고, 비슷한 패턴으로 스킨십하고, 비슷한 패턴으로 다투다 보니까 거기에 익숙해져서 연애 자체가 밋밋하게 느껴질 때가 있다. 이때 두 사람 다 똑같은 마음이면 그럭저럭 넘어가거나 무난하게 헤어지거나 하는데, 한쪽은 아직 마음이 뜨겁고 한쪽은 마음이 식었다면 난감해진다. 듣기만 해도 무서운 그 이름 '권태기', 과연 우리는 현명하게 극복할 수 있을까?

## 1. 데이트 패턴 완전히 바꾸기

연애할 때 바꿀 수 있는 것들 중에 가장 쉬운 게 데이트 패턴이다. 맨날 실내 데이트만 했다면 돌아다니는 실외 데이트도 해보고, 정적인 데이트만 했다면 활동적인 데이트도 해보고, 관람하는 데이트만 했다면 직접 참여하는 데이트도 해보자. 분위기를 환기시켜 연애의 2막을 열어보는 것이다.

## 2. 자주 다투는 패턴 고치기

밑바닥까지 다퉈서 볼 장 다 본 사이라면 연애도 인간관계이기에 사랑이 남았나 안 남았나를 떠나서 지칠 수 있다. 작은 것에도 자주 다투는 커플이라면 상대방이 가장 안 해줬으면 하는 행동 하나씩을 정해서 권태기 극복 기간 동안만큼이라도 그 행동을 절대 하지 않는 것으로 약속하고 실천한다.

## 3. 외모와 패션 변화시키기

아무래도 오래 연애하다 보면 둘 다 살도 찌게 되고, 잘 안 씻고 만나게 되고, 옷도 후줄근하게 입게 되고, 화장이나 머리 손질도 안 하게 된다. 지금 내 상태로 소개팅에 나간다고 가정해보자. 객관적으로 봤을 때 까일 확률 99%다. 외모 잘 가꾸고 옷 잘 입으면 사그라들었던 설렘도 다시 생길 수 있다.

## 4. 다양하게 스킨십해보기

늘 똑같은 장소에서 똑같은 과정으로 스킨십을 하면 스킨십을 하고 싶다는 생각이 줄어든다. 하지 않아도 이미 다 머릿속에 그려지기 때문에 흥분도가 떨어질 수 있다. 때와 장소, 역할 등을 다양하게 하며 분위기를 바꿔보자. 페티시가 있다면 구현해보는 것도 좋다.

## 권태기가 왔을 때 증상

1. 온종일 연락이 없어도 괜찮다
2. 뭘 하든 짜증이 난다
3. 상대방이 못생겨 보인다
4. 데이트가 귀찮아진다
5. 스킨십에 거부감이 든다
6. 뭐 하고 있는지 궁금하지가 않다
7. 같이 있어도 따로 있는 것 같다
8. 단답형으로 대답하게 된다
9. 할 말이 없다

# 14

# 피임에 대한 의견 차이가 날 때

"내 친구들도 다 콘돔 안 끼고 해. 근데도 임신된 경우 한 번도 못 봤다니

까? 걱정하지 마. 나 못 믿어? 임신이 그렇게 쉽게 되는 게 아니야. 안 끼

고 하는 게 훨씬 좋아. 난 콘돔 끼면 느낌이 덜 와서 흥분이 안 돼. 그리고

여자도 콘돔 안 끼고 하면 훨씬 더 좋대. 생각해봐. 고무가 닿는 거랑 살

이 닿는 거랑 느낌이 같겠어? 정 싫으면 네가 약을 먹는 건 어때?"

이성적인 상태에서는 대부분 "계획에 없는 임신은 당황스러우니 피임은 철저하게 해야지!"라고 말한다. 하지만 야릇한 분위기가 무르익은 상태에서, 그것도 한창 진행되고 있는 중간에 피임에 대한 의견이 대립되면 가치관을 고수하기 어려울 때가 있다. 나 때문에 분위기가 깨지는 게 싫고, 서로 기분이 상해 잠자리를 끝내면 그 후에 생기는 무거운 공기를 감당할 자신이 없어서이다. 특히 나이가 어리거나 자신의 가치관이 아직 확고히 성립되지 않은 경우에는 상대방이 설득하는 말에 더 흔들리기도 한다.

## 1. 단호하게 말한다

"아… 나는… 콘돔은… 꼈으면…"이라고 우물쭈물 말하면 상대방에게 '얘는 내가 설득하면 금방 넘어오겠구나' 하는 인상을 준다. 이미 주도권을 빼앗긴 셈이다. 명랑한 톤은 유지하되 단호한 말투로 "난 콘돔 꼭 껴야 돼.", "콘돔 안 끼면 싫어.", "콘돔 끼고 하자."라고 나의 선택을 말하면 된다.

## 2. 분위기 망치는 걸 두려워하지 않는다

연애를 하다 보면 괜히 데이트 분위기 망치기 싫어서 양보하는 경우들이 있다. 상대방이 짜증 내면 오구오구 받아주고, 토라지면 애교 부리면서 풀어주고. 하지만 피임은 앞의 경우와 같은 선에 놓을 수 없는 대단히 중요한 부분이다. 그깟 분위기 망치는 게 대수인가? 내 인생을 망칠 수 있는데. 상대방 기분이 나빠지는 게 걱정인가? 내 인생이 나빠질 수 있는데.

## 3. 협박에 굴하지 않는다

우리의 사랑을 피임의 여부로 협박하는 사람은 좋은 사람이 아니다. 나는 피임하지 않는 관계를 거부한 거지 우리의 사랑을 거부한 게 아닌데 거기서 사랑의 크기를 들먹이는 건 비겁한 행동이다. 애인을 사랑하는 것과 현재 임신을 원하지 않아서 피임하는 건 별개의 문제다. 결혼한 부부도 계획한 시기가 아니면 피임을 하는데 말이다. 나의 몸을 보호해줄 상식이 있는 그런 준비된 사람과 연애하자. 사랑은 사랑이고 피임은 피임이다.

## 4. 고집에는 고집으로 맞선다

"내 친구들은 다 콘돔 안 끼고 해."라고 말한다면 "내 친구들은 다 끼고 해."라고 맞받아친다. "임신이 그렇게 쉽게 되는 게 아니야."라고 말한다면 "나 아는 사람은 딱 한 번 안 꼈다가 임신했어."라고 맞받아친다. 눈에는 눈 이에는 이. 어이없는 논리에는 할 말 없게 만드는 대답으로 응수하자.

## 5. 책임진다는 말은 믿지 않는다

책임진다고 자신 있게 말하는 사람 중에 임신 과정과 출산의 고통과 육아의 무게를 알고 말하는 사람이 있을까 싶다. '책임진다=결혼해서 너랑 아이랑 평생 살게'라고만 생각한다면 오산이다. 아이 하나 키우는 데 얼마나 많은 희생이 필요한지 안다면 감히 책임진다는 말을 쉽게 할 수 없을 것이다. 생명의 무게감을 아는 사람은 콘돔을 사용하느냐 마느냐 하는 문제 앞에서 책임을 운운하지 않는다.

## 6. 그 사람으로부터 벗어난다

갖은 수단을 다 써도 상대방에게 통하지 않는다면 옷을 입고 짐을 챙긴 다음 현재 있는 공간에서 벗어난다. 양보할 수 없는 가치관이기에 그 공간에 계속 같이 있어 봤자 싸움만 된다. 밖으로 나와 택시를 타고 집으로 가자. 이런 데 쓰는 택시비는 하나도 아깝지 않다. 나의 불안한 마음값에 비하면 아무것도 아니다.

## 15

## 소개팅을 성공하고 싶을 때

연인 부부

A: 어… 네… 아, 진짜요? 오, 그래요?

B: (정적)

A: (하, 뭐라고 말을 꺼내기는 해야 되는데 머리가 굳어서 무슨 말을 해

야 될지 모르겠어. 아무 말이나 하다가 말실수하면 어떡하지? 으, 이 정적

너무 힘들다. 숨 막혀. 무슨 회사 면접 보는 것도 아니고 계속 자기소개만

하고 있네. 이번 소개팅도 망했다)

'자만추(자연스러운 만남 추구)'를 계속 원하다가 너무 외롭고 이대로 가다간 혼자 늙어 죽을 것 같아서 주변 사람들에게 소개팅이나 미팅을 부탁했는데, 막상 나가니까 안 하던 걸 하려고 해서 그런지 아니면 내가 이성을 사귀는 데 재주가 없어서 그런지 늘 그 자리를 망치고 오는 기분이 든다. 특히 마음에 드는 상대에게 어버버하는 모습만 보여서 집에 돌아와 이불 킥을 한다면, '다음부터는 그러지 말아야지' 하면서도 똑같은 모습을 반복하고 온다면, 정말로 이다음부터는 이렇게 준비해 가보자.

### 1. 최근의 이슈 챙겨 가기
요즘 인기 있는 영화나 드라마나 예능, 요즘 유행하는 취미, 요즘 누구나 아는 밈 등을 기본적으로 알아 가자. 내가 먼저 말을 꺼내야 할 때도 유용하지만 상대방이 "혹시 이거 아세요?"라고 물었을 때 "아뇨, 잘 몰라요."라고 대답하면 거기서 대화가 뚝 끊겨버리기 때문이다. 그리고 계절과 관련된 이슈도 좋다. 봄이면 벚꽃, 여름이면 여름휴가, 가을이면 단풍, 겨울이면 겨울 스포츠와 관련된 질문을 준비한다.

### 2. 자기소개형 질문하지 않기
"취미가 뭐예요?"라고 질문하면 근사한 대답을 해야 할 것 같아서 부담스럽다. 그리고 딱히 취미 같은 걸 생각 안 하고 사는 사람은 당황스러울 수도 있다. "주말에는 뭐 하세요?", "퇴근 후에는 뭐 하세요?"와 같이 남는 시간에 무엇을 하는지 돌려 묻는 것이 대답하기 훨씬 쉽다. 나의 어제나 지난주를 곱씹기만 하면 되니까.

### 3. 칭찬 폭격하지 않기

칭찬받는 걸 싫어하는 사람은 없지만 별것도 아닌 것까지 칭찬하고 말끝마다 칭찬하면 '영혼 없이 그냥 막 던지는구나' 하는 생각이 들 수 있다. 또 이 사람이 내가 마음에 들어서 칭찬한다기보다는 아무한테나 이러는 사람일지도 모른다는 생각이 들어 가볍게 느껴질 수 있다. 칭찬을 하더라도 툭툭 던지는 느낌으로, 그렇지만 진심을 담아서 해야 먹힌다.

### 4. 정적 깨는 에피소드 준비해 가기

물 흘러가듯 이야기가 오가다가도 갑자기 뚝 끊기는 경우가 생긴다. 어색한 사이에 정적이 일면 숨이 막힌다. 나도 상대방도 안절부절못하게 되는 순간이다. 이때 꺼낼 가벼운 이야기들을 준비해 가면 좋다. 최근에 여행 가서 생긴 일이라든가 주말에 무언가를 했을 때 생긴 일이라든가. 가볍게 웃어넘길 수 있는 에피소드를 준비하자.

### 5. 갑자기 인생 고민 상담하지 않기

상대방에게 나를 솔직하게 다 보여주고 싶은 마음에 갑자기 인생 고민 상담을 하는 사람이 있다. 심각하고 무거운 고민을 꺼내면 상대방도 무겁게 받아줘야 하기 때문에 소개팅을 마치고 집에 돌아가는 길에 느끼는 감정이 무거워져 있을 가능성이 높다. 집에 돌아가는 길이 기분 좋게끔 하는 보통의 주제들로 대화를 나누자.

### 6. 애프터 신청하기

그 사람이 정말 마음에 들었다면 그 자리에서 다음 만남을 약속하자. 기왕이면 "저희 다음 주에 또 만날까요?"와 같이 너무 틀에 박힌 표현보다는 지금까지 나눈 대화들을 바탕으로 상대방이 좋아할 법한 미끼를 던져주자. 예를 들어 상대방이 영화 보는 걸 좋아한다고 했다면 "혹시 이 영화 보셨어요? 평이 굉장히 좋던데. 아직 안 보셨으면 같이 보실래요?"와 같이 돌려서 약속을 잡는 것이다.

평일 저녁 퇴근하고 봐도 무난한 것일수록 더 좋다. 보통 소개팅을 주말에 하는데 다음 주 주말까지 기다리지 않아도 되니까.

## 소개팅 성공하는 법

1. 눈을 맞추고 대화한다
2. 상대방이 이야기를 많이 할 수 있게 한다
3. 쓸데없이 허세를 부리거나 자랑하지 않는다
4. 의자 팔걸이에 비스듬히 기대앉지 않는다
5. 어떻게든 공통점을 찾아본다
6. 잘 웃어주고 리액션을 잘한다
7. 상대방에 대해 궁금하다는 듯 질문한다
8. 팔짱을 끼거나 다리를 꼬지 않는다
9. 마음에 들면 먼저 계산한다

# 16

# 애인이 우유부단해서 선택을 잘 못할 때

"나 이거 해야 될지 저거 해야 될지 잘 모르겠어. 뭐가 더 나을까? 자기가 대신 골라주면 안 돼? 나 결정 잘 못하는 거 알잖아. 그냥 자기가 골라주는 거 할게. 난 진짜 아무거나 다 괜찮아. 음, 이게 더 나으려나? 아니다, 지금 보니까 저게 더 나은 것 같기도 하고? 아까 그걸로 하자. 하, 이거 하면 후회할 것 같기도 한데."

결정을 잘 못하는 상대방에게 "그래서 뭐가 좋은데?", "어떤 거 하고 싶은데?", "뭘 먹고 싶은데?"라고 묻는 건 상대방의 마음을 조급하게 만들 뿐이다. 그리고 그런 질문을 해봤자 "다 좋아.", "너 하고 싶은 걸로 하자.", "아무거나 다 잘 먹어."와 같은 소득 없는 답변이 되돌아올 뿐이다. 이럴 땐 '네/아니오' 또는 "그것 중엔 이게 더 나은 것 같아."와 같이 바로 결론이 나게끔 선택 유도 질문을 하는 게 좋다. '내가 이렇게 세세하게 물어봐야 하나?' 하는 현타가 올 수도 있지만 스무고개 게임을 한다는 기분으로 즐겁게 생각하자.

## 1. 식사를 할 때

첫째, 한식/양식/중식/일식 중에 어떤 것이 당기는지 음식의 방향을 결정한다. 둘째, 담백/매콤/달달/칼칼/짭조름 중에 어떤 것이 당기는지 음식의 맛을 결정한다. 셋째, 밥/면/고기/해산물 중에 어떤 것이 당기는지 음식의 재료를 결정한다. 이렇게 단계별로 좁혀가면 원하는 음식이 몇 가지 나올 테니 그중에 추려서 선택하면 된다.

## 2. 음료를 마실 때

따뜻한 게 좋은지 차가운 게 좋은지, 카페인 들어간 게 좋은지 안 들어간 게 좋은지, 상큼한 게 좋은지 깔끔한 게 좋은지, 탄산이 들어간 게 좋은지 안 들어간 게 좋은지, 과일차가 좋은지 허브차가 좋은지 등 음료가 가지고 있는 대표적인 성질을 기준으로 삼아 이게 좋은지 저게 좋은지 물어본 뒤 메뉴판에 있는 것과 일치하는 것으로 주문하면 된다.

### 3. 옷을 살 때

어떤 계절에 입을 옷인지, 어떤 장소(회사/결혼식/운동/친구 모임 등)에서 입을 옷인지, 밝은색이 좋은지 어두운색이 좋은지, 단정한 게 좋은지 캐주얼한 게 좋은지, 달라붙는 게 좋은지 헐렁한 게 좋은지, 라운드넥이 좋은지 브이넥이 좋은지 등 옷은 디테일이 조금만 달라져도 분위기가 바뀌기 때문에 원하는 옷의 특징을 기준으로 삼아 물어본 뒤 구매하면 된다.

### 4. 데이트 장소를 정할 때

실외가 좋은지 실내가 좋은지, 활동적인 게 좋은지 여유 있게 관람하는 게 좋은지, 한곳에 오래 머물고 싶은지 걸어 다니고 싶은지, 원데이 클래스로 체험해보고 싶은지 이미 완성된 걸 구경 다니는 게 좋은지. 그날의 기분에 어울리는 데이트를 해야 기분 좋게 시간을 보낼 수 있으므로 상대방의 컨디션을 기준으로 삼아 물어본 뒤 결정하면 된다.

### 5. A와 B 중에 결정을 해야 할 때

이걸 할까 말까, 살까 말까, 갈까 말까 등 두 가지 중 하나를 고민 중이라면 각각의 항목에 점수를 부여하여 점수가 높은 쪽으로 결정할 수 있도록 한다. 예를 들어 대학(원)생인 애인이 '휴학을 한다 vs 안 한다'로 고민하고 있다고 가정하자. 휴학을 했을 때의 장단점을 주르륵 쓰고, 휴학을 안 했을 때의 장단점을 주르륵 쓰도록 한다. 그다음 각각의 항목에 점수를 부여한다. 휴학을 했을 때 '취업 준비를 여유롭게 할 수 있음(+3점)', '의미 없이 시간만 보낼 수 있음(-3점)', '동기들이랑 같이 졸업을 못 할 수도 있음(-1점)', '인턴십에 지원할 수 있음(+5점)' 등 이렇게 말이다. 그래서 '휴학을 한다'와 '휴학을 안 한다'의 최종 점수를 비교하여 더 높은 곳을 선택할 수 있게 도와준다.

# 17

# 부탁한 일을 제때 안 할 때

• 뭐? 매진이라고? 내가 지난주에 예약하라고 미리 말해줬잖아. 주말 데이트 때 점심 먹고 영화 보고 싶으니까 늘 가던 영화관에 예약해달라고. 너 그때 알겠다고 대답했잖아. 안 할 거였으면 그냥 나한테 하라고 하든가. 왜 알았다고 해놓고 제대로 안 해서 예약을 놓치는 건데!

• 내가 나가기 전에 빨래 돌려놓고 나가니까 다 되면 이따 세탁물 개 어달라고 했잖아. 내가 몇 시에 나가서 몇 시에 들어왔는데 아직도 안 갠 거야? 나 밖에 있을 동안에는 뭐 했는데? 집에서 TV만 보고 있었지? TV 보느라 내 말 다 까먹은 거지, 그치?

상대방에게 무언가를 부탁했고 분명히 "알았어."라는 대답까지 확실히 들었는데 부탁한 내용이 진전되어 있지 않을 때 "내가 해달라고 했잖아. 왜 안 했어?"라고 불쑥 짜증이 나기 쉽다. 단번에 알아서 착착 해주면 참 좋을 텐데 그마저도 안 해서 내가 '이거 해라', '이때 해라' 적절하게 알려주는데 왜 상대방은 시키는 것조차 제대로 못하는 걸까?

## 1. 제때라는 건 없다고 생각하기

사람마다 자기만의 속도가 다 다르다. 나는 상대방을 보면서 미적미적거린다고 느낄 수 있지만 상대방은 내 부탁을 가장 최우선으로 생각하고 빠르게 처리하는 편일 수도 있다. 상대방은 '아예' 안 한 게 아니라 '아직' 안 한 것일 뿐이다. 조금 이따가 하려고 했는데 각자의 처리 속도가 달라서 생긴 차이다.

## 2. 정확한 시간을 말하기

"영화 예매해줘."가 아니라 "오늘 퇴근하고 집 가는 길에 9시 전에 예매해줘."로, "세탁물 개어놓아줘."가 아니라 "세탁 끝나고 4시까지는 개어놓아줘."라고, 부탁하는 일이 마무리되었으면 하는 정확한 시간을 말해준다. 그냥 "이따 개어놓아줘."라고 하면 상대방은 '오늘 자기 전에만 하면 되겠구나'라고 생각할 수 있기 때문이다.

## 3. 영혼이 있는지 확인하기

TV를 보고 있거나 컴퓨터를 하고 있을 때 "이것 좀 해줘."라고 부탁하면 습관적으로 "어."라고 대답하는 경우가 있다. 제대로 듣지도 않고 말이다. 설령 제대로 들었다고 해도 다른 거 하다 보면 거기에 정신이 팔려서 금세 까먹는다. 다른 거

하고 있을 때는 되도록 부탁하지 말고, 어쩔 수 없이 부탁해야 하는 경우라면 상대방에게 입력이 되었는지 나중에 다시 한번 확인하자.

## 4. 잘 보이는 곳에 대문짝만하게 써놓기

다른 거 하느라 잘 까먹는 사람이라면 그 사람의 동선이 자주 겹치는 곳에 '오늘의 할 일'을 써둔다. 냉장고, 현관문, 방문 앞, TV 서랍장 위 등 안 보려고 해도 안 볼 수가 없는 장소에  두는 것이다. 그러면 "아, 맞다! 깜빡했어. 어떡하지?"라는 말로 내 속을 뒤집어놓는 일이 적어도 줄어들 것이다.

## 5. 손해는 상대방이 부담하기

내가 부탁했는데 그 부탁을 까먹어서 손해가 발생할 수도 있다. 원하는 곳에 못 갔다든지 연체료가 발생했다든지 시간이 많이 들었다든지. 그러한 손해가 생겼을 때는 상대방이 비용으로 부담하게 하자. 그러면 손해 보기 싫어서라도 평소보다 조금 더 정신을 챙긴다.

# 18

# 약속 시간에 매번 늦을 때

A: 준비하고 있어?

B: 아니? 나 아직 침대에서 핸드폰 보고 있었는데? 뭘 벌써부터 준비해?

30분 뒤에 준비해도 안 늦어.

(1시간 뒤)

A: 이제 슬슬 나가자. 지금 나가야 정각에 도착해.

B: 옷은 어떤 거 입지? 오늘 가는 자리에는 이런 스타일이 어울리려나? 하, 입

어보니 별로네. 다른 옷 입어봐야겠다. 그때 산 옷 내가 어디다가 뒀더라?

A: 준비 다 된 거 아니었어?

B: 잠시만 나 머리만 좀 말리고. 아직 덜 말랐어.

A: 그러게 미리미리 준비 좀 하라니까!

10분만 일찍 일어나면 되는데, 10분만 일찍 준비하면 되는데 왜 그걸 안 하는 걸까? 약속 시간을 잘 지키는 사람은 약속 시간을 잘 못 지키는 사람을 도통 이해할 수 없으니 늦는 사람에게 고운 말을 하기 어렵다. 그렇다고 시간 약속을 잘 안 지키는 애인을 고치려고 든다? 그러면 나도 스트레스, 애인도 스트레스, 파국으로 치닫는 셈이다. 시간 약속을 잘 안 지키는 사람은 자신의 지각으로 엄청난 불이익을 받고 큰 충격을 받아야지만 고칠 수 있다. (충격을 받고도 못 고치는 사람이 수두룩하다) 내 힘으로는 고칠 수 없는 습관이니 섣불리 희망을 품으면 나만 고통받는다.

## 1. 늦어도 되는 약속이면 이해해주기

꼭 그 시간에 만나야 하는 약속이 아니라면 10분, 20분 정도는 책을 읽거나 음악을 듣거나 핸드폰을 하며 기다려주자. "나 벤치에 앉아서 책 읽고 있을게!"라고 연락하며 여유를 보여준다면 애인은 당신의 깊은 이해심에 고마워할 것이다.

## 2. 늦으면 안 되는 약속이라면 더 일찍 잡기

공연, 결혼식, 버스나 기차 탑승 등 꼭 그 시간에 만나야 하는 약속이라면 하얀 거짓말을 하자. 3시에 타야 하는 버스인데 애인이 평소에 30분 늦는 사람이면 2시 30분 버스라고 이야기하는 것이다. 애인이 늦게 와도 결과적으로는 늦지 않게 된다. 애인이 "2시 30분 버스라며!"라고 짜증을 내면 "대신 여유 있고 좋잖아!"라고 애교 있게 말하자. (단, "네가 맨날 30분씩 늦으니까 일부러 당겨 말한 거지!"라고 말하면 싸움이 되고 내가 거짓말한 사람이 되니 주의할 것)

### 3. 타임라인 대신 짜주기

늦으려고 늦는 건 아닌데 시간 계획을 잘 못 짜서 늦는 사람도 있다. 예를 들어 지하철 노선도 앱을 켜서 출발지 수락산역에서 도착지 서울역까지 몇 분이나 걸리는지 확인한다. '앱에 46분 정도 걸린다고 나오니까 50분 전에 나가면 되겠지?'라고 생각하는데 여기부터 오류가 나는 것이다. 노원역 7호선에서 4호선으로 환승하는 거리가 꽤 멀고, 4호선 서울역에 내려서 기차역 서울역까지는 10분 이상을 걸어야 한다. 50분 전에 나오면 100% 기차를 놓치는 셈이다. 이렇게 시간 계획을 잘 못 짜는 사람일 수 있으니 그 부분을 체크해주자.

### 4. 나도 늦게 나가기

나는 약속한 시간 정시에 도착했는데 애인이 늦어서 정처 없이 기다리는 게 억울하다면 나도 늦게 나가는 것이다. 애인이 평소에 30분 늦는 사람이고 약속 시간을 5시로 잡았다면 나도 그냥 5시 30분까지 도착하도록 준비해서 나가는 것이다. 평소에 잘 늦는 사람은 타인이 늦는 것에 관대한 편이기 때문에 내가 늦어도 상대방은 크게 화내지 않을 것이다.

## 약속 시간 늦는 습관 고치는 법

1. 10분 일찍 나간다는 마인드를 장착한다
2. 약속 전날에는 일찍 잔다
3. 일찍 나가서 기다리는 걸 손해라고 생각하지 않는다
4. 늦으면 상대방에게 밥이나 커피를 산다
5. 대중교통 놓치는 것까지 시간을 계산한다
6. 길치라면 로드뷰로 길을 파악해둔다
7. 침대 안에서 뭉그적거리지 않는다

## 19

## 돈을 헤프게 쓸 때

A: 나 이번 달에 카드값 너무 많이 나왔다. 분명히 얼마 안 썼는데 왜 이렇게 많이 나왔지?

B: 카드 내역서 한번 봐 봐. 카드 도용당한 거 아니야?

A: 아냐, 내가 쓴 건 맞아. 이번 달에 택시를 너무 많이 탔나 봐.

B: 나는 돈 아까워서 택시 타는 것도 어쩌다 한 번인데….

돈 없다는 소리를 입에 달고 살면서 피곤하면 바로 택시 타고, 귀찮다고 배달 음식 시켜 먹고, 입을 옷이 없다고 옷 사고, 힐링이 필요하다며 호캉스 가고. 물론 먹고살기 위해 죽어라 일하는 거지만 과소비하는 애인을 볼 때면 돈 좀 아껴 쓰라는 말이 목 끝까지 차오른다. 하지만 "너 돈 헤프게 쓰니까 좀 아껴 써!"라고 말하기에는 자기 돈 자기 마음대로 쓰겠다는데 뭐라 말할 권리가 없고, 설령 가계를 합친 관계라 하더라도 돈 문제는 민감한 부분이니 조심해야 한다.

연인 부부

## 1. 같이 소비를 줄인다

자기한테만 돈 아끼라고 하면 마음이 상할 수 있다. "나 다음 달부터 생활비 줄여볼 건데 같이하지 않을래? 우리 같이 돈 모아보자!"라고 제안한다. 생활비 체크하는 앱을 함께 깔아도 좋고, 적금을 함께 들어도 좋다. 그리고 평생을 함께하고 싶은 사람이라 여기고 있다면 미래지향적인 표현으로 제안했을 때 상대방도 소비를 줄이는 데 의욕을 활활 불태울 것이다. "하루빨리 너랑 같이 살고 싶으니까 같이 돈 모으자."와 같은 식으로 말이다.

## 2. 집 정리를 한다

정리가 안 되어 있으면 산 거 또 사고 산 거 또 산다. 특히 옷은 계절이 바뀔 때 옷장 깊숙한 곳에 있던 옷들을 꺼내주지 않으면 '나 왜 입을 옷이 없지?'라고 생각하며 있는 옷을 또 사버린다. 옷, 문구용품, 생활용품 등 구석에 처박아둔 것들을 주기적으로 꺼내어 정리를 하면 이중 구매를 막을 수 있다.

## 3. 택시 타는 횟수를 정한다

택시는 한번 타기 시작하면 그 편함을 못 잊어 조금만 힘들어도 타게 된다. 대중 교통이 끊긴 시간이라면 탈 수밖에 없겠지만, 버스나 지하철이 다니는 시간임에 도 힘들다고 쉽게 타버리면 앞으로 택시 타는 횟수는 더욱 늘어날 것이다. 한 달 에 택시 타는 횟수를 제한해서 꼭 필요할 때만 탈 수 있도록 한다.

## 4. 배달을 줄인다

최소 주문 금액 채우느라 혼자 사는데도 한 끼에 2만 원씩 시킨다. 게다가 배달 비를 3천 원이라고 가정하면 혼자서 한 끼에 2만 3천 원을 쓰는 셈이다. 반찬 가 게에서 반찬을 산 뒤 통에 담아두고 먹으면 식비 지출을 크게 줄일 수 있다. 또 즉석밥 비용도 만만치 않다. 조금 귀찮을 수 있지만 작은 밥솥을 사서 밥을 지어 먹는다면 지출을 줄일 수 있다.

### 돈 모으는 법

1. 정기 적금을 든다
2. 택시를 타지 않는다
3. OTT를 줄인다
4. 커피, 술, 담배를 줄인다
5. 목적에 맞게 통장을 나눈다
6. 월세가 낮은 곳으로 이사한다
7. 배달을 줄인다
8. 핸드폰 요금을 낮춘다
9. 할부로 긁지 않는다

# 20

# 술/담배를 끊게 하고 싶을 때

- 나 몰래 담배 피웠지? 내가 담배 피우는 거 싫다고 했잖아. 담배 끊기

로 약속했는데 고작 한 달을 못 버텨? 옷이며 손이며 입속이며 다 해로운

물질이 남아 있는데, 내 앞에서 안 피우는 게 무슨 소용이야.

- 술 좀 그만 마시면 안 돼? 내가 아예 끊으랬어? 적당히 마시라고 했

잖아, 적당히. 뭐 그게 몸에 좋은 거라고 필름 끊길 때까지 마시냐고.

비흡연자는 흡연자 애인에게서 나는 냄새를 참기 힘들고, 술을 잘 안 마시는 사람은 애주가 애인이 한심하게 보일 수 있다. 술/담배가 건강에 안 좋다는 건 전 국민이 다 아는 사실인데 왜 끊지 않을까? 답답해서 돌아가실 지경이다. 그렇지만 애인에게 "좀 끊으라고!"라고 윽박지른다면 처음에는 상대방도 '그래, 저 사람 술/담배 싫어하는 사람이니까…'라고 미안해하지만 갈수록 '유일하게 스트레스 푸는 수단인데 이걸 이해 못 해줘? 나 술 좋아하는/담배 피우는 거 모르고 만났나?'라는 반발심만 키운다.

## 1. 술/담배를 대체할 수 있는 간식을 구해준다

술이나 담배를 끊으려다가 다시 되돌아오는 이유 중 하나가 입이 심심해서이다. 스트레스를 받거나 밤에 잠이 안 올 때 늘 입에 대던 것이 없으니 정신적으로 고통받을 수밖에. 이때 술이나 담배 대신 집을 수 있는 껌이나 간식을 많이 구비해놓는다. 완벽히 대체할 수는 없겠지만 3번 참을 것을 10번은 참게 해줄 것이다.

## 2. 함께 운동을 한다

운동 중에는 술/담배의 욕구가 줄어든다고 한다. 몸을 힘들게 만드는 것이다. 연인끼리 함께 운동하면 금연/금주를 떠나서 둘의 관계도 좋아지니 운동에 취미를 붙여본다. 대신 금연/금주를 목표로 하는 운동은 설렁설렁 하기보다는 운동이 끝난 뒤 지쳐 쓰러질 수 있는 강도 높은 운동이 좋다.

## 3. 실패하더라도 다시 시작할 수 있게끔 응원한다

열심히 금연/금주를 하다가 못 참고 몰래 술을 마시거나 담배를 피워버렸다고 가정하자. 많은 사람이 여기서 포기한다. 끊기로 한 약속을 지키지 못한 스스로를 실패자로 만들어버리는 것이다. 하지만 절대 아니다. 금단 증상이 나타나 손을 댔더라도 내일부터 다시 시작하면 된다. 한번 실패했다고 해서 다시 도전하지 말라는 법은 없다.

## 4. 보건소 금연/금주 클리닉 또는 전문 병원의 도움을 받는다

자신의 의지대로 쉽게 끊을 수 있으면 왜 '중독'이라는 표현이 있겠는가. 혼자 끊으려고 하기보다는 전문가의 도움을 받아보자. 담배나 술을 끊는 걸 도와주는 약이나 패치 등을 처방받으면 직접적으로 몸에 작용하니 도움을 안 받는 것보다 훨씬 낫다. 괜히 전문가가 있는 게 아니다. 용기 내서 전문가를 찾아간다.

# 21

# 청결의 기준이 다를 때

- 나갔다 왔으면 좀 씻어. 땀을 안 흘렸어도 바깥에 먼지랑 다 묻었는데 그 몸 그대로 잠옷으로 갈아입으면 그게 무슨 잠옷이야, 먼지 옷이지. 냄새가 안 나기는 왜 안 나? 네 몸이니까 네가 못 맡는 거지. 그리고 냄새가 중요한 게 아니라니까?

- 택배 박스 뜯으면 바로바로 버리라고 했잖아. 거기에 눈에 안 보이는 벌레 알 있을 수도 있다고. 그리고 설거지통에 쌓아두는 거 싫다고 했잖아. 자기 먹은 거 그릇 몇 개나 된다고. 바로 치우면 금방이잖아. 쌓아두니까 귀찮아져서 끝도 없이 미루지.

아침저녁으로 꼬박꼬박 샤워하는 사람이 있는 반면에 아침에만 샤워하는 사람이 있고, 외출하지 않을 때는 며칠씩 샤워를 안 하는 사람도 있다. 청소기를 주말에 한 번 돌리는 사람도 있고 퇴근하고 집에 오면 매일매일 돌리는 사람도 있다. 먹은 건 바로 치워야 직성이 풀리는 사람이 있고 나중에 한꺼번에 치우는 게 마음이 편한 사람도 있다. 한 번 쓴 수건은 무조건 세탁기에 넣어야 하는 사람이 있는 반면에 크게 더럽지 않으면 두세 번은 더 쓰는 사람도 있다. 침대에 들어갈 땐 무조건 잠옷으로만 들어가는 사람이 있고 잘 때 입던 수면 바지를 입고 그대로 외출하는 사람도 있다. '깔끔'은 상대적인 것이기 때문에 무조건 연인 중 한 사람은 '더' 깔끔한 사람이 되고 나머지 한 사람은 '덜' 깔끔한 사람이 된다.

## 1. 어쩔 수 없이 생기는 문제라는 걸 받아들이기

매일매일 아침마다 샤워하던 사람이 아침저녁으로 샤워하는 사람을 만나면 '안 씻는 사람'이 되어버린다. 매일매일 청소기를 돌리던 사람이 돌돌이까지 들고 다니며 먼지 한 톨도 용납 못 하는 사람을 만나면 '안 치우는 사람'이 되어버린다. 둘 다 깔끔해도 결국에는 더 깔끔한 사람과 덜 깔끔한 사람이 생겨버린다. 청결에 대한 문제는 50 대 50으로 딱 맞아떨어질 수 없기에 서로가 서로를 이해해야만 하는 문제다.

## 2-1. (더 깔끔한 사람) 짜증 내지 말고 본인이 치우기

덜 깔끔한 사람에게는 나중에 해도 되는 문제인데 더 깔끔한 사람에게는 지금 당장 해야 하는 문제이다. 그러면 그냥 지금 내가 하면 되는 것이다. 남도 아니고 원수도 아니고, 사랑하는 사람을 위해 내가 치워줄 수 있는 것이다. 상대방이 일부러 그러는 게 아니다. 그저 상대방에게는 '나중에 해도 되는' 문제이기에 눈에 거슬리지 않는 것뿐이다. 내가 치워준 뒤 부드럽게 말하면 된다. "이거 다음번에는 이렇게 해줘."

### 2-2. (덜 깔끔한 사람) 상대방이 원하는 선까지 맞추려고 노력하기

더 깔끔한 사람은 나보다 에너지를 더 쓸 수밖에 없다. 안 깨끗한 모습을 보면 비위가 상해서 에너지가 깎이고, 내 뒤치다꺼리를 해주느라 에너지가 깎이고, 울컥 올라오는 짜증을 참느라 에너지가 깎이고, 나에게 규칙을 이야기해주느라 에너지가 깎인다. 내가 상대방이 원하는 만큼은 해줄 수 없겠지만 최대한 노력하려는 모습을 보여주자. 상대방이 나를 위해 참아주고 있다는 걸 알아주기까지 하면 금상첨화이다.

### 3. 각오하기

사귀는 내내 또는 함께 사는 내내 한쪽은 똑같은 문제로 지적하고 한쪽은 똑같은 문제로 지적당할 확률이 높다. 더 깔끔한 사람은 계속 더 깔끔하게 살 것이고, 덜 깔끔한 사람은 계속 덜 깔끔하게 살 테니까. 그래서 더 깔끔한 사람은 상대방이 같은 행동을 반복해도 짜증 내지 않고 말할 수 있게끔 인내할 각오를 해야 하고, 덜 깔끔한 사람은 상대방이 똑같은 문제로 계속 지적해도 짜증 내지 않고 들을 수 있게끔 인내할 각오를 해야 한다.

### 4-1. (더 깔끔한 사람) 부드럽게 부탁하기

"~해주면 좋겠어.", "~하는 게 더 좋을 것 같아.", "~하는 건 조금 그래."와 같이 부드럽게 돌려서 말하자. '더럽다', '같이 있기 싫다', '냄새난다', '게으르다'와 같이 직접적인 표현은 삼가야 한다. 설령 그게 사실이라 하더라도 상대방은 자존심이 상하기 때문에 욱할 수 있다.

## 4-2. (덜 깔끔한 사람) 부드럽게 사과하기

"미안, 내가 신경 못 썼네.", "기억하려고 노력할게.", "그렇게 해보도록 할게."와 같이 부드럽게 대답하자. "내가 알아서 한다니까?", "그것도 이해 못 해주냐?", "네가 예민한 거야."라고 되받아치면 싸움만 될 뿐이다. 내가 덜 깔끔해서 사과한다는 게 납득이 안 된다면 '기분을 상하게 한 것' 때문에 사과한다고 생각하자.

### 내 공간을 깨끗하게 유지하는 법

1. 택배 박스는 바로 버리기
2. 먹고 나서 바로 설거지하기
3. 일어나면 이부자리 정돈하기
4. 작은 청소 도구를 곳곳에 배치하기
5. 사용 후에 제자리에 두기
6. 수납공간을 많이 확보하기
7. 라벨지를 붙여서 구분하기

22

## 말투가 마음에 들지 않을 때

- 나 뭘!

- 옷 좀 신경 써라.

- 너 그럴 때마다 완전 짜증 나.

- 아니야. 그건 네 생각이지.

연인 간에는 서로 의견과 감정을 표현해야 될 일이 많다. 이런 게 좋다, 저런 건 싫다, 이렇게 해달라, 저렇게 해달라 등 전부 대화를 통해 이루어진다. 이상형 중에 '대화가 잘 통하는 사람'이 손꼽힐 정도로 대화가 중요한데 이 대화의 분위기를 좌지우지하는 '말투'가 마음에 들지 않으면 평범하게 대화하다가 갑자기 다툼이 시작되기도 한다. 또 말투에 따라 다툼의 크기가 달라진다고 봐도 과언이 아니다. 적당히 다투고 넘어갈 일도 말투 하나 때문에 끝장을 본다. 그런데 그걸 알면서도 매번 다툴 때마다 말투를 고치지 못해 바닥 끝까지 내려가버리곤 한다.

## 1. 질문으로 부탁한다

모든 부탁을 "해줄 수 있어?"로 하면 어떤 부탁도 부드럽게 들린다. "나 물!"이라고 말하는 것보다 "물 가져다줄 수 있어?"라고 부탁하면 상대방은 자신이 선택해서 기꺼이 주는 느낌이 든다. 또 질문 형식으로 말을 바꾸면 딱딱하거나 명령처럼 들리지 않으니 기분 상할 일이 줄어든다.

## 2. 천천히 말하고 볼륨을 줄인다

좋은 말도 빠르게 말하면 닦달하는 것처럼 들린다. 좋은 말도 목소리를 크게 하면 화내는 것처럼 들린다. 평소에 조금 천천히 그리고 크지 않게 말하는 연습을 한다. 속도와 볼륨만 조절해도 말투의 날카로움을 다듬을 수 있다.

### 3. 어색해도 존댓말을 써보려고 한다

보통 존댓말을 하면 문장이 길어진다. "물 가져다줘."에서 "물 가져다주세요."로 말이다. 그러면 덜 명령처럼 느껴지기 때문에 기분 상할 확률이 줄어든다. 지금까지 반말을 쓰다가 갑자기 존댓말로 바꾸려니 어색할 수 있지만 관계 개선을 위한 노력이니 시도해봐도 좋겠다.

### 4. 이해를 못 하면 역지사지하게 해준다

사랑하는 사람에게 나쁜 말투를 쓴다는 건 악의적이지 않고서야 그 말투가 왜 기분 나쁜지 모르고 쓰는 것이다. 자신이 그런 말투를 써보기만 했지 들어보지는 않았기 때문이다. 왜 기분 나쁜지 도저히 이해를 못 하면 상대방이 쓰는 말투를 그대로 써보자. 아마 높은 확률로 자신도 듣기에 기분 나쁘다고 할 것이다. 그리고 느끼는 바가 있다면 고치려고 노력할 것이다.

---

**기분 나쁜 말투**

1. 명령하는 말투
2. 가르치려 드는 말투
3. 고함을 지르는 말투
4. 징징거리는 말투
5. 냉정한 말투
6. 비아냥거리는 말투
7. 우기는 말투
8. 협박하는 말투

# 23

# 원하지 않는 사람에게 고백받았을 때

A: 사실은 내가 오래전부터 너를 좋아했는데 고백할까 말까 고민하다가

이제야 용기 내서 고백해. 너랑 사귀고 싶어. 앞으로 내가 잘해줄게.

B: (하… 어떡하지? 나는 얘랑 친구 그 이상은 아닌데. 이때까지 얘한테

이성적인 감정 느낀 적 단 한 번도 없는데…)

나는 우정이었을 뿐인데 상대방은 사랑으로 감정이 발전했을 때, 소개팅으로 만나서 이제 막 호감을 키워가고 있는데 상대방과 감정의 타이밍이 맞지 않을 때, 좋은 동료로 지내고 있는데 상대방이 급발진했을 때. 마음도 없는데 고백을 받아주는 건 상대방에 대한 예의가 아니니 거절은 해야겠는데 나를 좋아해준 그 마음이 고마워서 단칼에 거절하기가 쉽지 않다.

### 1. 좋긴 하지만 아직 사귈 단계는 아니라는 생각이 들 때

사귀기까지 적절한 단계가 필요하다는 확고한 생각을 가진 사람이 있다. 상대방이 오해하지 않도록 차분히 설명해주는 과정이 필요하다. "나는 사람을 오래 지켜보고 사귀는 편이야. 밀당하거나 재고 따지는 게 아니라 시간을 두고 사람을 알아가는 걸 좋아해. 함께 알아온 시간은 배신을 하지 않으니까. 너만 괜찮으면 천천히 알아가고 싶어. 기다려줄 수 있어?"

### 2. 사귀고 싶은 마음이 전혀 없을 때

누구나 거절당하면 상처받는다. 그러니 더욱 정중하게 거절해야 한다. 상대방이 나를 좋아한다고 해서 자존심을 건드려도 되는 건 아니니까. "우선 저를 좋게 봐줘서 정말 고마워요. 그런데 사귀는 건 어려울 것 같아요. 혹시 그동안 제가 보여드렸던 행동 중에 오해를 불러일으킬 만한 것이 있었다면 정말 죄송합니다."

### 3. 좋기는 하지만 고백하는 방법이 마음에 들지 않을 때

'고백은 이래야 한다' 또는 '이런 고백을 받고 싶다' 하는 고백에 대한 로망이 사람마다 다를 것이다. 누구는 문자로 고백해도 괜찮고, 누구는 직접 만나서 고백해야만 하고, 누구는 사귀자는 말도 없이 시그널로 사귐을 정하는 경우도 있다.

나도 상대방을 좋아하지만 고백 방법이 마음에 들지 않아 연애를 이런 모양새로 시작하고 싶지 않다면 솔직하게 표현한다. '나도 너 좋은데 문자로 고백하는 건 싫어. 주말에 만나서 다시 고백해줘'

## 4. 고백은 거절하지만 어색한 사이로 남기 싫을 때

한쪽이 다른 한쪽을 좋아하는 순간부터 이미 우정에는 금이 간 것이다. 하지만 나는 예전부터 지금까지 쭉 친구로 생각해왔고 상대방이 일방적으로 고백을 해버린 것이라 좋은 친구를 갑자기 잃는 게 억울할 수 있다. 조금은 이기적인 마인드일 수도 있지만 고백을 거절한 후에도 친구로 남고 싶다면 마음속에 있는 말 그대로 전한다. "용기 내어 고백해줘서 고마워. 그런데 나는 너를 친구로만 생각하고 있었어. 우리가 예전과 같은 사이로 남기 어렵다는 걸 알지만 너만 괜찮다면 나는 계속 친구로 친하게 지내고 싶어. 너랑 어색해지고 싶지 않아."

# 24

# 생리 현상을 트고 싶을 때

'이번에 3박 4일로 여행 갈 때 화장실이랑 생리 현상은 어떡하지? 당일

치기나 1박 2일은 그나마 참을 만했어도 3박 4일은 자연의 섭리상 참을

수가 없는데…. 하, 그렇다고 내가 먼저 방귀를 트면 창피할 것 같고. 또

정국이가 싫어하면 어떡하지? 나한테 정떨어지는 거 아니야?'

실내에서 같이 있는 시간이 많다거나 1박 이상으로 여행을 갈 때 아직 생리 현상을 트지 않은 연인이라면 난감할 때가 있다. 생리 현상은 자연스럽게 발생하는 거라 자연스럽게 배출하는 게 우리 몸에는 좋지만, 자칫 우리 사랑에는 금이 갈 수도 있다. 아무리 사랑해도 지키고 싶은 환상이라는 게 있을 수도 있으니 말이다. 계획과 예고 없이 생리 현상을 터버리면 상대방은 당황할 수 있기 때문에 주의해야 한다.

## 1. 냄새는 향으로 가리자

큰일을 보고 나온 뒤 화장실에 짙은 향이 계속 남아 있다면 다음에 화장실 들어가는 사람이 불쾌할 수 있다. 볼일을 본 뒤 화장실에 뿌리는 향기 스프레이가 요즘 잘 나온다. 비치용과 휴대용을 구입하여 요긴하게 사용해보자.

## 2. 재치 있게 터보자

방귀에는 여러 종류가 있다. 뽕 귀엽게 뀌는 방귀, 삐융 새는 방귀, 빠앙 경적을 울리는 방귀, 부왁 폭탄을 던지는 방귀 등이다. 처음부터 폭탄을 날리면 상대방은 어떻게 반응해야 할지 몰라서 당황할 것이다. 일단 시작은 삐융 하고 새는 방귀 정도로 뀐 다음 참다가 실수했다는 식으로 이야기를 하고 멋쩍게 웃어 보인다.

## 3. 생리 현상에 관한 대화를 나누자

새는 방귀를 서너 차례 흘린 뒤 애인에게 이야기를 꺼내보는 것이다. "사실 나 방귀 참으면 장이 꼬이는 느낌이 나서 그러는데, 생리 현상 트는 것에 대해 어떻게 생각해?" 상대방의 생각을 물은 뒤 결과에 따라 행동하면 된다.

## 4. 동의를 하지 않는다면 조심해주자

자꾸만 차오르는 생리 현상은 배출을 하지 않는 이상 없앨 수는 없다. 그러나 상대방이 다른 건 다 괜찮아도 연인 사이에 생리 현상은 절대 트고 싶지 않은 연애 가치관을 가진 사람일 수도 있다. 그건 개인 가치관이니 왈가왈부할 바는 아니다. 이럴 경우에는 화장실이나 다른 방에 가서 방귀를 뀌고 오거나 귀엽게 넘어갈 수 있는 정도의 방귀를 뀌고 미안하다고 하자. (일명 '뿡방'이라는 걸 만들어서 방 3개 중에 1개를 방귀 뀌는 전용 공간으로 정한 연인의 경우도 본 적이 있다)

25

# 애인과 좋게 헤어지고 싶을 때

A: 생각해봤는데 우리 그만 헤어지는 게 좋을 것 같아. 우리 주말밖에 못

만나는데 이런 마음으로 주말까지 연락하고 지내는 거 불편해. 그냥 이

대로 헤어지자. 그동안 고마웠고 잘 지내.

B: 혼자 생각하고 혼자 통보하는 게 어딨어? 내 얘기는 들어보지도 않고

이러는 거야?

아무리 볼 꼴 못 볼 꼴 다 보고 정나미가 뚝 떨어졌더라도 한때 사랑했던 사람이기에 마지막 모습 또한 예의를 갖춰야 한다. 이별을 잘 마무리해야 하는 건 상대방을 위해서가 아니라 나를 위해서이다. 일단 연애가 거지같이 끝나면 상대방의 기억 속에 나는 끝까지 예의 없는 사람으로 남아서 저주의 대상이 된다. 또, 이별을 잘 마무리하려고 노력하면 홧김에 이별하는 일도 줄어들어 내 선택에 대한 후회가 없어진다. 마지막으로, 다음 사람을 만날 때의 마음가짐이 다르다. 전에 만나던 사람과 깨끗하게 헤어지면 마음이 후련해지기 때문에 새로운 사람을 만날 준비가 빠르게 되어 좋은 사람이 다가왔을 때 바로 알아보는 눈이 생긴다.

## 1. 급작스러운 느낌이 들지 않게 한다
사랑하는 마음이 식어버린 건 어쩔 수 없지만 그렇다고 혼자 이별을 결정해버리면 상대방은 황당하기 짝이 없다. 연애의 시작은 함께해놓고 끝은 왜 함께하지 않는가. 적어도 마음이 식은 티를 내어 상대방이 눈치채게끔 하든가 아니면 마음이 식어가고 있다고 솔직하게 말하고 상대방이 노력할 수 있는 기회라도 줘야 한다.

## 2. 상대방이 이별을 고하게끔 유도하지 않는다
이별을 말하는 건 누구나 힘들다. 이별을 말하는 쪽이 꼭 나쁜 사람이 된 것 같은 기분이 들기 때문이다. 하지만 헤어지고 싶은 사람이 헤어지자고 말하는 게 맞다. 헤어지자는 말이 차마 입 밖으로 나오지 않아서 데이트도 안 하고 연락도 안 하고 제멋대로 굴다가, 상대방이 결국에는 지쳐서 헤어지자고 말하게끔 유도하는 건 예의가 아니다. 차라리 나쁜 사람인 게 낫지 쓰레기가 되지는 말자.

### 3. 만나서 얘기한다

얼굴 보고 만나면 헤어지자고 못 할 것 같아서 일방적으로 문자나 전화로 통보하는 경우가 있다. 얼굴 보고 헤어지는 얘기를 못 꺼낼 정도면 아직 헤어질 단계가 아닌 것이다. 만나서 담담하게 이별을 말할 수 있어야 깨끗한 이별이 된다. 그리고 문자나 전화는 마음이 남은 상대방에게 붙잡아볼 기회의 싹마저 잘라버리는 잔인한 방법이다.

### 4. 탓하거나 비난하지 않는다

이미 다 끝난 마당에 잘잘못을 따져서 무엇하랴. 그거 따진다고 해서 우리가 다시 사귈 것도 아닌데 말이다. 그동안 고마웠고 잘 살라고 해주자. 상대방이 잘 사는 게 나에게도 좋은 것이다. 잘 못 살면 나에게 술 먹고 새벽에 연락해서는 진상 부릴지도 모른다. 비록 결말은 해피 엔딩이 아니지만 사귀는 동안 그 사람 덕에 행복한 순간도 분명 있었으니 안녕을 빌어주자.

어떤 사람과

함께해야 할까?

결혼은 손해 보는 장사입니다. 남편도 아내도 이득을 보는 쪽이 없습니다. 그것참 이상하죠? 한쪽이 손해를 보면 다른 한쪽은 이득을 봐야 하는데 둘 다 손해를 본다니 말입니다.

예를 들어 아이가 없는 맞벌이 부부가 있습니다. 남편은 퇴근이 늦는 편이라 대부분 아내가 먼저 집에 도착합니다. 아내가 집에 들어왔더니 해야 할 집안일이 눈에 잔뜩 보입니다. 아침에 그냥 담가두고 나간 설거지, 바닥에 흐트러진 머리카락까지. 또 저녁은 뭘 먹을지 고민해야 하죠. 그런데 곰곰이 생각해보니 좀 억울합니다. 둘 다 똑같이 일하는데 내가 일찍 퇴근했다는 이유만으로 집안일을 더 하고 있는 듯한 기분이 듭니다. 이거 완전 손해 보는 장사죠.

반대로 남편 입장도 보겠습니다. 결혼을 하면서 둘이 살림을 합치고 집을 구하는데 아내가 출퇴근이 멀면 불편할 것 같아서 아내의 직장과 가까운 곳으로 집을 얻었습니다. 원래는 자동차를 주말에 놀러 갈 때만 썼는데 직장이 멀어지니까 평일에도 자동차를 끌고 출퇴근을 했고 그로 인한 피로도도 만만치 않습니다. 그리고 6시 땡 하고 퇴근하면 도로가 꽉 막힐 게 뻔하니 배고픈 것을 참고 일부러 늦게 퇴근합니다. 이거 완전 손해 보는 장사죠.

다른 것들도 마찬가지입니다. 부지런한 사람이 한 번이라도 더 움직이게 되니 부지런한 사람이 손해를 보고, 꼼꼼한 사람이 한 번이라도 더 챙겨주게 되니 꼼꼼한 사람이 손해를 보고, 깔끔한 사람이 한 번이라도 더 청소를 하게 되니 깔끔한 사람이 손해를 보죠. 사람 사는 일이 더치페이하듯 반반 나눌 수 없기에 분명히 내가 손해를 보는 일들이 있습니다.

**결혼을 한다면 내가 좀 손해를 봐도 괜찮은 사람과 하세요.** 내가 설거지를 더 많이 해서 짜증 나고, 내가 돈을 더 많이 벌어서 억울하고, 내가 더 많이 참고 넘어가서 불공평하고…. "왜 나만 해야 돼?", "왜 내가 더 해야 돼?", "내가 이런 것도 해줘야 돼?" 이처럼 손해 앞에 계산기가 두드려지는 결혼 생활은 다툼만 남습니다. 사람은 혼자 사는 게 제일 편합니다. 그리고 결혼은 불편함이 있을 수밖에 없습니다. 성격도 다르고, 생활 습관도 다르고, 가치관도 다르고…. 아무튼 모든 게 다른 두 사람이 만나 한집에 사는데 어떻게 단번에 편해지겠습니까?

'결혼은 손해 보는 장사다'라는 걸 바탕에 두고 상대방을 고민해본다면 결혼을 해도 될지 말지 결정이 설 겁니다. 같이 살면서 내가 살림을 더 하더라도, 육아를 더 하더라도, 양가 집안 챙기는 걸 더 하더라도, 돈을 벌기 위해 일을 더 하더라도 괜찮으십니까? 짜증이 나거나 억울하거나 불공평하다 느껴지지 않고 '그래, 내가 더 하면 되지'라는 생각이 드십니까? 그렇다면 그 사람과 결혼해도 좋습니다. 손해를 손해로 느껴지지 않게 하는 사랑이니까요. 손해를 감수할 수 있는 사랑이야말로 찐 사랑이니까요.

5부

비대면

마음을
덜어내라

# 1

## 안 친한 사람에게
## 모바일 초대장을 받았을 때

A: 나 다음 주에 결혼하는데 와서 축하해주면 너무 고마울 것 같아!

B: (나한테 청첩장을 보낸다고? 그것도 모바일 청첩장 링크 달랑 하나?)

C: 우리 아기 돌인데 와서 축하해줘!

B: (돌잔치는 그냥 가족끼리 하면 안 되나?)

청첩장을 줄 때 직접 만나서 예비 신랑 또는 예비 신부가 식사 대접을 하며 결혼식을 초대하는 것이 일반적인 예의로 알려져 있다. 피치 못할 사정으로 만나지 못할 경우에는 청첩장을 우편으로 보내거나 모바일 청첩장을 약소한 기프티콘과 함께 전달하는 경우까지는 인정이다. 그런데 달랑 모바일 청첩장만 보낸다? 많이 친하지도 않은데 축의도 보내야 돼, 옷도 신경 써서 입고 가야 돼, 주말에 시간 내서 가야 돼. 그런데 상대방에게 받은 건 모바일 청첩장 링크 하나라면 '굳이 참석해야 하나?' 하는 고민이 든다.

결혼을 일찍 하지도 않을뿐더러 아이 생각 없는 부부까지 늘어나는 시대에, 특히 코로나19 이후 필요 이상의 모임은 자제하는 분위기가 잡힌 지금, 돌잔치는 가족끼리 했으면 좋겠다는 생각이 보편화되었다. 게다가 아이 낳고 정신없다는 이유로 나에게 소홀하기까지 했다면 더더욱 머릿속에 계산기가 두드려진다. 돌잔치도 결혼식과 마찬가지로 나름 신경 써서 가야 하는 자리이기에 가야 하나 말아야 하나 망설여진다.

비대면

## 1. 초대받았다고 해서 꼭 가야 하는 것은 아니다

초대는 말 그대로 초대일 뿐이다. 그 초대에 응해도 되고 거절해도 된다. 상대방이 나의 경사에 와준 경우가 아니라면 큰 의무감은 가지지 않아도 된다. '초대했는데 내가 안 가면 그 사람이 상처받지 않을까?'라는 걱정은 접어두자. 결혼식

며칠 전에 모바일 청첩장 달랑 하나 받은 내가 더 상처받아야 한다. 돌잔치는 이미 내 아이의 돌잔치에 초대했거나 나중에 내 아이의 돌잔치에 초대할 게 아니라면 괜찮다.

## 2. 적당한 핑계를 대며 장문의 축하 메시지를 보낸다

굳이 솔직할 필요가 있을까? 그 날짜에 가족 행사가 있다거나 회사 특근이 있다거나 하는 내가 못 가는 핑계를 만들어서 적당히 둘러대면 된다. (단, 핑계를 댔을 때 상대방도 '얘가 오기 싫구나' 하는 심리를 어느 정도 눈치챌 수 있다) 그리고 결혼식이나 돌잔치 날에 장문의 축하 메시지를 남기자. 무시할 필요까지는 없으니까. 경사에 축하하는 마음이 가장 중요하니까 축하하는 마음을 내비치자.

## 3. 소소한 기프티콘을 보낸다

완전히 잘라내기에는 가까운 사이지만 그렇다고 내 돈과 시간을 할애할 정도로 가까운 사이가 아니라면 3만 원 내외의 선물을 보내자. 돈으로 보내면 3만 원은 축의로 조금 민망한 금액일 수 있지만 선물로 보내면 가격 대비 그럴싸해 보인다. 결혼식은 소소한 집들이 용품으로, 돌잔치에는 아기용품으로 보내자.

## 4. 상부상조를 생각한다

우리나라의 경사나 조사는 '상부상조'가 기본이다. 만약 내가 결혼을 앞두고 있다면 상대방의 결혼식에 가줬을 때 상대방을 내 결혼식에 초대할 명분이 생긴다. 내 결혼식에 하객을 많이 초대하고 싶은 마음이 있다면 덜 친하더라도 결혼식에 참석한다.

# n분의 1 하기로 했는데 송금해주지 않을 때

A: (영수증을 보여주며) 우리 오늘 만나서 논 거 총 69,000원 나왔어.

23,000원씩 보내주시면 됩니다! 계좌이체도 가능하고 ○○페이로 보내

줘도 돼.

B: 나 계좌로 보냈어. 오늘 너무 재밌었다!

C: (사라진 읽음 표시 1)

A: (C는 문자 읽어놓고 왜 돈 안 보내주는 거야? 사람 신경 쓰이게. 돈 달

라는 소리 또 꺼내기 싫은데. 하, 그냥 빨리빨리 보내주지)

여럿이서 만날 때 더치페이하기 애매한 경우에는 한 명이 계산을 담당한 뒤 정산을 요청하는 총무 역할을 한다. 돈 계산을 위해 총대 메는 걸 좋아하는 사람은 많지 않을 것이다. 번거롭기도 하거니와 친구에게 돈 달라는 표현을 하는 게 썩 유쾌한 것도 아니고, 가끔 내가 기꺼이 총대를 맡아줬는데 불만을 토로하는 친구도 있었기 때문이다. (내가 하는 게 불만이면 네가 해라. 왜 하지도 않고 불만이냐. 할 사람 구할 때는 나서지도 않더니)

## 1. 시간대를 잘 선정한다

보내달라고 할 때 바로 안 보내주는 친구는 잘 깜빡하는 성격일 확률이 높다. 그러니 평일 근무 시간이나 주말 오후는 피해서 다시 연락한다. 정신없이 바쁜 시간에 송금해달라고 하면 '이따가 보내줄게!'라고 하고 또 까먹을 확률이 높다. 돈 보내달라는 연락은 한 번 하는 것도 부담스럽다. 그러니 한 번의 독촉 문자로 받아낼 수 있도록 시간대를 잘 선정한다.

## 2. 개인 메시지를 보낸다

단톡방은 무음으로 해두는 경우도 있고, 톡이 많이 쌓이면 제대로 읽지 않고 후르르 넘기는 사람도 있다. 나의 용건이 다른 친구들의 수다에 묻히면 다시 돈 얘기를 꺼내기 껄끄러울 수 있으니 개인 메시지로 보내서 안 읽을 수 없도록 한다.

## 3. 총무를 넘긴다고 한다

일정한 멤버가 모이는 모임이라면 단톡방에 정산을 요청할 때 '오늘 안에 안 보내는 사람은 다음 모임 때 그 사람이 총무 하는 거다!'라고 남긴다. 총무가 얼마나 고통받는지 느껴봐야 돈을 늦게 주는 일이 없을 테니 말이다. 총무 맡기 귀찮아서라도 돈을 금방 보내줄 것이다.

## 4. 귀여운 이모티콘을 보낸다

이모티콘 중에서도 총무를 위한 돈 달라는 이모티콘이 있다. 상대방이 일부러 돈을 안 보내는 게 아니라 까먹었거나 '친구 사이에 하루 이틀 늦게 줘도 괜찮겠지. 어차피 줄 건데. 내가 떼어먹는 것도 아니고' 이런 마음가짐 때문에 송금에 크게 의미를 두지 않을 수 있다. 그러니 귀여운 이모티콘 하나 보내서 달라고 하면 친구도 깜빡했다, 미안하다고 하며 돈을 보내줄 것이다.

## 5. 웃긴 짤을 보낸다

인터넷에 '돈 내놔 짤', '돈 주세요 짤', '돈 줘 짤', '총무 짤', '정산 짤'이라고 검색하면 웃긴 짤이 많이 나온다. 돈 주고 이모티콘을 사기 아깝다면 인터넷에 돌아다니는 짤을 주워다가 문자로 보내자. 그런 짤과 함께 얼마 보내달라고 하면 친구도 'ㅋㅋㅋ' 웃으며 가볍게 받아준다.

비
대
면

**3**

## 같이 찍은 사진을
## SNS에 상의도 없이 올릴 때

'나 눈 이상하게 떴는데 이 사진을 그대로 올린다고? 나랑 잘 알지도 못

하는 사람들이 내 사진 보는 거 싫은데. 이걸 싫다고 말하자니 내가 예민

한 사람처럼 보일 것 같고. 남의 사진을 이렇게 함부로 박제하는 것도 실

례 아니야?'

불특정 다수에게 내 얼굴이 노출되는 게 싫어서 일부러 SNS도 비공개 계정으로 운영하고 있는데, 지인이 팔로워 많은 자신의 SNS에 올려서 많은 사람들에게 내 얼굴을 노출할 때. 여러 명이 같이 사진 찍었으니 누구는 자신의 얼굴이 마음에 안 들게 나왔을 수도 있는데, 괜찮냐고 묻지도 않고 대문짝만하게 사진 올릴 때. 별것 아닌 것 같지만 은근 기분이 나쁘고 신경이 쓰인다.

## 1. 다음번에는 내 핸드폰으로 사진을 찍는다

그 사람이 악의를 갖고 상의 없이 사진을 올렸다기보다는 몰라서 그랬을 가능성이 높다. 사람마다 사진 보는 관점이 다르므로, 상대방 눈에는 잘 나온 사진으로 보일 수 있다. 다음부터는 내 핸드폰으로 사진을 찍고, 올려도 괜찮은 사진만 그 사람에게 보내준다. 그러면 '이런 거 조심해줬으면 좋겠어'라고 불편하게 말을 꺼내지 않아도 되고, 상대방은 SNS에 사진을 마음껏 올리고, 서로 마음이 편할 수 있다.

## 2. 내가 원하는 행동을 직접 보여준다

'이것들 중에 괜찮은 사진 골라주세요!', '혹시 SNS에 올려도 돼요?'라고 물어보면서 상대방에게 양해를 구하는 모습을 내가 직접 보여준다. '사생활 노출을 조심스러워하는 사람이구나' 하는 이미지를 심어주면서 상대방으로 하여금 나의 사생활을 존중해줘야겠다는 생각이 들게 하는 것이다.

## 3. 직접적으로 사진에 대해 언급한다

'이 사진 저 조금 이상하게 나온 것 같은데 다른 사진으로 올리거나 가려줄 수 있어요?', '제가 SNS에 제 사진 남는 걸 싫어해서요. 괜찮으면 게시글 말고 24시간이 지나면 없어지는 스토리로 올려주시면 좋겠어요'처럼 조심스럽게 나의 불편한 감정을 전한다. 어떤 이는 나를 예민한 사람으로 볼 수도 있지만 그렇다 한들 어쩌겠는가. 내가 신경이 쓰여서 쓰인다고 말한 게 잘못은 아니지 않은가.

## 4. 얼굴이 안 드러나게 사진을 찍는다

사진을 찍을 때 손으로 브이(V)를 하여 얼굴을 반 이상 가리거나 두 손으로 꽃받침을 한 다음 눈을 감으면 얼굴을 잘 가릴 수 있다. 혹은 사진 찍을 때 뒤에 있거나 두 사람 사이에 껴서 내 얼굴이 반만 나올 수 있도록 한다. 얼굴 자체가 잘 안 나오게 찍으면 얼굴이 못 나올 일이 없다.

# 날카로운 악플이 달렸을 때

• 사진 올릴 때 포토샵 좀 하지 마세요. 너무 티 나요. 배경 뒤에 우글거
리는 거 창피하지 않아요? 하려면 티 안 나게 하든가. 되게 없어 보여요.

• 이분은 대체 직업이 뭐예요? 대학 졸업하고 아무것도 안 하던데, 일상
브이로그나 가끔 춤추는 영상 올리는 유튜버인가요? 조회수도 안 나오는
데 수익은 있으려나.

• 님이 뭔데 인생에 대해 다 아는 척 훈수 두세요? 님이 말하는 게 다
정답이에요? 잘 알아보고 하는 말이에요? 직접 겪어보고 하는 말이에요?

SNS나 비디오 플랫폼 계정을 비즈니스로 운영하는 사람이 많아지면서 불특정 다수와 만나는 일이 수두룩해지고 있다. 내가 업로드한 게시글이 언제나 좋은 반응이면 좋겠지만 가끔은 비판을 가장한 비난, 조언을 가장한 훈수, 칭찬을 가장한 비꼼이 섞여 있다. 웬만한 악플 아니고서야 경찰에 신고하는 게 현실적으로 쉽지 않고, 무엇보다 이미 다쳐버린 내 마음은 어디 가서 보상받나. 100개의 선플이 달려도 1개의 악플에 무너지는 게 사람의 마음. 악플에 어떻게 대처하면 좋을까?

## 1. 맹목적인 욕설은 차단한다

앞뒤 설명 없이 그냥 욕부터 박는 댓글은 차단한다. 그런 종류의 악플은 길거리를 지나가다 새똥을 맞은 것과 다름없다. 내가 미워서 나를 욕하려고 한 게 아니라 욕할 대상을 찾던 중 내가 걸린 것이기 때문이다. 그런 댓글은 '응, 차단하면 그만이야' 하고 피식 웃으며 가린다. 그런 댓글에는 단 1초를 쓰는 것도 아깝다.

## 2. 이 사람의 불만이 무엇인지 파악한다

'썸네일로 어그로 끄네', '그래서 하고 싶은 말이 뭐임?', '도움도 안 되는 이딴 건 왜 올리는 거?' 등과 같은 불만 가득한 댓글을 보면 우선 기분이 나쁘지만 잠깐 호흡을 가다듬고 이성적으로 바라보자. 왜 썸네일로 어그로 끄냐는 말은 '내가 썸네일은 잘 뽑았는데 본 내용이 부실했나? 다음부터는 내용을 조금 더 보완해보자', 그래서 하고 싶은 말이 뭐냐는 질문은 '내가 너무 주절주절 썼나? 요점을 명확히 해보자', 도움도 안 되는 이딴 건 왜 올리냐는 질문은 '도움이 될 거라고 생각했는데 내가 잘못 파악했나? 트렌드 공부를 조금 더 해야겠다'와 같이 순화해서 받아들이면 나의 발전에 보탬이 된다. 상대방의 댓글에서 독이 아닌 약만 받아들이는 순간 감정이 다치는 일이 줄어든다.

## 3. 필터 기능을 쓴다

예를 들어 내가 '꺼져'와 같은 단어에 상처를 많이 입는다고 하면 다른 사람이 '꺼져'라는 댓글을 달았을 때 자동으로 필터링이 되도록 설정에서 필터링 단어를 입력해둔다. 보고 싶지 않은 단어는 굳이 안 봐도 되는 것이니까 필터링 기능이 있는 플랫폼이라면 꼭 이용하자.

## 4. 모두를 안고 갈 수 없음을 받아들인다

학교 다닐 때 같은 반에 있는 고작 몇십 명의 친구들 중에도 안 맞는 친구가 있었는데 성별도 다르고, 연령대도 다르고, 좋아하는 것과 싫어하는 것도 다 다른 수많은 불특정 다수에게 노출되는 건데 어떻게 모두가 나를 좋아할 수 있을까. 심지어 피가 섞인 가족들도 안 맞는 사람은 안 맞는데 말이다. '이 사람은 왜 나를 싫어하지?'라고 생각하면 자존감만 깎인다. 내가 그 사람에게 맞춰줄 수 있는 부분이라면 고민을 해서 고치겠지만 어떻게 한 명, 한 명 맞춰주겠는가. 좋아요 100개를 받으면 싫어요 10개 정도는 받을 수 있는 거다.

비
대
면

## 5. 직업이라고 생각한다

악플러에게 '악플 쓰지 마세요!'라고 경고해봤자 안 쓸 리 만무하다. 결국 악플은 스스로 감당해야 할 몫이 되기 쉽다. 악플을 아무리 많이 봐도 거기에 무뎌지지는 않지만 '이게 직업이다'라고 생각하면 조금은 프로다워져서 의연하게 넘길 수 있다. 내가 어떠한 상품(콘텐츠)을 팔았고 고객이 나에게 클레임(악플)을 걸어서 반품해달라, 환불해달라, 교환해달라고 요청하는 것이다. '댓글창이 고객센터다'라고 여기며 문장을 무채색으로 바라보면 상처를 덜 받을 수 있다.

# 5

## 텍스트로 대화하면 화난 것처럼 보일 때

'나는 화난 게 아닌데 왜 상대방은 내가 화났다고 오해하지? 내 말투가

그렇게 딱딱했나? 전혀 공격적이지 않은 문장인데. 서로 얼굴 마주하고

표정을 보고 억양이 들리는 상태로 대화했으면 전혀 문제없었을 말인데

텍스트로 쓰다 보니 딱딱하게 전달되었나 보네'

실제로 만나서 대화할 땐 표정이 보이고 억양이 들리니 부드럽게 말을 전달할 수 있는데, 문자나 메신저로 대화할 때는 까딱 잘못하면 화가 나서 따지는 것처럼 보일 수 있다. '했어용', '좋습니당', 'ㅋㅋㅋ', 'ㅎㅎㅎ' 이런 식으로 말끝에 불필요한 받침이나 자음들을 붙여 대화가 딱딱하지 않게끔 보이는 노력을 하는 경우도 있다. 그렇지만 진지하게 대해야 하는 거래처 담당자, 그리 가깝지 않은 회사 동료, 어려운 상사 등과 대화할 때 사용하기엔 적절하지 않다.

### 1. 느낌표와 물결표 최대한 활용하기

말끝에 느낌표를 붙이면 경쾌하게 말하는 느낌이 나고, 물결표를 붙이면 부드럽게 말하는 느낌이 난다. 그러나 과하게 활용하면 가벼워 보일 수 있으니 감칠맛이 나게끔 중간중간 적당히 넣어야 한다.

### 2. 키패드 안의 이모지 활용하기

캐릭터 이모티콘을 쓰기에는 그렇게 발랄함을 나눌 사이가 아니거나 캐릭터 이모티콘을 남발하면 대화 자체가 가볍게 느껴질까 봐 걱정일 때는 핸드폰 키패드에 있는 기본 이모지를 문장 끝에 작게 사용하는 것도 도움이 된다. 😄🙂😗

### 3. 감탄사 사용하기

문장의 앞이나 뒤에 '아하, 오, 우아, 음, 아이고, 후유, 앗' 등과 같은 짧은 표현을 넣어주면 조금 덜 딱딱해 보인다. 상대방의 말에 공감하며 반응하고 있는 느낌이 나기 때문이다. 한두 글자로 분위기를 바꿀 수 있으니 나의 이미지와 어울리는 적절한 감탄사들을 미리 생각해두어 적재적소에 활용해보자.

## 4. 좋아요 누르기

채팅창에 '하트', '엄지척', '체크' 등의 버튼을 누르는 답장 기능이 있다. 대화하는 도중에 적절하게 버튼을 눌러주는 것이다. 공감 가면 '하트', 동의하면 '엄지척', 확인했으면 '체크' 등을 눌러준다. 사소한 부분이지만 대화를 나누는 중에 버튼을 눌러서 성의를 보이면 대화가 한층 부드러워질 수 있다.

## 비대면 회의에서 소통이 잘 안될 때

• 네? 아, 죄송해요. 뭐라고 말씀하시는지 잘 못 들었어요.

• 아까 하신 내용 중에서 이 부분이 잘 이해가 안 가는데 혹시 다시 설

명해주실 수 있을까요?

• 음, 지금 저희 몇 페이지 내용 회의하고 있었죠?

회사에서는 필요한 경우 종종 재택근무를 하고 타 회사와의 미팅도 필요시 비대면 회의로 진행하기도 한다. 비대면 회의는 시간, 거리, 장소, 규모 등에 제약을 받지 않는다는 아주 큰 장점이 있지만 아무래도 사람을 앞에 두고 하는 회의가 아니다 보니 참석자들의 집중력이 떨어지고 회의 내용도 정확히 전달되지 않을 때가 있다. 회의 시간에 내가 말해야 할 순간이 왔을 때 어떻게 하면 청자를 집중시킬 수 있을까?

## 1. 딴짓을 많이 한다는 걸 염두에 둔다

직접 마주 보고 대화를 해도 중간에 핸드폰 보는 사람이 있는데 하물며 아무도 나를 지켜보지 않는 우리 집 컴퓨터 앞에 앉아 있으면서 딴짓을 안 하기가 쉽지 않다. 기본적으로 비대면 회의에서는 사람들이 딴짓을 한다는 걸 감안하고 회의를 진행해야 한다.

## 2. 중간중간에 체크한다

사람들이 딴짓을 많이 하기에 준비한 자료를 혼자서 줄줄 읽으면 안 된다. 중요한 부분에서는 한 템포 끊고 가고 "혹시 질문 있나요?", "이해 안 되는 부분 있나요?"라고 물어서 회의 참여자들의 대답을 유도한다. 이때 딴짓하고 있던 사람들을 다시 한번 회의에 집중시킬 수 있다.

## 3. 양괄식 형태로 말한다

회의의 각 안건을 전할 때 시작과 끝에 핵심을 전한다. 사람들은 시작과 끝에 집중을 잘한다. 중간 부분은 상대적으로 집중력이 떨어진다. 그러니 중요한 내용은 시작 부분에 짚어주고 끝나기 전에 한 번 더 짚어주는 양괄식 형태로 회의를 진행하면 참여자들이 회의 내용 전부를 기억하지는 못해도 놓치면 안 되는 부분은 잡고 갈 수 있다.

## 4. 회의 노트를 작성한다

핵심 내용들을 간단하게 요약한 회의 노트를 만들어 회의 참여자들에게 나누어 준다. '회의 노트'라고 해서 거창할 필요 없다. 회의 참여자들이 놓치지 않아야 할 부분만 넣으면 된다. 준비하는 게 번거로울 수 있지만 회의 내용이 잘 전달되지 않아 내가 손해 볼 가능성이 있다면 회의 노트를 줘서 손해를 막는 게 경제적이다.

# 7

## 업무 이메일을 잘 쓰고 싶을 때

"제가 그때 메일로 보내드렸는데 혹시 확인이 안 되었나요? 아마 수요일

에 보내드린 메일에 있을 텐데. 음, 잠시만요. 저도 찾아봐야 해서. 아! 여

기 있네요. 쭉 내려서 중간쯤에 제가 적어드렸는데 다시 확인해주시겠어

요? 아, 있죠? 메일이 너무 길어서 못 보셨구나. 네, 알겠습니다. 그럼 다시

부탁드리겠습니다."

상대방이 내가 하는 말을 잘 이해 못 한다는 느낌을 받거나 내가 전달한 내용을 한두 개씩 빼먹으면, 추가로 질문하고 빠뜨린 거 덧붙이느라 메일을 주고받는 횟수가 늘어나 업무 시간 또한 불필요하게 길어진다. 쓰다 보면 글이 줄줄이 늘어나게 되어 하고 싶은 말이 더 복잡해지는 것 같은 메일 쓰기. 어떻게 하면 깔끔하게 작성할 수 있을까?

### 1. 논문 쓰듯 번호 매기기

하나의 메일 안에 여러 내용을 함께 쓰면 읽는 사람의 집중력이 떨어져 꼭 읽어야 할 부분을 빠뜨릴 수 있다. 줄 바꾸기와 번호 붙이기를 잘 활용해서 상대방이 놓치지 않도록 한다.

> 예) 1. 채널 정비 기간
>     2. 계약서 내용 수정
>     3. 회의 요청 날짜

### 2. 문단마다 명확하게 한 줄로 목적 써주기

대화할 때도 주저리주저리 말하면 듣는 사람이 헷갈린다. 상대방에게 뭉텅이로 된 글을 줬으면 마지막에 이 문단에서 내가 말하고자 하는 바를 한 줄로 요약, 정리해줘야 한다. 그런 다음 그 부분은 메일의 형광펜 기능을 써서 한 번 더 강조해주면 상대방이 안 읽으려야 안 읽을 수가 없다.

> 예) 정리하면, **광고주의 동의가 필수이니 바로 컨택** 부탁드립니다.

### 3. 메일 제목 잘 쓰기

메일 제목을 '안녕하세요', '잘 지내셨어요'와 같이 안부 인사로 쓴다거나 '발주

전 목차 자료'와 같이 업무 내용만 쓰는 경우가 있다. 일을 하다 보면 메일이 계속 이어지는 경우도 있고 지난 메일을 찾아서 다시 검토하는 경우도 있기에 검색하기 편하게 작성하는 게 좋다. (나의 경우에는 여러 번 주고받을 게 예상되는 메일은 날짜까지 붙여서 보낸다)

예) [회사명 또는 소속] 2차 발주 전 목차 자료 검토 건 / 240510

## 4. 깨질 가능성이 있는 파일은 pdf로 변환하여 함께 보내기

pptx, hwpx처럼 받는 사람의 환경에 따라 깨지는 파일의 경우에는 pdf를 함께 보내주면 좋다. 그리고 요즘에는 외부에서 핸드폰이나 태블릿으로 문서를 확인하는 경우가 많은데 이때 pdf 파일이 열어보기가 훨씬 편하다. 또 맥에서 작성한 파일의 제목을 윈도우에서 열어볼 경우 이름이 이상하게 바뀌는 경우가 있으니 그러한 현상을 방지하는 프로그램을 사용하여 읽는 사람이 불편하지 않게끔 한다.

## 5. 첨부 파일이 많을 경우 상대방이 알아보기 쉽게 정하기

메일에 첨부 파일을 3~4개씩 보내야 하는 경우에는 파일명을 명확하고 구체적으로 적고, 순서대로 확인하면 더 도움되는 경우에는 파일명 맨 앞에 '01', '02' 등 숫자를 붙이면 오름차순으로 나열되어 받는 사람이 훨씬 편하게 확인할 수 있다.

# 친구가 나를 저격하는 SNS 글을 썼을 때

8

- 진짜 친구라고 믿었는데 뒤에서 그런 이야기를 하고 다녔구나. 내 귀에 안 들릴 줄 알았던 건지. 네가 선물해준 키 링, 항상 가방에 달고 다녔는데 이제는 떼야 될 것 같다. 이유는 네가 더 잘 알 테고.

- 여자애들이 놀자고 할 때는 바쁘다고 하더니 남자 선배들이 놀자고 하니까 쪼르르 나가는 꼬락서니하곤…

- 이리 붙었다 저리 붙었다 하는 간도 쓸개도 없는 놈. 우리가 안 놀아주니까 이젠 그쪽 가서 붙냐?

불만이나 서운한 점이 있으면 단둘이 직접 이야기하면 되는데 일부러 남들까지 다 보라는 듯이 SNS에 저격하는 글을 올린다. 선공이 유리하기 때문에 자기 입장에서 먼저 이야기를 풀면 주변 사람들이 자기편이 되어주기 때문이다. 나는 가해자고 자기는 피해자인 셈이다. 혹은 사람 하나 묻으려고 있지도 않은 일을 꾸며내어 작정을 하고 저격하기도 한다. 그 친구랑 SNS로 연결된 사람들에게 일일이 메시지를 보내며 난 그러지 않았다고 해명을 할 수도 없는 노릇이다.

## 1. (친구가 쓴 말이 사실이라면) 직접 연락한다

그냥 직접 말하지 굳이 SNS에 저격한 친구가 밉기는 하지만 그래도 거짓으로 저격한 건 아니니 불행 중 다행이다. 저격까지 할 정도면 나에 대한 불만이 어마어마하다는 것이므로 이럴 땐 직접 부딪쳐 해결하는 것이 낫다. 연락해서 서운하게 만든 점이 있다면 사과하고 오해가 있다면 풀어준다. 단, 대화의 마무리는 "다음부터는 나에게 직접 말해주면 좋을 것 같아. SNS에 올리면 우리 사이 남들에게 다 보여주는 거잖아. 이렇게 화해할 수 있는 사이인데 말이야."라고 한다.

## 2. (친구가 쓴 말이 거짓이라면) 우선 간결하게 대응한다

친구가 나를 골탕 먹이려고 거짓으로 저격했다면 그냥 넘어갈 수는 없다. 하지만 친구가 한 것과 똑같이 대응하면 나도 똑같은 사람이 되고 자칫 이 문제와 상관없는 사람들이 나를 유치하게 볼 수도 있다. SNS에 '사실이 아닙니다'와 같이 간결하게 부인만 한 뒤, 그 친구와 관계를 회복하고 싶으면 직접 연락을 하고 꼴도 보기 싫으면 그냥 무시하고 손절한다.

### 3. 저격성 글에 너무 걱정하지 않아도 된다

누군가 나를 저격해서 글을 쓰면 '다른 사람들이 나에 대해 오해하면 어떡하지? 나 그런 사람 아닌데' 하는 걱정부터 든다. 하지만 대부분은 저격글을 보고 나에 대해 실망하기보다는 '쟤는 치사하게 저격글을 올리네. 쟤랑 너무 가깝게 지내면 안 되겠다'라고 오히려 저격글을 올린 사람에게 실망한다. 언젠가 자신의 이름도 저 저격글에 올라갈 것만 같기 때문이다.

### 4. 거를 사람은 거른다

둘이서 풀어도 되는 문제를 SNS에 저격글부터 올리는 사람은 무조건 거르자. 나중에 또 자기 기분에 안 맞춰주면 SNS에 글을 올릴 사람이다. 장기적으로 봤을 때 가까이하지 않는 게 좋다. SNS 글만 보고 나를 멀리하는 사람도 거르자. 돌고 도는 소문에 기대어 사람을 판단하는 사람은 내 곁을 금방 떠날 사람이기 때문이다.

## 9

# 알고 싶지 않은 근황을 SNS에 올릴 때

• 내 지인 중에 사업하는 분이 있는데 그분이 맨날 월초만 되면 입금된 통장 사진을 올려. 자기가 이만큼 벌었다고 자랑하는 거지. 그거 볼 때마다 무슨 꼴깝인가 싶다가도 한편으로는 부러워서 그 사람 SNS에 새 글 알림이 떠도 별로 클릭하고 싶지 않더라니까.

• 내 친구 중에 이것저것 사는 거 좋아하는 친구가 있는데 한 달에 한 번은 명품을 사더라고. 옷 같은 것도 자세히 보면 다 비싼 브랜드뿐이야. 나는 변변한 가방 하나 없는데. 사진 볼 때마다 너무 부러워서 솔직히 걔가 잘못한 게 아닌데도 질투가 나고 내 자신이 너무 초라해 보여.

SNS는 기본적으로 자신의 좋은 면을 남에게 보여주고 싶은 인간의 욕구를 충족시켜주는 공간이다. 그러니 내가 부러워할 만한 내용들만 올라오는 것이 어찌 보면 당연한 것이다. 그리고 본인 SNS에 자기가 올리고 싶은 글을 올리는 건 본인 마음이라 내가 관여할 수 있는 부분이 아니다. 내가 SNS를 끊거나 그 사람을 피하는 방법밖에 없는데 그렇다고 아무런 불화 없이 그 사람을 차단하거나 친구 삭제를 할 수는 없는 노릇. 이럴 땐 어떻게 하면 좋을까?

## 1. 해당 계정 게시글 숨기기

그 사람의 SNS 계정에 들어가 '업데이트 게시글 안 보기'를 누르면 그 사람이 새로 업로드하는 게시글, 스토리 등이 내 SNS 피드에 뜨지 않는다. 그 사람을 차단하거나 팔로우를 끊은 건 아니지만 숨김 기능을 사용하면 차단한 것과 다름없어진다. 안 보면 해결될 문제이다.

## 2. 부계정 만들기

SNS는 계정을 여러 개 만들 수 있다. 사회생활 계정, 친한 친구 계정, 게시글 저장용 계정 등 용도에 맞게 계정을 만들어서 사용하면 된다. 보기 싫은 글을 올리는 사람은 '사회생활 계정'과 친구 추가를 하고 나는 '친한 친구 계정'에 자주 로그인해서 그 사람의 게시글이 내 눈에 자주 안 보이게 하자.

## 3. 잠시 SNS 활동 쉬기

내가 행복이 충만한 상태일 때는 남이 어떤 글을 올려도 거기에 동요하지 않는다. 그런데 내가 어떠한 부분에서 결핍을 느끼고 있을 때 내가 바라는 걸 가진 사람이 올린 글은 마음속에 아프게 박힌다. 그러니 내 정신 건강이 튼튼한 상태가 될 때까지 SNS 활동을 잠깐 쉬고, 어떠한 글을 봐도 담담하게 넘길 수 있을 때 재개하자.

## SNS의 단점

1. 다른 사람들과 비교하게 된다
2. 남들에게 자랑하기 위한 소비가 늘어난다
3. 불필요한 오해가 생긴다
4. 인증 사진 찍는 데 혈안이 되어 있다
5. 내 취향도 아닌데 따라 하고 싶어진다
6. 과도하게 시간을 빼앗긴다
7. 현실의 삶과 괴리감을 느낀다
8. 중독이 되어 끊임없이 핸드폰을 본다

# 10

# SNS 때문에 오해가 생겨 애인과 다툴 때

- 여기 나랑 갔던 곳 아님? 그때 완전 재밌었는데~ 우리 언제 봐? 보고 싶다!

- 얘랑 저 진짜 아무 관계 아니에요. 혹시라도 오해하지 마세요. 둘이 같이 홀딱 벗고 자도 아무 일도 안 일어날 사이라니까요. 학교 다닐 때부 터 친구라 오래 보기도 했고 서로 성격도 잘 맞아서 친한 거라. 얘랑 사 귈 거였으면 진작 사귀지 않았을까요? 그동안 아무 일도 없었다는 건 진 짜 서로 이성으로 안 본다는 거예요.

세상의 절반이 이성이라 이성 친구가 있을 수 있다는 점은 이해하지만 왜 항상 그놈의 이성 친구는 선을 넘을까? 나라고 이성 친구가 없어서 이러고 있는 게 아닌데 말이다. 이 나이 먹고 유치하게 누구랑은 놀고 누구랑은 놀지 말라고 하고 싶지 않다. 연애를 시작했다고 해서 친구 관계를 끊으라 하고 싶지 않다. 하지만 솔로일 때와 커플일 때의 삶이 같을 수가 없다는 걸 알고 애인이 기분 나쁘기 전에 알아서 조심해주면 좀 좋을까? 이성 친구 일로 속 썩이는 애인이 있다면 다음 글을 읽어보라고 한다. (혹시 다툼의 원인 제공자가 나라면 더욱 찬찬히 읽어보자)

## 1. 뻔한 말로 반박하지 않기

"걔가 워낙 이성 친구가 많아서 남녀 구분이 없고 성격이 털털해서 그런 말 하는 거야."라고 방어하지 말자. 성격이 진짜 털털하면 애인 있는 친구한테 오해 살 만한 건더기를 안 남긴다. 진짜 친구라면 친구의 연애가 무탈히 오래가기를 바라기 때문에 연락을 줄인다. 그 친구는 털털한 게 아니라 이성 친구 많이 두고 싶어서 털털한 '척'하는 것이다.

"걔는 너가 볼 줄 모르고 그런 댓글 남긴 거야."라고 반박하지 말자. 애인 사이에 SNS를 팔로우하고 있다는 건 누구나 아는 사실인데 친구의 애인이 볼 줄 모르고 그런 댓글을 남겼다는 건 논리적으로 말이 안 된다. 진짜 모르고 그런 댓글을 남긴 거면 그건 더 문제다. 눈치도 없고 분위기 파악도 못 한다는 거니까.

## 2. 이성 친구에게 솔직하게 말하기

'진짜 친구'라면 친구의 연애가 잘 이어지기를 응원한다. "애인이 신경 쓰는 것 같아서 이 부분은 조심해야 될 것 같아."라고 솔직하게 이야기하면 이해 못 해줄 친구 없다. 친구에게 조심을 부탁했을 때 '연애한다고 친구 버리냐', '나냐 애인이냐'라고 양팔저울에 무게 추를 달려고 한다면 좋은 친구가 아니거나 혹은 나에게 사심을 품고 있었거나 둘 중 하나일 것이다.

### 3. SNS와 개인톡 줄이기

SNS에 달린 댓글 때문에 애인과 다툴 바에야 SNS에 게시글 업로드하는 걸 줄이는 게 쉽다. 주고받은 개인톡 때문에 애인에게 의심받을 바에야 필요한 말만 딱 하고 사담은 줄이는 게 속 편하다. 감정 소모를 하는 것보다 애초에 싹을 잘라버리는 게 나도 좋고, 애인도 좋고, 둘의 관계에도 좋은 일석삼조이다.

---

## 여우/늑대 같은 여사친/남사친 특징

1. 동성 친구보다 이성 친구가 더 많다
2. 외로움을 잘 탄다
3. 스킨십이 자연스럽다
4. 심심하다는 말을 입에 달고 산다
5. 주로 밤에 연락한다
6. 아무한테나 사랑한다, 좋아한다고 한다
7. 술자리를 좋아한다
8. 소유욕이 강하다

## 11

# 팔로우/구독/좋아요/댓글을 요구할 때

- A야, 나 이번에 SNS 계정 하나 새로 팠는데 팔로우 많으면 좋다고

해서. 내 아이디 팔로우해주면 안 돼? 와서 상단 고정해둔 게시글 있지?

그거 좋아요 하나 눌러주고 댓글에 나 너무 예쁘다고 남겨주면 안 돼?


- 나 이번에 유튜브 새로 시작했는데 구독 좀 눌러주라. 나 아직 구독

자 100명도 안 되어서. 좋아요 누르고 댓글도 센스 있게 달아줄 거지?

반려동물 계정, 우리 아기 계정, 취미 계정 등 본계정 말고 부계정을 만드는 경우가 있다. 본계정은 사생활이 드러나기도 하고 주제가 뚜렷한 계정을 만들면 팔로우가 잘 늘어서 따로 부계정을 만드는 것이다. 또 요즘 평범하게 회사 다니면서 소소하게 유튜브 하는 경우가 많아서 지인들에게 구독 버튼을 눌러달라는 부탁도 많이 한다. 한두 번이면 몰라도 연락할 때마다 "내 글 확인했어?", "왜 좋아요 안 눌러줘?"라는 말을 들으면 짜증이 나기도 한다.

비
대
면

## 1. 웬만하면 그냥 해준다

팔로우나 좋아요 누르는 데 돈 드는 것도 아니니 눌러주자. 그거 하나 눌러주고 우정을 얻을 수 있다면 얼마나 괜찮은 수확인가. 게시글이 피드에 뜨는 게 싫으면 게시글이 안 보이게끔 가려두는 설정을 하면 된다.

## 2. 부계정을 판다

내가 주로 사용하는 본계정에 피드가 어질러지는 게 싫어서 친구가 요청하는 계정을 팔로우해주기 싫으면 부계정을 하나 만들어서 그 계정으로 구독을 눌러주자. "나 이 계정도 자주 로그인해서 이걸로 팔로우할게!"라고 말하면 된다. 하지만 부계정에 친구 계정만 달랑 있으면 친구가 서운할 수 있으니 다른 계정들도 팔로우해두는 준비성은 필요하다.

## 3. SNS를 잘 안 한다고 한다

구독이나 팔로우를 하는 건 한 번만 눌러주면 되지만 좋아요나 댓글은 꾸준히 들어가서 눌러줘야 한다. 친구가 "내 게시글에 댓글 남겨주면 안 돼?"라고 요구한다면 "나 요새 바빠서 SNS를 잘 안 해. 앱도 지웠거든. 혹시 다시 들어가게 되면 꼭 남겨줄게!"라고 서운하지 않게 핑계를 댄다.

## 4. 솔직하게 말한다

몇 번 웃으며 넘어갔는데도 끊임없이 요구해서 나를 불편하게 만든다면 이유와 함께 솔직하게 말한다. "미안. 나 원래 게시글 보면서 좋아요 같은 거 안 누르는 편이라서. 대신 내 친구들한테도 팔로우해달라고 네 계정 홍보해줄 테니까 내가 종종 좋아요 안 눌러도 이해해줘!"

# 12

## 관심 없는 게시글을 자주 공유할 때

• (웃긴 영상) ㅋㅋㅋㅋ 이거 완전 웃기지 않아?

• (정보 게시글) 이번에 이런 물건들 입고됐대! 필요한 거 있으면 가서 사.

• (옷 사진) 이 옷 너한테 진짜 잘 어울릴 것 같아.

문자나 DM(Direct Message)으로 자기가 본 게시글을 마구마구 보내는 사람이 있다. 자기 딴은 재밌거나 유용하다고 생각해서 공유하는데, 사실 그 마음은 고맙지만 나는 딱히 웃기지도 않고 궁금하지도 않은 내용들이다. 별로 필요하지 않은 메시지로 핸드폰 알림이 울리는 게 싫은데 그렇다고 친구를 차단할 수도 없고. 또 나는 내가 관심 있는 게시글만 받아보고 싶어서 알고리즘도 깔끔하게 정돈하는데 친구가 보내는 게시글 때문에 알고리즘이 꼬여서 관심 없는 게시글이 잇따라 등장하기 시작했다. 이제는 정말로 그만 공유받고 싶다.

### 1. 단답으로 답장을 보낸다

웃긴 글이면 'ㅋㅋㅋㅋ', 정보 글이면 '오, 대박', 귀여운 글이면 '완전 귀엽다!', 감성적인 글이면 '공감된다 ㅠㅠ', 응원하는 글이면 '고마워~ 힘이 나' 등 게시글의 유형에 따라 답장 매뉴얼을 정해둔 뒤 그에 맞춰서 답장을 보낸다. 나도 크게 힘 안 들고 친구는 답장이 와서 기분이 좋고. 간편하게 상부상조할 수 있다.

### 2. 하트만 눌러준다

친구가 별로 궁금하지도 않은 내용들까지 공유해주는 건 귀찮기도 하지만 먼저 친구의 좋은 마음을 헤아려주자. 하지만 관심 없는 게시글에 일일이 반응하는 건 번거로우니 게시글에 하트만 눌러준다. 하트 누르는 건 어렵지 않으니까 그 정도의 성의는 보여준다.

## 3. 답장을 하지 않는다

영상만 달랑 온 DM은 '읽음' 표시만 남겨두고 따로 답장은 하지 않는다. 하트조차 누르지 않는 것이다. DM은 보내는 사람도 받는 사람의 반응이 좋아야 보내는 맛이 난다. 뜨뜻미지근하게 반응을 보이면 친구도 눈치껏 그만 보낼 것이다.

## 4. 그만 보내라고 한다

지속적으로 게시글을 공유해주는 걸 귀찮게 생각하는지 전혀 모를 수도 있다. 모르면 알려줘서 친구 사이에 안 맞는 부분을 맞춰가야 한다. 그렇지만 정색하며 '이런 거 보내면 너무 귀찮아. 보내지 마'라고 하면 상대방은 '고작 이런 문제로 엄청 뭐라 하네'라며 무안함을 느낄 수 있다. '야 이런 거 그만 보내 ㅋㅋㅋ' 장난식으로 몇 번 말하면 친구도 눈치를 채고 덜 보내거나 안 보낼 것이다.

## 13

대화가 늘어지며 마무리되지 않을 때

A: 오키, 알았어!

B: 지난번에 갔다던 그 핫 플레이스는 어땠어?

A: 괜찮았어! 줄이 길기는 했는데 금방 사람 빠지더라. 다음에 꼭 가봐!

B: 아 맞다! 나 도서관에서 시험공부하는데 맞은편에 훈남이 앉은 거야.

그래서 공부에 집중 안 되어가지고 다음 날 시험 망침 ㅠㅠ

A: ㅋㅋㅋㅋㅋ

B: 다다음 주에 과팅한다는데 너 나갈 거야?

끊어지지 않게 대화 나누는 걸 좋아하는 사람이 있다. 친밀감이 그대로 이어지게끔 두는 게 좋은 것이다. 하지만 나는 필요한 용건이 끝나면 대화가 마무리되는 걸 좋아한다. 그래서 어느 정도 스몰 토크를 하다가 눈치껏 대화가 마무리되게끔 메시지를 보냈는데 꼬리에 꼬리를 물고 대화가 이어진다. 시간적 여유가 많으면 상관없지만 공부를 하거나 일을 하는 중에 계속 연락이 오면 신경이 분산되어 방해가 된다. 그리고 문자 오래 하는 거 별로 안 좋아하는 사람의 경우에는 딱 할 말만 하고 끝나면 좋은데, 핑퐁처럼 계속 왔다 갔다 하는 문자가 불편하기만 하다.

## 1. 다른 일 보는 중이라고 말한다

문자를 보냈는데 답장이 오면 '연락해도 괜찮나 보구나'라고 생각한다. '응, 나 지금 공부 중이라서 이따가 연락할게', '알았어. 그런데 나 곧 회의 들어가서 나중에 연락할게'라고 내 상황을 정확하게 표현한다. 그러면 '그래, 이따가 연락해'라고 나에게 답장한 뒤 자신과 수다 떨 다른 친구를 찾아 떠난다.

## 2. 마무리 짓는 말을 직접적으로 보낸다

나는 대화를 마무리 지었다고 생각했는데 상대방은 그렇게 느끼지 않았을 수도 있다. '그래, 오늘 하루도 화이팅!', '퇴근 잘 하고 집에 조심히 들어가!', '난 이제 자려고. 너도 잘 자!'라고 누가 봐도 명확하게 대화를 마무리 지으면 상대방도 '이제 그만 대화하고 싶나 보구나' 하고 눈치를 챈다. 생각보다 '여기서 대화를 마무리 지어도 되나?' 하고 고민하는 사람도 많으니 내 쪽에서 확실히 결정해주면 상대방이 편하게 느낄 수도 있다.

### 3. 최대한 천천히 답장한다

약속을 잡거나 자료를 전달해야 하는 등 당장 소통이 필요한 대화가 아니라면 천천히 답장해도 괜찮다. 물론 읽음 표시가 남아 있는 게 찝찝하긴 하지만 답장을 늦게 할수록 대화를 나누는 횟수가 줄어든다. 하지만 이때 친구의 문자에는 답장을 하지 않은 채 SNS 같은 곳에서 '활동 중' 표시가 뜨면 친구의 기분이 상할 수 있으니 주의해야 한다.

### 4. 적당한 이모티콘을 사용한다

이모티콘이 가장 간단한 답장이다. 한 번만 터치하면 되니 간편하면서도 상대방에게 성의 없어 보이지 않으면서도 대화의 마무리처럼 느껴지는 것이 이모티콘이다. 그러니 내 취향에 맞고 여러 상황에서 자주 쓸 수 있는 이모티콘을 즐겨찾기에 넣어두면 편리하게 활용할 수 있다.

## 14

# 문자가 아닌 전화로 대화하자고 할 때

비
대
면

A: 그러면 제가 말씀드린 조건이랑 맞는 매물들 소개해주실 수 있나요?

B: 혹시 지금 통화 되세요?

A: 아, 통화는 어렵고요. 문자로 받고 싶은데요.

B: 그러면 통화는 언제쯤 가능하세요? 제가 시간 맞춰서 연락드릴게요.

A: 문자로 남겨주시면 안 되나요?

B: 통화로 설명드리는 게 고객님께서 이해하기 편하실 거예요.

전화는 상대방에게 온전히 집중해야 하기 때문에 문자에 비해 에너지 소모가 크다. 불가피하게 전화로 해야 하는 경우라면 피할 수 없겠지만 메일이나 문자로 충분히 소통이 가능한데도 전화로 하기를 고집하면 '왜? 굳이?' 싶은 생각이 든다. 요즘에는 메신저나 SNS가 워낙 대중화되어 전화를 하는 빈도가 예전에 비해 많이 줄었고, 그러다 보니 전화를 하는 것 자체가 어색해지기도 했다. 그러면서 일명 '전화 공포증'이라는 것도 생겨났다. 어떻게든 전화를 하려는 창과 어떻게든 문자로 해결하려는 방패, 어떻게 창을 막아낼 수 있을까?

## 1. 상의가 필요해서 문자로 주고받고 싶다고 한다

빠르게 결정해야 하는 경우 상대방은 문자보다는 전화를 선호한다. 말발로 듣는 사람을 홀리기 쉽기 때문이다. 그리고 문자는 혼자서 생각할 시간을 가질 수 있지만 전화는 "어떡하시겠어요? 하시겠어요?"와 같은 질문으로 바로 결정하게끔 유도할 수 있다. 이럴 땐 나에게 결정권이 없음을 상대방에게 전달한다. '제가 혼자 결정할 수 없는 건이에요. 부모님과 상의를 하고 계약해야 해서요. 문자로 남겨주셔야 제가 부모님께 공유해드릴 수가 있어요'라고 얘기하면 상대방도 한 걸음 물러선다.

## 2. 잘 까먹어서 문자가 편하다고 한다

이것저것 설명해야 하는 경우에는 문자로 쓰는 것보다 전화로 말하는 게 설명해주는 사람 입장에서는 더 편리할 수 있다. 하지만 듣는 사람은 생소한 내용들이 후다닥 지나가서 정확히 이해하고 기억하기 어렵다. '문자로 내용을 받은 뒤에 모르는 부분은 전화로 설명 들을 수 있을까요? 제가 잘 까먹어서요'라고 우선은 문자로 시작할 수 있도록 유도한다.

### 3. 업무 핑계를 댄다

대부분 평일 업무 시간에는 사적인 일로 통화하기 눈치 보인다는 걸 연락을 취한 사람도 알고 있다. '업무 중이다', '수업 중이다', '아르바이트 중이다'라고 핑계를 댄다. '죄송합니다. 제가 이번 주 내내 업무가 늦게 끝나서 그러는데 메일로 받을 수 있을까요?'라고 정중하게 이야기한다면 전화를 고집하던 뜻을 굽힐 것이다.

### 4. 전화 공포증이 있다고 말한다

친한 친구끼리도 전화로 수다 떠는 걸 좋아하는 사람이 있고 그렇지 않은 사람이 있기 마련이다. 친한 친구라면 솔직하게 뜻을 전한다. 대신 잘못 표현하면 '나너랑 전화하는 거 싫어'로 받아들일 수 있으니 '전화 공포증'이 있어서 너뿐만 아니라 다른 사람과도 통화 잘 안 한다고 구체적으로 설명해주자.

비
대
면

## 전화 공포증 극복하는 법

1. 편한 사람과 전화 통화 연습을 한다
2. 인형을 앞에 앉혀두고 혼자서 연습한다
3. 통화 내용을 미리 시뮬레이션한 뒤 통화한다
4. 업무용 통화라면 대본을 미리 작성해둔다
5. 완벽하게 대화해야 한다는 욕심을 내려놓는다
6. 가장 편안함을 느끼는 장소에서 통화한다

## 15

## 맞춤법을 심각하게 틀릴 때

- 오늘 만날 때 l나만(하나만) 줄 수 있어?

- 그거는 않되(안 돼)

- 빨리 낳으세요(나으세요)

- 예전에 했던 예기(얘기) 아니야?

업무적으로 맞춤법을 꼭 지켜야 하는 상황이 아니라면 평소 대화할 때 맞춤법 정도는 틀릴 수 있다. 그런데 누가 봐도 이건 아니다 싶게 맞춤법을 틀리면 '이걸 말해줘야 하나 말아야 하나' 고민이 든다. 콕 집어 말해주자니 예민한 사람 취급받을 것 같고 말을 안 해주자니 다른 곳 가서 창피당할까 걱정된다. 한 번만 보고 말 사이면 모를까 친한 친구면 교정을 해주고 싶고, 마음에 들었던 사람이면 왠지 호감이 뚝 떨어진다.

## 1. 틀린 단어를 고쳐서 내가 다시 쓴다

'오늘 만날 때 1나만 줄 수 있어?'라고 쓰면 '하나만 필요해?'라고 고쳐서 대답해주고, '예전에 했던 예기 아니야?'라고 쓰면 '맞아, 그때 했던 얘기야!'라고 고쳐서 대답해준다. 눈치가 있다면 '어? 나랑 다르게 썼네?' 생각하고 스스로 찾아본 후 자신이 틀리게 썼다는 걸 깨닫는다.

## 2. 가볍게 말한다

너무 진지하게 말하면 상대방이 오히려 민망할 수 있다. 고쳐줬을 때 반응하기 쉽게 '1나 ㄴㄴ(노노) 하나 ㅇㅇ(응응)', '1나 아니고 하나일걸?' 가볍게 얘기한다. 그러면 상대방도 '아 그래? 몰랐네. 알려줘서 감사~'라고 가볍게 답장하며 민망함을 숨길 수 있다. 그런 다음 마지막에는 '나도 전에 헷갈렸어~'라고 친구를 감싸주자.

## 3. 꼭 내가 고쳐줘야 하는 건 아니다

생각보다 맞춤법에 큰 의미를 두지 않고 사는 사람이 많다. 나는 어디 가서 맞춤법 틀리게 쓰면 창피해서 쥐구멍에라도 숨고 싶은데, 어떤 사람은 '틀리든 말든 의사소통하는 데 문제없으면 됐지'라고 무감각하게 살기도 한다. 그리고 본인이 맞춤법에 민감한 직무를 보거나 맞춤법으로 큰 창피를 당한 적이 있으면 열심히 공부하게 된다. 아직까지 맞춤법을 심각하게 틀린다는 건 그렇게 틀리며 살아도 본인 인생에 지장 없다는 의미와 같으므로 '꼭 내가 고쳐줘야지!' 하는 사명감을 갖지 않아도 괜찮다.

## 자주 틀리는 맞춤법

1. 안되 → 안 돼
2. 몇 일 → 며칠
3. 설겆이 → 설거지
4. 예기 → 얘기
5. 2틀 → 이틀
6. 구지 → 굳이
7. 나중에 뵈요 → 나중에 봬요
8. 왠만하면 → 웬만하면
9. 어떻해 → 어떡해
10. 역활 → 역할

# 16

# 온라인 모임에서 참석률이 저조할 때

A: 이번 주 모임은 성수동에서 할까 해요! 제가 괜찮은 스터디 카페 찾았는

데 예약 인원이 몇 명인지 확인해야 해서요. 참석하실 분들 말씀해주세요.

B: 죄송해요. 제가 이번 주는 친구 결혼식에 가야 해서 참석이 힘들 것 같

아요. 다음 주에는 꼭 참석할게요!

C: 저는 일정이 어떻게 될지 잘 모르겠는데 언제까지 답변해드리면 되나

요? 지금 확답해야 하는 거면 일단 불참으로 할게요.

D: (읽었지만 답장 안 함)

A: *(10명 중에 4명 참석이라니... 이러다 모임이 없어지겠어...)*

독서 모임, 자전거 동호회, 스터디 그룹 등 자발적으로 참여하는 모임에서 구성원들이 하나둘씩 빠지더니 점점 참석률이 저조해져서 분위기가 처진다. 원래 잘 참여하던 멤버도 다른 멤버들이 대충대충 하니까 같이 의욕을 잃어가는 게 눈에 보인다. 모임 장으로서 내가 구성원들을 독려해서 분위기를 끌어올려야 하는데 온라인 모임은 학교나 회사보다 강제성이 없으니 이끌기 쉽지 않다. 모임을 잘 이끌고 싶은데 어떻게 하면 구성원들이 적극적으로 따라와줄까?

### 1. 익명으로 설문지를 돌린다

모임에 불참 인원이 늘어난다는 건 분명 아쉬운 점이 있다는 의미이다. 하지만 일대일로 불만을 말하기 어려우니 불참으로 티를 내는 것이다. 링크로 설문지를 만들어 마음의 소리를 들은 뒤 개선 방향을 모색한다. 단 설문지는 익명으로 돌려야 구성원들의 진심을 들을 수 있다.

### 2. 규칙을 확실하게 정한다

아무래도 한두 명이 슬슬 불참하기 시작하면 분위기가 흐트러져 다른 사람들도 이런저런 핑계를 대고 불참한다. 불참에 스트레스를 많이 받는 편이라면 모임을 개설할 때 '3번 이상 미참석 시 퇴출'과 같은 규칙을 정한다. 불참 인원이 너무 많아 모임이 유지되기 어려울 것 같으면 구성원들의 동의를 얻고 중간에라도 규칙을 정하면 된다.

### 3. 새 멤버를 모집하여 환기한다

이미 참석률이 저조해진 멤버를 끌고 가기란 어렵다. 잘 참여 안 하는 사람은 없

는 사람이라 생각하고 얼른 추가 멤버를 뽑는다. 원래 잘 참석 안 하던 사람도 새
로운 얼굴이 등장하면 다시 참석하는 경우도 있으니 새로운 멤버를 영입해서 분
위기를 환기시켜본다.

## 4. 리워드를 만든다

이번 달에 적극적으로 참여한 멤버에게 소정의 상품을 주는 보상 시스템을 만든
다. 몇천 원짜리 기프티콘이어도 의외로 동기 부여가 된다. 모임의 성격에 맞으
면서도 가격적으로 부담되지 않는 선의 리워드를 준비하여 멤버들에게 즐거움
을 제공하자.

비
대
면

# 17

# 온라인 모임에서 물 흐리는 사람이 있을 때

A: 이번 번개 모임에는 누구누구 오나요? 여성분 계시나요?

B: 민영 님이랑 윤정 님 참석하실걸요.

A: 단톡방에 여자분 되게 많은데 두 분밖에 안 오시는 거예요? 술자리에

다 남자면 칙칙한데.

B: *(우리 모임에 여자 만나러 오는 거야 뭐야?)*

닉네임을 쓰는 익명의 채팅방이나 실명을 쓰더라도 다수의 사람이 모여 있는 단톡방에는 꼭 물을 흐리는 미꾸라지 같은 사람이 한 명씩은 있다. 이성한테 들이대기부터 하는 사람, 말투가 삐딱한 사람, 의견을 내면 반대부터 하는 사람, 행동은 안 하고 입만 살아 있는 사람, 본인과 친한 사람들만 따로 그룹을 만드는 사람, 별것 아닌 일에 시비 거는 사람 등 다양하게 분란을 만든다. 가장 큰 문제는 정작 본인이 미꾸라지라는 걸 전혀 모른다는 것이다. 딱히 규정에 위반되는 행동을 한 게 아니라 내칠 수도 없고 그렇다고 이 사람을 그대로 두자니 다른 멤버들이 불편해하는 것 같고. 어떻게 하면 이 미꾸라지에게 경각심을 줄 수 있을까?

## 1. (내가 방장이라면) 적절한 시기에 공지를 한다

내가 불편함을 느꼈다면 구성원 몇몇은 이미 예전부터 불편함을 느끼고 있었을 것이다. 그러니 분란이 생겨 돌이킬 수 없는 상황이 되기 전에 시점을 봐서 공지를 한다. '단톡방 내에서 욕설 금지, 19금 드립 금지, 정치성 농담 금지' 단 공지 내용이 특정 사람을 저격한다는 느낌을 주면 저격받은 사람은 불쾌하고 나머지 사람들도 불편함을 느낄 수 있다. 방장으로서 적절한 선을 지켜야 한다.

## 2. (내가 방장이 아니라면) 방장에게 개인적으로 건의한다

내가 채팅방 안에서 불만을 말했을 때 다른 사람들이 내 의견에 속으로는 동의해도 겉으로 동조해주기는 어려울 수 있다. 굳이 나서서 복잡한 상황에 얽히기 싫어서이다. 또 어떤 사람은 그런 나를 보며 '나댄다'라고 속으로 안 좋게 볼 수도 있다. 별로인 사람 때문에 굳이 내 이미지를 깎지 말자. 모임의 분위기 관리는 장의 몫이니 방장에게 개인적으로 문자를 남겨 불편한 점을 말한다.

### 3. 분위기를 전환할 수 있는 말을 꺼낸다

채팅방에서 말투가 날카로워지거나 불편한 이야기가 오갈 때 흐름을 끊어줄 수 있는 말을 꺼낸다. '지금 방 온도가 너무 올라가 있는 것 같아요! 다들 저녁 식사는 하셨나요? 저 오늘 늦게 퇴근해서 아직 저녁 못 먹었는데 메뉴 추천받습니다' 나처럼 똑같이 불편해하고 있던 사람들이 분위기를 바꾸려는 나의 노력을 알아주고 그에 맞는 답장을 해줄 것이다. 그러면 물 흐리고 있던 사람도 눈치껏 그만 둘 것이다.

### 4. 정중하게 불편하다고 표현한다

누가 봐도 도를 넘은 발언을 했다면 예의를 갖춰 정중하게 한마디 한다. '○○님, 정치적인 발언은 안 하셨으면 좋겠습니다' 아무런 감정 없이 무미건조하게 전해야 하는 것이 포인트다. 자칫 비난하듯 말하면 싸움으로 번질 수 있기 때문이다.

# 18

# 온라인/오프라인 모임에서
# 내 성격이 다를 때

A: 너는 톡으로 얘기할 때랑 실제로 만나서 얘기할 때랑 딴판이더라.

B: 내가 그랬나? 나 그냥 원래 이런데.

A: 아냐, 너 단톡방에서는 분위기 메이커야. 너 있어서 우리 톡방 유지될

걸? 온갖 밈도 다 알고 드립도 잘 치고, 그런데 밖에 나오면 얌전 모드야.

B: 하하, 그런가? 내가 너무 조용했나?

온라인으로는 말수도 많고 말주변도 좋은데 사람들이랑 직접 대면하는 자리에만 가면 180도 변한다. 나도 사람들 틈에 껴서 재밌게 대화를 나누고 싶은데 오프라인 모임만 가면 쭈구리가 되어 속상하다. 사람들이 기대했던 내 모습과 실제 내 모습에 괴리감이 있다는 걸 알고 나니 그 이후부터 모임에 나가기 전에 걱정이 앞선다. '이번에도 웃기만 하다가 오면 어떡하지?', '나 실제로는 재미있는데 사람들한테 이런 모습을 못 보여줘서 속상해', '내 매력을 사람들한테 보여주고 싶은데 그게 잘 안되어서 아쉬워'.

## 1. 자리를 잘 선정해서 앉는다

모임 안에서도 많이 친한 사람이 있고 덜 친한 사람이 있을 것이다. 식당, 카페, 호프집 등에서 자리를 잡고 앉을 때 많이 친한 사람 앞에 앉는다. 여기서 핵심은 '옆'이 아닌 '앞'이다. 옆 사람과 대화하려면 몸과 고개를 돌려야 하니 불편하다. 혹은 모임에 많이 친한 사람이 없다면 리액션이 좋은 사람 앞에 앉는다. 내가 어떤 말을 해도 리액션 장인이 적극적으로 반응해줄 거라는 믿음이 있기에 자신감이 생겨 입이 더 잘 풀린다.

## 2. 이게 내 매력이라고 한다

누군가 "A 씨는 톡으로 얘기할 때랑은 성격이 다른 것 같아."라고 말한다면 씩 웃어 보이며 "밖에서는 좀 내숭 떠는 편이에요. 이게 제 반전 매력이에요!"라고 너스레를 떤다. 말은 농담처럼 했지만 실제로 그런 내 모습을 매력으로 봐주는 사람이 있을 수도 있다. '더 친해지면 어떤 모습일까?', '둘이 있을 땐 어떤 모습일까?' 궁금해하며 말이다.

## 3. 모임에 가기 전에 예열하기

줄곧 낯을 가리다가 모임이 끝날 때쯤 긴장이 풀려서 입이 살아나는 사람이 있다. 이런 사람은 남들보다 예열이 늦게 되는 편이니 집에서부터 예열을 하고 가는 것이다. 본격적으로 모임이 시작되었을 때는 끓을 수 있도록 말이다. 술을 마실 수 있는 사람은 가기 전에 가볍게 맥주 한 캔을 마시고 간다. 그리고 술을 마시지 못하는 사람은 재미있는 예능을 시청하고 가거나 친한 친구와 수다를 떨고 가는 등의 방법이 있다.

## 4. 어떤 대화를 나눌지 미리 생각하고 간다

그동안 단톡방에서 나눴던 얘기들을 복습하고 가면 모임에서 내가 먼저 꺼낼 수 있는 대화 주제가 많아진다. 내가 대화의 물꼬를 트는 모습을 몇 번 보여주면 '적극적이다' 하는 이미지를 심어줄 수 있다.

비
대
면

# 19

# 동경하는 인플루언서와 친해지고 싶을 때

'작가님이 쓴 책을 읽으면 꼭 내 마음을 대신 읽어주는 것 같다니까? 가까워지고 싶은데 워낙 유명한 분이기도 하고… 나랑 친해지기에는 접점이 없잖아. 그래도 나를 알아주었으면 좋겠는데 어떻게 하면 조금이라도 가까워질 수 있을까?'

유튜버, 틱톡커, SNS 작가 등 인플루언서는 댓글이나 메시지로 팬과 직접적인 소통이 가능하다. 그런 점에서 연예인처럼 대중들에게 사랑은 받지만 연예인보다는 거리감이 덜 느껴진다. 글과 영상으로 자주 보니 인플루언서에게 호감도 가고 정도 가고, 내적 친밀감으로만 따지면 이미 절친이나 마찬가지지만 정작 인플루언서는 나를 전혀 모른다. 가깝지만 먼 인플루언서와 조금이나마 친해질 수 있는 방법을 소개한다.

## 1. 개인적인 메시지는 추천하지 않는다

인플루언서에게 DM을 보내거나 스토리에 답장을 보내는 경우가 있는데, 인플루언서는 워낙 많은 알림을 받기 때문에 알림 설정 꺼두고 자신이 시간 될 때 한꺼번에 확인하는 경우가 많다. 그리고 인플루언서는 상상도 못 할 만큼 다양한 메시지를 받는다. 자신의 알몸 사진을 보낸다거나 자신의 딱한 사정을 설명하며 돈을 빌려달라고 하는 경우도 있다. 그런 메시지를 보다 보면 정신 건강에 해로우니 아예 DM을 확인하지 않는 인플루언서도 많다. 그러니 개인적인 메시지는 내 마음이 닿지 않을 가능성이 높다.

## 2. 댓글을 자주 남긴다

댓글이 아무리 많이 달려도 그 댓글을 다 읽는 게 생각보다 어렵지 않다. 그리고 인플루언서는 댓글창을 깨끗하게 관리해야 하기 때문에 최근에 올린 게시글의 댓글들은 틈틈이 본다. 그 말인즉 인플루언서가 내 댓글을 읽을 가능성이 높다는 것이다. 그러니 개성 있는 프로필 사진과 기억에 남을 아이디로 설정한 뒤 댓글을 자주 남기면 인플루언서가 티는 안 내더라도 나를 기억하고 있을 것이다.

### 3. 행사나 이벤트 등에 자주 참여한다

인플루언서는 자신의 채널에 광고 진행하는 걸 굉장히 부담스러워한다. 구독자가 선호하지 않다 보니 광고 게시글은 데이터 수치도 떨어진다. 하지만 수익이 나야 하니 어쩔 수 없이 광고를 진행하게 되는데, 큰마음을 먹고 올린 이벤트 게시글에 적극적으로 참여해주는 구독자가 보이면 그렇게 고마울 수가 없다. 이렇게 인플루언서에게 도움을 주고 마음속에 콕 자리하는 방법도 있다.

### 4. 게시글에 연관 해시태그를 남긴다

스토리는 일일이 알림이 가기도 하고 스토리를 확인하는 건 기록에 남아서 아예 안 읽는 인플루언서가 많다. 하지만 해시태그를 남기면 연관 게시물 추천으로 뜨고 해시태그를 검색해서 보는 건 기록에 남지 않기 때문에 부담이 적어 인플루언서가 내 게시글을 볼 확률이 높아진다.

# 20

## 구독자에게 답글로
## 감사함을 전하고 싶을 때

- A 님은 더 떡상(어떤 수치가 급격하게 오르는 것을 의미하는 은어) 하셔야 해요! 저만 보기 아까운 분 ㅠㅠ

- 아이디어가 정말 대박이네요. 덕분에 유용한 꿀팁 얻어 갑니다~

- 제가 오늘 회사에서 안 좋은 일이 있었는데 퇴근하고 들어오니까 사임녀 님 글이 올라와 있네요. 그런데 이 글이 어찌나 제 마음 같던지요. 덕분에 위로가 되었어요.

비
대
면

391

채널을 운영하다 보면 내 콘텐츠에 댓글을 달아주시는 분들이 세상에서 최고로 감사하다. 보통은 콘텐츠를 보면 그냥 넘기는 게 일반적이다. 콘텐츠는 구독자인 '나'의 재미를 위한 용도이지 콘텐츠를 제공하는 사람을 위해 무언가를 해줘야 하는 건 아니기 때문이다. 그나마 '좋아요(하트)'를 눌러서 잘 봤다는 뜻으로 마음을 표현하는 정도까지는 쉬운 상호작용인데 댓글을 다는 건 큰 노력이 필요한 일인 걸 알기에 더욱 감사하다. 또 내가 올린 콘텐츠에 아무런 댓글이 없으면 썰렁한데 그 허전함을 채워주니 고마운 마음을 어떻게 글로 다 표현할 수 있을까. 그런데 이런 고마운 댓글에 '감사합니다'라는 다섯 글자만 남기기에는 성의가 부족한 것 같아서 답글을 남기기전에 늘 고민이 된다.

## 1. 갑자기 친한 척은 자제한다

종종 가던 식당의 사장님이 "또 오셨네요? 제육 덮밥 드실 거죠?"라고 갑자기 나에 대해 아는 척하면 부담스럽다. '나는 그저 많은 손님들 중 하나인 줄 알았는데 나를 기억하고 있었다고?' 이전까지는 부스스한 머리에, 대충 걸친 옷차림으로 편하게 갔는데 나를 알아본다고 생각하니 앞으로 정돈한 모습으로 가야 할 것만 같다. 댓글도 마찬가지다. 나는 이제껏 편하게 댓글을 남겼는데 그걸 기억하고 있다는 걸 알면 댓글 하나 다는 데도 부담을 느낀다. 그러다가 점점 댓글 다는 횟수가 줄어들어 양쪽 모두에게 슬픈 상황이 만들어진다.

## 2. 기억하고 있다는 걸 은근 티 내는 표현을 쓴다

대부분 '이분은 인기도 많고 게시글에 댓글도 많이 달리니 나를 기억하진 못할 거야'라는 생각을 하며 댓글을 단다. 어찌 보면 일방향적인 애정인 것이다. 그런데 답글에 '언제나 감사합니다', '늘 감사합니다'처럼 '감사합니다' 앞에 함께한 시간이 느껴지는 부사가 있으면 은근히 나를 기억하고 있다는 느낌을 받는다. 여기서 포인트는 '은근히'이다. 부사 하나만으로도 일방향적인 애정에서 쌍방향적인 애정으로 전환시킬 수 있다.

## 3. 댓글을 읽고 단 답글인 게 느껴지도록 쓴다

간혹 댓글과 무관한 답글이 달려 있거나 전부 복사+붙여넣기 한 댓글을 본 적이 있다. 대충 읽고 대충 달았다는 것 말고는 설명이 되지 않는다. 답글을 안 달았으면 안 달았지 괜히 대충 달았다가 구독자님의 마음을 상하게 하는 일이 없도록 하자. 답글을 달 때는 구독자님이 쓴 댓글 내용을 앞에 써주고 '감사합니다'를 붙이면 읽고 답장한 느낌이 든다. '제 글이 위로가 되었다니 기뻐요. 방문해주셔서 감사합니다!'

## 4. 길게 답글을 남긴다

성의를 가장 직접적으로 보여주는 방법은 분량이다. '감사합니다'라고 한마디 남기는 것보다는 '안녕하세요, 응원 댓글 덕분에 힘이 났어요. 앞으로 좋은 영상으로 보답하겠습니다. 댓글 남겨주셔서 감사합니다!'라고 길게 남기면 성의가 보인다. 하지만 너무 장문으로 남기면 오히려 부담스러울 수 있으니 서너 문장 정도의 분량으로 한다.

비
대
면

# 21

# 고객 센터에 전화해도 해결이 안 될 때

A: 그럼 소득금액증명원을 제출하면 되나요?

B: 아, 고객님! 저희가 소득금액증명원만으로는 안 되고요. 어떤 직업인지

증명할 수 있는 자료가 필요합니다.

A: 제가 프리랜서라서 소득금액증명원으로밖에 소득을 증명할 수가 없

는데요.

B: 사업자등록증이 없으신 건가요?

A: 네, 프리랜서라 사업자등록증이 없어요.

B: 아… 그러면… 그런데 증명이 되어야 하는데… 증명하실 수 있는 방법이

없을까요?

A: 네, 회사에 다니지도 않고 사업자를 안 내서….

궁금한 점이 있거나 문제가 생겼을 때 고객 센터에 연락해서 해결해야 하는데 연락을 해도 속 시원하게 해결이 안 되고 찝찝하게 끝날 때가 있다. 게다가 내 물음이 잘 전달이 안 된 건지 고객 센터 직원은 내가 뭘 원하는지도 잘 모르는 눈치에 계속해서 같은 말만 반복한다. 나 혼자서 고객 센터 직원을 붙들고 있을 수는 없으니 "아네, 알겠습니다." 대충 인사를 하고 전화를 끊는다. 그리고 같은 고객 센터 연락처로 문의했는데 전화 받는 상담 직원마다 답변이 다른 경우가 있기도 하다. 누구는 된다 하고, 누구는 안 된다 하고. 물어볼 곳은 고객 센터밖에 없는데 이렇게 답답하기만 한 상황을 어떻게 풀어나가면 좋을까?

비<br>대<br>면

## 1. 미리 질문 리스트를 적어둔다

분명 전화를 걸기 전에는 할 이야기가 많았는데 상담원이 전화를 받으면 머리가 새하얘지는 경우가 있다. 또는 상담원과 잘 대화를 하다가 내가 원하는 방향으로 흘러가지 않으면 말을 더듬다가 급하게 인사하고 끊는 경우가 있다. 그런 불상사를 방지하기 위해서 내가 꼭 질문해야 하는 것들을 미리 메모해두면 질문이 산으로 흘러가지 않는다.

## 2. 나랑 비슷한 사례가 있는지 찾아본다

나만 이러한 일을 겪었을 것 같지만 인터넷에 검색해보면 나랑 비슷한 일을 겪은 사람이 많다. 그리고 그 사람들이 너무나도 친절하게 어떠한 과정을 거쳐 어떻게 해결했는지 사진까지 보여주며 설명을 해준다. 나보다 문제를 먼저 겪은 선배(?)의 조언에 따라 단계를 차근차근 밟은 뒤 고객 센터에 전화해서 문의하면 더 쉽게 문제를 해결할 수 있다.

### 3. 잘 모르는 것 같으면 담당자 연락처를 알려달라고 한다

대부분의 고객 센터 직원은 상부에서 보낸 지침서를 바탕으로 교육을 받아 고객에게 안내해준다. 그러니 잘 모를 수도 있고 틀릴 수도 있다. 직원의 착각이 나에게 큰 문제를 줄 수 있는 경우에는 고객 센터 직원의 말을 믿기보다는 담당자 연락처를 받아 담당자에게 직접 문의하여 처리하는 것이 좋다.

### 4. 끊고 다시 전화한다

상담사가 여러 명 있는 고객 센터의 경우, 전화를 끊고 다시 고객 센터로 전화하면 다른 상담사와 연결이 된다. 상담사마다 대화를 풀어나가는 방식도 다르고 알고 있는 지식도 다르기 때문에 지금 상담하는 상담사가 나랑 안 맞는 것 같으면 다른 상담사와 통화해서 문제를 해결하는 것이다. "상담사 바꿔주세요!"라고 말하기에는 상담사에게 조금 미안하니 전화를 끊고 다시 전화를 하면 다른 상담사와 통화할 수 있을 것이다.

# 22

# 온라인에서 알게 된 친구가 만나자고 할 때

A: B야, 우리 주말에 홍대에서 만날래? 이때까지 우리 연락하면서 지냈

는데 너랑 나랑 좀 잘 맞는 것 같아. 실친으로 지내고 싶은데 네 생각은

어때? 너 어디 살아?

B: 어? 만나자고?

A: 왜? 나랑 만나는 거 싫어? 서운해. 나를 그 정도로밖에 생각 안 했구나?

B: (흠, A랑 잘 맞을 것 같은데 만나도 괜찮을까? 내가 생각한 거랑 다

른 사람이면 어떡하지? 내가 사는 곳을 알려줘도 괜찮을까?)

온라인 소모임, SNS, 카페, 게임 등에서 알게 된 친구가 만나자고 하는 경우가 있다. 핸드폰이나 모니터 뒤에서만 대화를 나누던 친구를 실제로 만나면 어떨지 궁금하긴 하지만, 왠지 위험할 것 같기도 하고 환상이 깨질 것 같기도 하고 그렇게까지 친해지고 싶었던 건 아닌 것 같기도 하고. 온라인 친구에서 실제 현실 친구로 발전을 시킬지 그냥 지금 이대로의 관계로 유지할지 고민이 된다.

## 1. (만나고 싶은데 걱정된다면) 여럿이서 만난다

온라인에서 알게 된 사람과의 첫 만남은 설렘도 있지만 두려움도 존재한다. 그렇지만 아무리 온라인이라고 하더라도 이 사람과 함께 나눈 시간이 있는데 한 번쯤은 만나보고 싶은 생각이 든다. 용기를 내고 싶은데 걱정도 같이 든다면 단둘이서 만나기보다는 여럿이서 만나는 것도 좋은 방법이다. 아무래도 다 같이 만나면 어색한 분위기도 덜하고 시끌벅적하게 노니까 위험할 확률이 줄어든다.

## 2. (만나기 싫다면) 정확하게 표현한다

온라인에서 알게 된 관계는 온라인 안에서 끝내고 싶다면 빙빙 돌려 말하지 말고 정확하게 표현한다. '나는 실제로 만나는 건 안 하고 있어서 지금처럼 이대로의 관계를 유지하고 싶어. 실제로 안 만난다고 해서 덜 친하다고 생각하는 건 아니니까 오해하지 않았으면 좋겠어' 내 생각을 정확히 밝혔는데도 존중해주지 않거나 계속 만나자고 하면 거리를 두어도 된다. 눈치 보지 말고 얘기하자.

## 3. 성별은 중요하지 않다

간혹 온라인에서 알게 된 이성을 만나는 건 조심해야 하고 동성은 편하게 만나도 괜찮다고 생각하는 사람이 있는데, 맹점이 있는 생각이다. 온라인은 불특정 다수가 모이는 곳이며 자신을 숨기기도 쉽다. 이름도 나이도 학교도 직업도 다 거짓으로 말해도 의심을 못 한다. '나 한국대학교 다녀!'라고 하면 '그런가 보다' 하고 믿어주지 '한국대학교 재학증명서 보여줘'라고 요구하지는 않으니까. 온라인에서 오프라인으로 불러낸 뒤 범죄를 저지르는 건 이성도, 동성도 모두 가능하다는 걸 잊지 말자.

## 4. 신상 정보는 구체적으로 알리지 않는다

온라인에서 알게 된 사람과 실제로 만나든 만나지 않든 나의 신상 정보를 알려주는 건 주의해야 한다. 바로 바꿀 수 없는 부분인 살고 있는 동네나 학교 정보 등을 공유하면 나중에 사이가 틀어졌을 때 난감한 일이 생길 수도 있다.

비
대
면

## 23

# 게임에서 심한 욕설을 들었을 때

- 너 혹시 부모가 흘수니? 엄마 없니?

- 백수 새끼가 어디 세상 밖으로 쳐기어 나와서 설쳐?

- 네 폐로 들어가는 공기가 아깝다. 그냥 창문 밖으로 뛰어내려.

게임을 하다 보면 서로 갈등이 생겨 다툴 때가 있는데, 적당히 욕하는 건 열받아서 막말하나 보다 하고 넘어갈 수 있지만 지나친 욕설이나 패드립(패륜+애드리브를 합친 말로, 부모나 어른을 욕설/비하 대상으로 삼는 말)은 참고 넘어가기가 어렵다. 하지만 과한 욕설이나 패드립을 하는 사람은 이미 뒤가 없는 사람이라 말로 대적하면 더 더러운 욕설과 패드립이 돌아올 뿐이다. 스트레스 풀려고 게임을 하는데 스트레스를 받는 이 상황을 어떻게 해결하면 좋을까?

## 1. 심호흡을 한 뒤 차단한다

이미 욕을 듣고 난 후라 쉽지는 않겠지만 바로 차단 버튼을 누른다. 게임에서 욕하는 사람과 대화를 해봤자 어떠한 논리로 통하지 않는다. 차단 버튼이 곧 행복 버튼이다. 원래 욕설이 난무하는 게임이라면 시작부터 채팅을 전체 차단으로 설정해둔 뒤에 들어가면 아예 기분 상할 일이 생기지 않는다. 게임사에서 사용하라고 만들어둔 차단 버튼이니 망설이지 말고 쓰자.

## 2. 고소한다고 한 뒤 사과를 받아낸다

생각보다 패드립은 고소가 잘 성립된다. 물론 게임 내의 패드립으로 엄청난 처벌이 이루어지지는 못하겠지만 고소당한 입장에서는 심장이 꽤 벌렁벌렁할 수 있는 일이다. 그러니 캡처를 한 뒤 고소가 가능하다는 사실을 명확하게 알려주고 사과를 하면 없던 일로 넘어가주겠다고 이야기한다. 고소가 무섭다면 상대는 재빨리 사과할 테니 이것으로 통쾌해하고 끝내자.

### 3. 나이가 많은 척한다

욕하는 사람들도 사람이라 나름 선을 지킨다. 아들이랑 같이 게임하려는 나이 많은 아저씨인 척하며 숨어 있는 인류애를 자극해보자. '못해서 미안하다. 늙어서 그렇다. 아들이 사춘기인데 게임 아니면 나랑 대화를 안 해서 게임을 배워보려고 하는 것이니 양해 부탁한다'라고 눈물샘을 건드려보자.

### 4. 나이가 어린 척한다

상대방이 나를 열받게 한다면 나는 상대방을 할 말 없게 만들면 된다. '아닌데?', '엥? 뭐래'처럼 어린 말투로 맞받아치는 것이다. 무논리에는 무논리로 대응하는 게 속 편하다. 그래서 상대방으로 하여금 '하, 내가 이 어린애를 이겨서 무슨 부귀영화를 누리겠다고…'라는 허무함을 느끼도록 만든다.

# 24

# 피싱 범죄에 당할까 봐 걱정될 때

- 엄마, 나 핸드폰이 고장 나서 AS 직원 핸드폰으로 문자 보내는 거야.

핸드폰 고치려면 50만 원이 필요하다고 하는데 내 통장으로 바로 보내

줄 수 있어?

- [○○택배] 5월 23일 배송 불가 / 주소 불명. 주소지 확인 〉

http://1a2b3c/4d5e…

- 엄마, 나 학교에 강의료 내야 하는데 공인인증서가 만료가 되어서 못

보내고 있어. 혹시 나 대신에 입금해줄 수 있어? 5시 전까지 꼭 보내야

돼. 안 그러면 나 강의 못 들어.

뉴스에서나 접한 피싱 사례들, 인터넷 썰로만 들은 해킹 사례들. 남이 당한 경험을 보면 '에이, 너무 티 나는데 저걸 누가 당해'라고 생각하지만 막상 나에게 닥치면 당황하게 되니 안일하게 여겨서는 안 된다. 그리고 나는 이런 것에 철저해서 안 당해도 부모님이나 동생이 당할 수도 있다. 대부분 피싱이나 해킹은 나이 든 어르신들이나 젊은 사회 초년생들을 대상으로 하니까. 피싱이나 해킹은 이미 당하고 난 뒤에 수습하려고 하면 돌이키기가 어렵다. 그 전에 가족끼리 대화를 통해 피싱이나 해킹을 당하지 않도록 한다.

## 1. 피싱/해킹 사례를 자주 공유한다

다양한 수법으로 피싱이나 해킹을 시도하기 때문에 사례를 공부하지 않으면 젊은 사람들도 당하기 쉽다. 그러니 그 수법들을 공유해드려 예습을 하는 것이 최선이다. "엄마, 요즘에는 QR 코드로도 피싱을 한대.", "아빠, 모르는 곳에서 링크 오면 절대 클릭하지 마."라고 알려드리며 뉴스 영상 같은 걸 공유해드린다.

## 2. 중요한 이야기는 무조건 만나서 하겠다고 한다

부모 입장에서는 자식이 급하다고 하면 빨리 해결해주고 싶은 마음에 얼떨결에 돈을 보내주다가 범죄에 당해버린다. 그런데 자식이 부모에게 진짜로 돈을 빌려야 하는 경우도 있을 것이다. 그러니 돈을 빌려주는 건 무조건 찾아뵙고 말을 꺼내겠다고 한다. 거리가 멀어서 바로 찾아뵙기 어려운 경우에는 전화나 문자로 해야 하는데, 부모와 자식만이 알아들을 수 있는 암구호 같은 걸 만들어서 '돈을 빌려달라고 하기 전에 암구호를 꼭 말해야 한다'와 같은 우리 가족만의 약속을 만든다.

### 3. '일단 나중에'를 꼭 기억한다

평범한 상황 속에서는 '설마 내가 피싱에 당하겠어?'라고 방심하지만 막상 범죄자가 진지하게 나오면 분위기에 휩쓸려 속아 넘어가는 게 사람이다. 돈을 달라고 하면 '일단 나중에', 비밀번호를 입력하라고 하면 '일단 나중에'라고 한 템포 쉬는 것이 중요하다. 한 템포 쉬면 정신이 돌아오기 때문이다. 그리고 나서 사실 여부를 확인해도 늦지 않다. 그러니 부모님께 '일단 나중에'를 입력시켜드리자.

### 4. 예방 가능한 방법들을 활용한다

명의 도용 방지 서비스, 보이스 피싱 예방 앱, 악성 URL 탐지 앱 등을 미리 설치해드린다. 그리고 핸드폰 소액 결제, 해외 결제 등을 막아둬서 자동으로 결제되지 않도록 한다. 모든 피싱을 막을 수는 없겠지만 순간의 실수로 각종 범죄에 노출되는 환경을 줄여줄 수 있다.

비
대
면

기대를 덜어내야

상처를 덜 받는다

사람 대 사람이 만날 때 오프라인에서 만나는 것과 온라인에서 만나는 건 그 무게감부터가 다릅니다. 오프라인에서 만날 때는 알람을 맞추고 일어나 깨끗하게 샤워를 한 뒤 머리부터 발끝까지 정돈을 한 다음 30분 넘게 걸려 약속 장소에 도착을 해 음료라도 한잔 시키며 비용을 지불합니다. 반면에 온라인에서 만날 때는 텍스트 한 줄이면 되죠. 또 오프라인에서 만날 때는 사람이 내 눈앞에 있으니 시선도 마주치고 표정도 짓고 제스처도 취하는 정성을 보입니다. 반면에 온라인에서 만날 때는 모니터 앞에 무표정으로 멍때리고 있어도 되죠. 상황이 다르니 마음이 같을 수가 없습니다.

사람이 눈앞에 있으면 단답형으로 대답하지는 않을 겁니다. 그랬다간 상대방이 무안해하는 걸 실시간으로 볼 수 있을 테니까요. 그런데 사람이 눈앞에 없으니 단답도 하고 읽씹도 하고 안읽씹도 하고 그러는 겁니다. 사람이 눈앞에 있으면 딴짓을 하지 않을 겁니다. 그랬다간 상대방에게 무례한 사람으로 찍힐 수 있을 테니까요. 그런데 사람이 눈앞에 없으니 재택근무 시 회의를 할 때 카메라는 가려놓고 핸드폰을 만지작거리고 그러는 겁니다. 누군가가 나를 지켜보고 있다는 것과 지켜보지 않는다는 것의 차이가 있으니 태도에도 차이가 날 수밖에 없습니다.

**온라인에서 일어나는 일에는 기대를 덜어내야 상처를 덜 받습니다.** '어떻게 저렇게 성의 없이 나를 대할 수 있어?' '어떻게 앞뒤 다 잘라먹고 나한테 부탁을 할 수 있어?' '어떻게 저런 말을 나한테 할 수 있어?' 오프라인에서 나를 만날 때처럼 온라인에서도 그만큼 성의 있기를 바라기 때문에 생기는 괴리감과 실망감입니다. 그러니 기준을 낮추세요. 기준을 높게 잡고 있으면 무난하게 흘러갈 일도 멱살을 잡게 되고, 별 뜻 없는 한마디에도 기분이 상해 관계가 틀어질 수 있습니다. '오프라인 세상과 온라인 세상은 다른 세상이구나' 하고 받아들인다면 상처받을 일이 줄어듭니다.

# 거의 모든 관계를 위한
# 바르고 빠른 대화 사전

2024년 05월 02일 초판 01쇄 인쇄
2024년 05월 16일 초판 01쇄 발행

지은이 조유미

발행인 이규상  편집인 임현숙
편집장 김은영  책임편집 정윤정  책임마케팅 원혜윤
콘텐츠사업팀 문지연 강정민 정윤정 원혜윤 이채영
디자인팀 최희민 두형주
채널 및 제작 관리 이순복  회계팀 김하나

펴낸곳 (주)백도씨
출판등록 제2012-000170호(2007년 6월 22일)
주소 03044 서울시 종로구 효자로7길 23, 3층(통의동 7-33)
전화 02 3443 0311(편집) 02 3012 0117(마케팅)  팩스 02 3012 3010
이메일 book@100doci.com(편집·원고 투고) valva@100doci.com(유통·사업 제휴)
포스트 post.naver.com/black-fish  블로그 blog.naver.com/black-fish
인스타그램 @blackfish_book

ISBN 978-89-6833-469-6  03190
ⓒ조유미, 2024, Printed in Korea